# Que é a literatura?

**Dados Internacionais de Catalogação na Publicação (CIP)**
**(Câmara Brasileira do Livro, SP, Brasil)**

---

Sartre, Jean Paul
  Que é a literatura? / Jean-Paul Sartre ; tradução de Carlos Felipe Moisés. – Petrópolis, RJ : Vozes, 2019. – (Vozes de Bolso)

  Título original: Qu'est-ce que la littérature?
  Bibliografia.
  ISBN 978-85-326-6259-0

  1. Literatura  2. Literatura – Filosofia  3. Teoria literária
  I. Título.  II. Série.

15-00857                                                      CDD-801

---

Índices para catálogo sistemático:
1. Literatura : Filosofia e teoria  801

# Jean-Paul Sartre

# Que é a literatura?

Tradução de Carlos Felipe Moisés

*Vozes de Bolso*

© Éditions Gallimard 1949, nova edição revista e ampliada por Arlette Elkaïm-Sartre em 2013

Título do original em francês: *Qu'est-ce que La littérature?* In: Situations, III – Com introdução de Arlette Elkaïm-Sartre.

Direitos de publicação em língua portuguesa – Brasil:
2015, 2019, Editora Vozes Ltda.
Rua Frei Luís, 100
25689-900  Petrópolis, RJ
www.vozes.com.br
Brasil

Todos os direitos reservados. Nenhuma parte desta obra poderá ser reproduzida ou transmitida por qualquer forma e/ou quaisquer meios (eletrônico ou mecânico, incluindo fotocópia e gravação) ou arquivada em qualquer sistema ou banco de dados sem permissão escrita da editora.

**CONSELHO EDITORIAL**

**Diretor**
Gilberto Gonçalves Garcia

**Editores**
Aline dos Santos Carneiro
Edrian Josué Pasini
Marilac Loraine Oleniki
Welder Lancieri Marchini

**Conselheiros**
Francisco Morás
Ludovico Garmus
Teobaldo Heidemann
Volney J. Berkenbrock

**Secretário executivo**
João Batista Kreuch

*Diagramação*: Mania de criar
*Revisão*: Alessandra Karl
*Capa*: Ygor Moretti

ISBN 978-85-326-6259-0 (Brasil)
ISBN 978-2-07-014327-6 (França)

Editado conforme o novo acordo ortográfico.

Este livro foi composto e impresso pela Editora Vozes Ltda.

Para Dolorès

"Se você quer se engajar", escreve um jovem imbecil, "o que está esperando para se alistar no PC?" Um grande escritor, que se engajou muitas vezes e se desengajou mais vezes ainda, mas já se esqueceu disso, me diz: "Os piores artistas são os mais engajados: veja os pintores soviéticos". Um velho crítico se queixa, discretamente: "Você quer assassinar a literatura; o desdém pelas Belas-Letras se manifesta com insolência em sua revista". Um espírito tacanho me chama de rebelde, o que para ele, evidentemente, é a pior das ofensas. Um escritor que a custo conseguiu arrastar-se entre as duas guerras, e cujo nome por vezes desperta lânguidas reminiscências nos anciãos, me recrimina a ausência de preocupação com a imortalidade: ele conhece, graças a Deus, inúmeras pessoas de bem para quem a imortalidade é a grande esperança. Na opinião de um foliculário americano, meu erro é nunca ter lido Bergson e Freud; quanto a Flaubert, que jamais se engajou, acha que ele me obsidia como um remorso. Os espertos piscam o olho: "E a poesia? E a pintura? E a música? Pretende engajá-las também?" Os espíritos marciais logo perguntam: "De que se trata? Literatura engajada? Ora, é o velho realismo socialista, a menos que seja uma nova versão do populismo, mais agressiva".

Quanta asneira! O fato é que se lê mal, afoitamente, e se julga antes de compreender. Portanto, recomecemos. Isso não diverte ninguém, nem a você nem a mim. Mas é preciso ir até o fim. Já que os críticos me condenam em nome da literatura, sem nunca explicitarem o que entendem por literatura, a melhor resposta que lhes posso dar é examinar a arte de escrever, sem preconceitos. Que é escrever? Por que escrever? Para quem se escreve? Aliás, parece que ninguém jamais levantou essas questões.

# Sumário

*Prefácio*, 9

I. Que é escrever?, 15

II. Por que escrever?, 41

III. Para quem se escreve?, 67

IV. Situação do escritor em 1947, 150

*Índice de nomes citados*, 287

*Índice de obras citadas*, 299

# Prefácio

Arlette Elkaïm-Sartre

Publicado pela primeira vez em *Tempos Modernos\**, em várias edições da revista, entre fevereiro e julho de 1947, o presente ensaio, com algumas modificações e o importante acréscimo de notas, voltou a ser publicado no ano seguinte, em *Situations, II*, e mais tarde em volume separado.

*Que é a literatura?* pretendeu ser uma resposta às críticas suscitadas pelo princípio do engajamento, proposto na "Apresentação de *Tempos Modernos*", emitidas por escritores que Sartre, por outro lado, até podia estimar. Uma reflexão aprofundada sobre a condição do escritor se impunha, assim como um reexame do que o diretor da revista entendia por "engajamento literário" e a reafirmação de sua urgência. A organização social da França devia ser repensada, suas exigências deviam ser expressas e tornadas públicas: quem poderia ser o livre intérprete de que a coletividade necessitava senão aquele cujo ofício é escrever, que tem disponibilidade para pensar e as ferramentas necessárias para argumentar? Para convencer o escritor, não bastava invocar suas obrigações de cidadão; era preciso também, segundo Sartre, questionar a autenticidade de sua relação com a literatura.

Definir publicamente qual deveria ser o papel social da literatura equivalia a pronunciar, diante de testemunhas, um juramento a ser mantido ao longo de toda a vida, e isso implicava um sacrifício. Tal juramento Sartre o renovava num momento em que estava em jogo a sobrevivência da humanidade. No outono de 1944, altura em que redigiu seu "manifesto", americanos e russos eram aliados: ambos combatiam, de comum acordo, para erradicar da Europa a peste nazista. Paris acabava de ser libertada; a França ia se empenhar numa tábula rasa na qual pudesse assentar a reconstrução; a divisa do periódico *Combat*, então dirigido por Albert Camus, "Da Resistência à Revolução", indicava um fim fácil de conceber e de defender, se não de atingir. Mas em 1947 as esperanças de revolução se paralisam, envenenadas pela perspectiva de uma "guerra atômica" entre os Estados Unidos e a URSS, capaz de destruir o planeta – a URSS, para o proletariado, era a revolução personificada. Engajar o ofício do escritor – tentar decifrar e julgar, através dos acontecimentos, as intenções e os objetivos de longo prazo dos gigantes inimigos, na atmosfera de medo e suspeita generalizada que então reinava – se revelou fonte de tormentos. Com seus artigos, intervenções, participação em congressos e, por um breve momento, com sua filiação a uma agremiação política, o R.D.R.**, Sartre se dedicou a minar, junto à opinião pública, a lógica de guerra entre os dois campos, sem perder de vista a esperança de uma revolução, de resto escarnecida pelos gaullistas do *R.P.F.*, ao qual Raymond Aron aderira, assim como pelo Partido Comunista, claramente estalinista, que, atendendo a uma diretriz do Kremlin, parecia manter em hibernação sua vocação revolucionária. Toda essa atividade política se armava sob o signo do malogro: havia pouca chance de que o desejo de paz entre os povos fosse considerado um parâmetro importante para os protagonistas dessa paz belicosa, logo em seguida chamada de "guerra fria". Lembremos também que na bagagem do seu engajamento pesava ainda outro tema preocupante, ao qual ele faz aqui algumas alusões, e sua revista já o testemunhara: a Guerra da Indochina. Os vietcongues tinham tomado o poder no fim da Segunda Guerra, sob o comando do comunista Ho Chi Minh: depois de 19 de novembro de 1946, as hostilidades contra a presença colonial francesa eram declaradas. Na época em que Sartre escreve seu ensaio, já estão em curso as primeiras operações militares.

*Que é a literatura?*, portanto, não foi escrito com ânimo sereno. O modo como Sartre se dirige aos escritores é severo, quase agressivo. Seu propósito por vezes oscila. Entre a exaltação da literatura, do romance em particular – livre desvendamento de um aspecto do mundo através de um objeto imaginário, "pacto de generosidade" entre autor e leitor –, que se manifesta na parte intitulada "Para quem se escreve?", e as estritas palavras de ordem expostas na última parte, "Situação do escritor em 1947" ("É preciso tomar posição na nossa literatura... repelir em todas as áreas as soluções que não se inspirem rigorosamente em princípios socialistas"), certa discordância é perceptível... Pôr a nu, continuamente, as manobras dos literatos na sociedade chega a ser cruel; tanto mais que a autocrítica é avantajada: Sartre se vê como escritor burguês com os olhos do proletário que, por sua vez, não é livre. Mantendo distância de tudo quanto havia nutrido sua sensibilidade e seu intelecto, ele opta pela violência. Os numerosos acréscimos redigidos um ano mais tarde, para a publicação do ensaio em *Situations, II* – a longa nota sobre o surrealismo (p. 253ss.), a alínea inserida na última parte que, manifestamente, pretende atenuar sua depreciação da literatura do *exis*\*\*\* – constituem réplicas, ora defensivas, ora ofensivas, às críticas que o atingiram; a própria hesitação terminológica, nessa alínea (a literatura não engajada ora é chamada "do exis", ora é designada por uma expressão menos depreciativa: "de consumo"), deixa trair sua perturbação. Entre os críticos seus contemporâneos que dedicaram atenção a *Que é a literatura?*, Rachel Bespaloff foi a única, segundo nosso conhecimento, a se dar conta disso. Num autor estimado por seus ensaios literários e filosóficos, o fato se traduz numa perturbação recíproca, que se expressa em dois julgamentos sucessivos, em parte contraditórios.

Sem esperar pela publicação integral da obra em *Tempos Modernos*, a ensaísta havia feito um comentário acerbo: indignada com a depreciação de escritores que amava, ela desmontou em especial o "requisitório" de Sartre contra Baudelaire, acusando-o de pretender "anexar a literatura à política", sob o pretexto de libertá-la (cf. revista *Fontaine*, n. 63, nov./1947). Algumas semanas mais tarde, de Nova York, para onde havia emigrado em 1942, fugindo da perseguição nazista, ela escrevia a Sartre uma carta de desculpas: "O número de julho de *Tempos Modernos* não chegou aqui senão em outubro. Eu não havia lido, portanto, a última parte de *Que é a literatura?* quando escrevi essas páginas que saíram ou vão sair em *Fontaine*... Eu vos comparara a Pierre Verkhovensky [personagem detestável de *Os demônios*, de Dostoievski], e errei. A sinceridade com a qual viveis o drama do mediador espremido entre duas classes... proíbe essa comparação. É demasiado fácil considerar a história como uma cloaca, seja para liquidar toda justiça, seja para se eximir das máculas reais. Vós tendes razão em reivindicar para o homem o poder de exercer suas faculdades criadoras no domínio da história" (*Cartas a Jean Wahl*, anexos III e IV, Edições Claire Paulhan, 2003).

Nas notas autobiográficas de 1953 e 1954 (cf. na "Biblioteca da Pléiade", *As palavras e outros escritos autobiográficos*, 2010, p. 949ss.), Sartre, evocando os primeiros anos do pós-guerra, falará da solidão. Albert Camus, em 1948, não diz outra coisa: "Estamos em vigília de julgamento, mas trata-se de um julgamento em que o homem se julgará a si mesmo. Eis por que ninguém se coloca à parte, isolado em seus pensamentos, assim como cada um, de certa maneira, é culpado" (*Atuais*. Gallimard, 1950). O autor de *A náusea*, em 1947, não era nem um homem político nem militante de um partido. Por que esperou para lançar seu segundo apelo aos escritores, mais explícito, e também mais fervoroso? Muitos dentre eles, sem dúvida, em acordo com o essencial – necessidade de uma reorganização social da França, aspiração à paz –, promoveriam com seus escritos uma espécie de união informal, mais apta a pesar nos debates públicos do que uma simples revista. Mas, mesmo entre escritores de uma sensibilidade política mais próxima, as ameaças de guerra eram um obstáculo considerável; a menor divergência de apreciação sobre as desejáveis relações entre a França e qualquer um dos dois "blocos" parecia uma traição contra a independência nacional, ou contra a revolução, ou contra uma e outra: Sartre relaciona, nessas mesmas notas autobiográficas, os nomes de escritores com os quais suas relações endureceram, ou que se afastaram uns dos outros.

Relendo seu ensaio em 1953, ele constatará: "Contra a ameaça de guerra e contra essa armadilha, eu me debato como um rato numa ratoeira... Eu pensei contra mim em *Que é a literatura?*... Minha ideia profunda, na época: não temos nada a fazer senão testemunhar um modo de vida condenado a desaparecer, mas que renascerá, e talvez as melhores obras o testemunharão para o futuro e permitirão que esse modo de vida se salve".

# I
# Que é escrever?

Não, nós não queremos "engajar também" a pintura, a escultura e a música, pelo menos não da mesma maneira. E por que haveríamos de querer? Quando um escritor dos séculos passados expressava uma opinião sobre seu ofício, por acaso se exigia dele que a aplicasse às outras artes? Mas hoje é elegante "falar pintura", no jargão do músico ou do literato, ou "falar literatura", no jargão do pintor, como se no fundo só existisse uma única arte, exprimindo-se indiferentemente em qualquer dessas linguagens, à maneira da substância spinozista, que cada um de seus atributos reflete com adequação. Pode-se encontrar, sem dúvida, na origem de toda vocação artística, certa escolha indiferenciada que as circunstâncias, a educação e o contato com o mundo só mais tarde irão particularizar. Também não há dúvida de que as artes de uma mesma época se influenciam mutuamente e são condicionadas pelos mesmos fatores sociais. Mas aqueles que querem provar o absurdo de uma teoria literária mostrando que ela é inaplicável à música devem antes provar que as artes são paralelas. Ora, esse paralelismo não existe. Aqui, como em tudo o mais, não é apenas a forma que diferencia, mas também a matéria; uma coisa é trabalhar com sons e cores, outra é expressar-se com palavras. As notas, as cores, as formas não são signos, não remetem a nada que lhes seja exterior. Sem dúvida, é impossível reduzi-las estritamente a si mesmas, e a ideia de som puro, por exemplo, é uma abstração; como demonstrou muito bem Merleau-Ponty na *Fenomenologia da percepção*, não existe qualidade ou sensação tão despojadas que não estejam impregnadas de significação. Mas o pequeno sentido obscuro que as habita, leve alegria, tímida tristeza, lhes é imanente ou tremula ao seu redor como um halo de calor; esse sentido obscuro é cor ou som. Quem poderia distinguir o verde-maçã de sua ácida alegria? E já não será excessivo dizer "a alegria ácida do verde-maçã"? Há o verde, há o vermelho, e basta; são coisas, existem por si mesmas. É verdade que se pode conferir-lhes, por convenção, o valor de signos. Fala-se, por exemplo, em linguagem das flores. Mas, depois de estabelecido um acordo, se as rosas brancas para mim significam "fidelidade", é que deixei de vê-las como rosas: meu olhar as atravessa para mirar, além delas, essa virtude abstrata; eu as esqueço, não dou atenção a seu desabrochar aveludado, a seu doce perfume estagnado; não chego sequer a percebê-las. Isso significa que não me comportei como artista. Para o artista, a cor, o aroma, o tinido da colher no pires são coisas em grau máximo; ele se detém na qualidade do som ou da forma, retorna a elas mil vezes, maravilhado; é essa cor-objeto que irá transportar para a tela, e a única modificação por que a fará passar é transformá-la em objeto imaginário. Ele está, portanto, muito longe de considerar as cores e os sons como linguagem[1]. O que vale para os elementos da criação artística vale também para suas combinações: o pintor não deseja traçar signos sobre a tela, quer criar[2] alguma coisa; e se aproxima o vermelho do amarelo e do verde, não há razão alguma para que o conjunto possua um significado definível, isto é, para que remeta especificamente a algum outro objeto. Sem dúvida esse conjunto também é habitado por uma alma, e já que o pintor teve motivos, mesmo que ocultos, para escolher o amarelo e não o violeta, pode-se sustentar que os objetos assim criados refletem suas tendências mais profundas. Só que jamais exprimiriam sua cólera, sua angústia ou sua alegria do mesmo modo que o fariam as palavras ou a expressão de um rosto; estão impregnados disso tudo; e por terem penetrado nessas cores, que por si mesmas já possuíam algo como um sentido, suas emoções se embaralham e se obscurecem; ali ninguém será capaz de identificá-las com clareza. Aquele rasgo amarelo no céu sobre o Gólgota, Tintoretto não o escolheu para significar angústia, nem para provocá-la; ele *é* angústia, e céu amarelo ao mesmo tempo. Não céu de angústia, nem céu angustiado; é uma angústia feito coisa, uma angústia que se transformou num rasgo amarelo do céu, e assim foi submersa, recoberta pelas qualidades próprias das coisas, por sua impermeabilidade, por sua extensão, por sua permanência cega, por sua exterioridade e por essa infinidade de relações que elas mantêm com as outras coisas; vale dizer, a angústia deixou de ser legível, é como um esforço imenso e vão, sempre interrompido a meio-caminho entre o céu e a terra, para exprimir aquilo que sua natureza lhes proíbe exprimir. Do mesmo modo, o significado de uma melodia – se é que neste caso ainda se pode falar de significado – não é nada mais que a própria melodia, ao contrário das ideias, que podem ser traduzidas adequadamente de diversas maneiras. Pode-se dizer que a melodia é alegre ou sombria, mas ela estará sempre além ou aquém de tudo que se diga a seu respeito. Não porque o artista tenha paixões mais ricas ou mais variadas, mas porque suas paixões, que talvez estejam na origem do tema inventado, ao se incorporarem às notas, sofreram uma transubstanciação e uma degradação. Um grito de dor é sinal da dor que o provoca.

Mas um canto de dor é ao mesmo tempo a própria dor e outra coisa que não a dor. Ou, se se quiser adotar o vocabulário existencialista, é uma dor que não existe mais, é uma dor que *é*. Mas, dirá você, e se o pintor fizer casas? Pois bem, precisamente, ele as *faz*, isto é, cria uma casa imaginária sobre a tela, e não um signo de casa. E a casa assim manifesta conserva toda a ambiguidade das casas reais. O escritor pode dirigir o leitor e, se descrever um casebre, mostrará nele o símbolo das injustiças sociais, provocará nossa indignação. Já o pintor é mudo: ele nos apresenta um casebre, só isso; você pode ver nele o que quiser. Essa choupana nunca será o símbolo da miséria; para isso seria preciso que ela fosse signo, mas ela é coisa. O mau pintor procura o tipo, pinta o Árabe, a Criança, a Mulher; o bom pintor sabe que o Árabe e o Proletário não existem, nem na realidade, nem na sua tela; ele propõe um operário – determinado operário. E o que pensar de um operário? Uma infinidade de coisas contraditórias. Todos os pensamentos, todos os sentimentos estão ali, aglutinados sobre a tela, em indiferenciação profunda; cabe a você escolher. Artistas bem-intencionados já tentaram comover; pintaram longas filas de operários aguardando na neve uma oferta de trabalho, os rostos esquálidos dos desempregados, os campos de batalha. Não comoveram mais que Greuze com seu *Filho pródigo*. E *O massacre de Guernica*, essa obra-prima, alguém acredita que ela tenha conquistado um só coração para a causa espanhola? Contudo, alguma coisa foi dita que não se poderá jamais ouvir e que exigiria uma infinidade de palavras para expressar. Os esguios Arlequins de Picasso, ambíguos e eternos, possuídos por um sentido indecifrável, inseparável de sua magreza arqueada e dos losangos desbotados de seus trajes, são uma emoção que se fez carne e que a carne absorveu como o mata-borrão absorve a tinta, uma emoção irreconhecível, perdida, estranha para si mesma, esquartejada e espalhada pelos quatro cantos do espaço e, no entanto, presente. Não duvido que a caridade ou a cólera possam produzir outros objetos, mas neles elas ficarão atoladas da mesma forma; perderão seu significado, restarão apenas coisas habitadas por uma alma obscura. Não se pintam significados, não se transformam significados em música; sendo assim, quem ousaria exigir do pintor ou do músico que se engajem? O escritor, ao contrário, lida com os significados. Mas cabe distinguir: o império dos signos é a prosa; a poesia está lado a lado com a pintura, a escultura, a música. Acusam-me de detestar a poesia: a prova, dizem, é que *Tempos Modernos* raramente publica poemas. Ao contrário, isso prova que nós a amamos. Para se convencer disso, basta ver a produção contemporânea. "Pelo menos a ela", dizem os críticos em triunfo, "você não pode nem sonhar em engajar". De fato. Mas por que haveria eu de querer fazê-lo? Porque ela se serve de palavras, como a prosa? Mas ela não o faz da mesma maneira; na verdade, a poesia não *se serve* de palavras; eu diria antes que ela *as serve*. Os poetas são homens que se recusam a utilizar a linguagem. Ora, como é na linguagem e pela linguagem, concebida como uma espécie de instrumento, que se opera a busca da verdade, não se deve imaginar que os poetas pretendam discernir o verdadeiro, ou dá-lo a conhecer. Eles tampouco aspiram a nomear o mundo, e por isso não nomeiam nada, pois a nomeação implica um perpétuo sacrifício do nome ao objeto nomeado, ou, para falar como Hegel, o nome se revela inessencial diante da coisa – esta, sim, essencial. Os poetas não falam, nem se calam: trata-se de outra coisa. Diz-se que eles pretendiam destruir o verbo por meio de acasalamentos monstruosos, mas isso é falso; seria preciso que já estivessem lançados no meio da linguagem utilitária e procurassem retirar daí as palavras em pequenos grupos singulares, como, por exemplo, "cavalo" e "manteiga", escrevendo "cavalo de manteiga"[3]. Além de tal empreendimento demandar um tempo infinito, não seria concebível manter-se no plano do projeto utilitário, considerando as palavras como instrumentos e, ao mesmo tempo, querer retirar delas sua utensilidade. Na verdade, o poeta se afastou por completo da linguagem-instrumento; escolheu de uma vez por todas a atitude poética que considera as palavras como coisas e não como signos. Pois a ambiguidade do signo implica que se possa, a seu bel-prazer, atravessá-lo como a uma vidraça, e visar através dele a coisa significada, ou voltar o olhar para a realidade do signo e considerá-lo como objeto. O homem que fala está além das palavras, perto do objeto; o poeta está aquém. Para o primeiro, as palavras são domésticas; para o segundo, permanecem em estado selvagem. Para aquele, são convenções úteis, instrumentos que vão se desgastando pouco a pouco e são jogados fora quando não servem mais; para o segundo, são coisas naturais que crescem naturalmente sobre a terra, como a relva e as árvores.

Mas se o poeta se detém nas palavras, como o pintor nas cores ou o músico nos sons, isso não quer dizer que a seus olhos elas tenham perdido todo significado; de fato, somente o significado pode conferir às palavras sua unidade verbal; sem ele, os vocábulos se dispersariam em sons ou em traços de pena. Só que também ele se torna natural; deixa de ser *a meta* sempre fora de alcance e sempre visada pela transcendência humana; é uma propriedade de cada termo, análoga à expressão de um rosto, ao pequeno sentido, triste ou alegre, dos sons e das cores. Fundido à palavra, absorvido por sua sonoridade ou por seu aspecto visual, adensado, degradado, o significado também é coisa, incriada, eterna; para o poeta, a linguagem é uma estrutura do mundo exterior. O falante está em situação na linguagem, investido pelas palavras; são os prolongamentos de seus sentidos, suas pinças, suas antenas, seus óculos; ele as manipula a partir de dentro, sente-as como sente seu corpo, está rodeado por um corpo verbal do qual mal tem consciência e que estende sua ação sobre o mundo. O poeta está fora da linguagem, vê as palavras do avesso, como se não pertencesse à condição humana, e, ao dirigir-se aos homens, logo encontrasse a palavra como uma barreira. Em vez de conhecer as coisas antes por seus nomes, parece que tem com elas um primeiro contato silencioso e, em seguida, voltando-se para essa outra espécie de coisas que são, para ele, as palavras, tocando-as, tateando-as, palpando-as, nelas descobre uma pequena luminosidade própria e afinidades particulares com a terra, o céu, a água e todas as coisas criadas. Não sabendo servir-se da palavra como signo de um aspecto do mundo, vê nela a imagem de um desses aspectos. E a imagem verbal que ele escolhe por sua semelhança com o salgueiro ou o freixo não é necessariamente a palavra que utilizamos para designar esses objetos. Como ele já está fora, as palavras não lhe servem de indicadores que o lancem para fora de si mesmo, para o meio das coisas; em vez disso, considera-as como uma armadilha para capturar uma realidade fugaz; em suma, a linguagem inteira é, para ele, o Espelho do mundo. Em consequência, importantes mudanças se operam na economia interna da palavra. Sua sonoridade, sua extensão, suas desinências masculinas ou femininas, seu aspecto visual, tudo isso junto compõe para ele um rosto carnal, que antes representa do que expressa o significado. Inversamente, como o significado se realiza, o aspecto físico da palavra se reflete nele, e o significado funciona, por sua vez, como imagem do corpo verbal. E também como seu signo, pois perdeu a preeminência, e já que as palavras são incriadas, com as coisas, o poeta não decide se aquelas existem em função destas, ou estas em função daquelas. Estabelece-se assim, entre a palavra e a coisa significada, uma dupla relação recíproca de semelhança mágica e de significado. E como o poeta não utiliza a palavra, não escolhe entre acepções diversas, e cada uma delas, em vez de apresentar-se como função autônoma, se dá a ele como qualidade material que se funde, a seus olhos, com as demais acepções. Assim realiza ele em cada palavra, tão somente graças à *atitude poética*, as metáforas com que sonhava Picasso quando desejava fazer uma caixa de fósforos que fosse inteiramente morcego sem deixar de ser caixa de fósforos. Florença é cidade e flor e mulher, é cidade-flor e cidade-mulher e donzela-flor ao mesmo tempo. E o estranho objeto que assim aparece possui a liquidez do fluir do rio, o doce e fulvo ardor do ouro e, por fim, se abandona com decência e prolonga indefinidamente, pelo enfraquecimento contínuo do *a* final átono, seu desabrochar pleno de recato*. A isso se agrega o esforço insidioso da biografia. Para mim, Florence é também certa mulher, uma atriz americana que atuava nos filmes mudos da minha infância e de quem esqueci tudo, salvo que era esguia como uma longa luva de baile e sempre um pouco entediada e sempre casta, sempre casada e incompreendida, e que eu amava, e se chamava Florence. Pois a palavra, que arranca o prosador de si mesmo e o lança no meio do mundo, devolve ao poeta, como um espelho, sua própria imagem. É o que justifica o duplo empreendimento de Michel de Leiris, que, de um lado, em seu *Glossário*, procura dar a certas palavras uma definição poética, isto é, que seja por si mesma uma síntese de implicações recíprocas entre o corpo sonoro e a alma verbal, e, de outro lado, numa obra ainda inédita, lança-se em busca do tempo perdido, tomando como ponto de referência algumas palavras particularmente carregadas, para ele, de afetividade. Assim, a palavra poética é um microcosmo. A crise da linguagem que eclodiu no início deste século é uma crise poética. Quaisquer que tenham sido seus fatores sociais e históricos, ela se manifestou por acessos de despersonalização do escritor em face das palavras. Este não sabia mais como se servir delas e, segundo a célebre fórmula de Bergson, só as reconhecia pela metade; abordava-as com um sentimento de estranheza extremamente frutífero; elas não mais eram dele, não mais eram ele; mas nesses espelhos estranhos se refletiam o céu, a terra e sua própria vida; finalmente, elas se tornavam as próprias coisas, ou melhor, o negro coração das coisas. E quando o poeta junta vários desses microcosmos, dá-se com ele o mesmo que se dá com os pintores quando juntam cores sobre a tela; dir-se-ia que ele compõe uma frase, mas é só aparência; ele cria um objeto. As palavras-coisas se agrupam por associações mágicas de conveniência ou desconveniência, como as cores e os sons; elas se atraem, se repelem, se queimam, e sua associação compõe a verdadeira unidade poética que é a frase-objeto. Com mais frequência ainda, o poeta já tem no espírito o esquema da frase, e as palavras vêm em seguida. Mas esse esquema não tem nada em comum com aquilo que de ordinário se chama esquema verbal: não preside à construção de um significado; aproxima-se antes do projeto criador através do qual Picasso prefigura no espaço, antes mesmo de tocar o pincel, essa coisa que se tornará um saltimbanco ou um Arlequim.

> Fugir, longe fugir, eu sinto as aves ébrias
> Mas ouve, ó coração, o canto dos marujos.

Esse "mas", que se ergue qual monolito no limiar da frase, não liga o verso anterior ao verso seguinte. Colore-o de certa nuança reservada, de um "ensimesmar-se" que o penetra por inteiro. Do mesmo modo, certos poemas começam por "e". Essa conjunção não é mais, para o espírito, a marca de uma operação a efetuar: ela se estende por todo o parágrafo, para conferir-lhe a qualidade absoluta de uma continuação. Para o poeta, a frase tem uma tonalidade, um gosto; ele degusta, através dela, e por si mesmo, os sabores irritantes da objeção, da reserva, da disjunção; ele os leva ao absoluto e faz desses sabores propriedades reais da frase; esta se torna por inteiro uma objeção, sem ser objeção a nada em particular. Voltamos a nos deparar aqui com as relações de implicação recíproca, já assinaladas há pouco, entre a palavra poética e o seu sentido: o conjunto das palavras escolhidas funciona como imagem da nuança interrogativa ou restritiva e, inversamente, a interrogação é imagem do conjunto verbal que ela delimita. Como nestes versos admiráveis:

> Ó estações! Ó castelos!
> Que alma é sem defeito?

Ninguém é interrogado, ninguém interroga: o poeta está ausente. E a interrogação não comporta resposta ou, antes, ela é sua própria resposta. Será, portanto, uma falsa interrogação? Mas seria absurdo crer que Rimbaud "quis dizer" que todo mundo tem seus defeitos. Como dizia Breton acerca de Saint-Pol Roux: "Se ele quisesse dizer, teria dito". Tampouco quis dizer outra coisa. Fez uma interrogação absoluta; conferiu à bela palavra "alma" uma existência interrogativa. Eis a interrogação tornada coisa, tal como a angústia de Tintoretto se tornou céu amarelo. Não é mais um significado, é uma substância; é vista de fora, e Rimbaud nos convida a vê-la de fora com ele; sua estranheza vem do fato de que nos colocamos, para considerá-la, do outro lado da condição humana; do lado de Deus.

Se assim é, compreende-se facilmente a tolice que seria exigir um engajamento poético. Sem dúvida a emoção, a própria paixão – e por que não a cólera, a indignação social, o ódio político? – estão na origem do poema. Mas não se exprimem nele, como num panfleto ou numa confissão. À medida que expõe sentimentos, o prosador os esclarece; o poeta, ao contrário, quando vaza suas paixões em seu poema, deixa de reconhecê-las; as palavras se apoderam delas, ficam impregnadas por elas e as metamorfoseiam; não as significam, mesmo a seus olhos. A emoção se tornou coisa, passou a ter a opacidade das coisas; é turvada pelas propriedades ambíguas dos vocábulos em que foi confinada. E, sobretudo, há sempre muito mais em cada frase, em cada verso, como no céu amarelo acima do Gólgota há mais que uma simples angústia. A palavra, a frase-coisa, inesgotáveis como coisas, extravasam por toda parte o sentimento que as suscitou. Como esperar que o poeta provoque a indignação ou o entusiasmo político do leitor quando, precisamente, ele o retira da condição humana e o convida a considerar, com os olhos de Deus, o avesso da linguagem? "Você está esquecendo", alguém dirá, "os poetas da Resistência. Você está esquecendo Pierre Emmanuel". Mas não; eu ia justamente citá-los para endossar meu argumento[4].

Mas o fato de ao poeta ser vedado engajar-se será razão suficiente para dispensar o prosador de fazê-lo? Que há de comum entre eles? O prosador escreve, é verdade, e o poeta também. Mas entre esses dois atos de escrever não há nada em comum senão o movimento da mão que traça as letras. Quanto ao mais, seus universos permanecem incomunicáveis, e o que vale para um não vale para o outro. A prosa é utilitária por essência; eu definiria de bom grado o prosador como um homem que se serve das palavras. Monsieur Jourdain fazia prosa para pedir seus chinelos, e Hitler, para declarar guerra à Polônia. O escritor é um falador, designa, demonstra, ordena, recusa, interpela, suplica, insulta, persuade, insinua. Se o faz no vazio, nem por isso se torna poeta: é um prosador que fala para não dizer nada. Já vimos suficientemente a linguagem pelo avesso; convém agora considerá-la do lado direito[5].

A arte da prosa se exerce sobre o discurso, sua matéria é naturalmente significante: vale dizer, as palavras não são, de início, objetos, mas designações de objetos. Não se trata de saber se elas agradam ou desagradam por si próprias, mas sim se indicam corretamente determinada coisa do mundo ou determinada noção. Assim, acontece com frequência que nos encontremos na posse de determinada ideia que nos foi comunicada por palavras, sem que nos possamos lembrar de uma só das palavras que a transmitiram. A prosa é antes de mais nada uma atitude do espírito; há prosa quando, para falar como Valéry, nosso olhar atravessa a palavra como o sol ao vidro. Quando se está em perigo ou dificuldade, empunha-se um instrumento qualquer. Passada a dificuldade, nem nos lembramos mais se foi um martelo ou um pedaço de lenha. Aliás, nem chegamos a sabê-lo: faltava apenas um prolongamento do nosso corpo, um meio de estender a mão até o galho mais alto; era um sexto dedo, uma terceira perna – em suma, uma pura função que assimilamos. Assim a linguagem: ela é nossa carapaça e nossas antenas, protege-nos contra os outros e informa-nos a respeito deles, é um prolongamento dos nossos sentidos. Estamos na linguagem como em nosso corpo; nós a sentimos espontaneamente ultrapassando-a em direção a outros fins, tal como sentimos nossas mãos e nossos pés; percebemos a linguagem quando é o outro que a emprega, assim como percebemos os membros alheios. Existe a palavra vivida e a palavra encontrada. Mas nos dois casos isso se dá no curso de uma atividade, seja de mim sobre os outros, seja do outro sobre mim. A fala é um dado momento particular da ação e não se compreende fora dela. Sabemos que certos afásicos perdem a possibilidade de agir, de entender as situações, de manter relações normais com o sexo oposto. No seio dessa apraxia, a destruição da linguagem parece apenas o desmoronamento de uma das estruturas: a mais fina e mais aparente. E se a prosa não é senão o instrumento privilegiado de certa atividade, se só ao poeta cabe contemplar as palavras de maneira desinteressada, temos o direito de perguntar ao prosador antes de mais nada: Com que finalidade você escreve? Em que empreendimento você se lançou e por que necessita ele do recurso à escrita? E em caso algum esse empreendimento poderia ter como finalidade a pura contemplação. Pois a intuição é silêncio e a finalidade da linguagem é comunicar. O prosador pode, sem dúvida, fixar os resultados da intuição, mas nesse caso bastarão algumas palavras atiradas às pressas no papel: o autor sempre se reconhecerá nelas. Se as palavras se articulam em frases, com preocupação pela clareza, é preciso que intervenha uma decisão estranha à intuição, à própria linguagem: a decisão de comunicar aos outros os resultados obtidos. Em cada caso, é essa a decisão que cabe questionar. E o bom-senso, que os nossos doutos tão facilmente esquecem, não se cansa de repeti-lo. Pois não é costume colocar para todos os jovens que se propõem a escrever esta questão de princípio: "Você tem alguma coisa a dizer?" Por aí deve-se entender: alguma coisa que valha a pena ser comunicada. Mas como compreender o que "vale a pena", senão recorrendo a um sistema de valores transcendente?

Aliás, se considerarmos apenas essa estrutura secundária do empreendimento que é o momento verbal, o grave erro dos estilistas puros é acreditar que a fala é apenas um zéfiro que perpassa ligeiramente a superfície das coisas, que as aflora sem alterá-las. E que o falante é pura testemunha que resume numa palavra sua contemplação inofensiva. Falar é agir; uma coisa nomeada não é mais inteiramente a mesma, perdeu a sua inocência. Nomeando a conduta de um indivíduo, nós a revelamos a ele; ele se vê. E como ao mesmo tempo a nomeamos para todos os outros, no momento em que ele se vê, sabe que está sendo visto; seu gesto furtivo, que dele passava despercebido, passa a existir enormemente, a existir para todos, integra-se no espírito objetivo, assume dimensões novas, é recuperado. Depois disso, como se pode querer que ele continue agindo da mesma maneira? Ou irá perseverar em sua conduta por obstinação, e com conhecimento de causa, ou irá abandoná-la. Assim, ao falar, eu desvendo a situação por meu próprio projeto de mudá-la;

desvendo-a a mim mesmo e aos outros, para mudá-la; atinjo-a em pleno coração, traspasso-a e fixo-a sob todos os olhares; passo a dispor dela; a cada palavra que digo, engajo-me um pouco mais no mundo e, ao mesmo tempo, passo a emergir dele um pouco mais, já que o ultrapasso na direção do porvir. Assim, o prosador é um homem que escolheu determinado modo de ação secundária, que se poderia chamar de ação por desvendamento. É legítimo, pois, propor-lhe esta segunda questão: Que aspecto do mundo você quer desvendar, que mudanças quer trazer ao mundo por esse desvendamento? O escritor "engajado" sabe que a palavra é ação: sabe que desvendar é mudar e que não se pode desvendar senão tencionando mudar. Ele abandonou o sonho impossível de fazer uma pintura imparcial da sociedade e da condição humana. O homem é o ser em face de quem nenhum outro ser pode manter a imparcialidade, nem mesmo Deus. Pois Deus, se existisse, estaria, como bem viram certos místicos, *em situação* em relação ao homem. E é também o ser que não pode sequer ver uma situação sem mudá-la, pois seu olhar imobiliza, destrói, ou esculpe, ou, como faz a eternidade, transforma o objeto em si mesmo. É no amor, no ódio, na cólera, no medo, na alegria, na indignação, na admiração, na esperança, no desespero que o homem e o mundo se revelam em sua verdade. Sem dúvida, o escritor engajado pode ser medíocre, pode ter até mesmo consciência de sê-lo, mas como não seria possível escrever sem o propósito de fazê-lo do melhor modo, a modéstia com que ele encara sua obra não deve desviá-lo da intenção de construí-la como se ela devesse atingir a máxima ressonância. Nunca deve dizer: "Bem, terei no máximo três mil leitores"; mas sim, "o que aconteceria se todo mundo lesse o que eu escrevo?" Ele se lembra da frase de Mosca diante do coche que levava Fabrício e Sanseverina: "Se a palavra Amor vier a surgir entre eles, estou perdido". Sabe que ele é o homem que nomeia aquilo que ainda não foi nomeado, ou que não ousa dizer o próprio nome; sabe que faz "surgir" a palavra amor e a palavra ódio e, com elas, o amor e o ódio entre duas pessoas que não haviam ainda decidido sobre seus sentimentos. Sabe que as palavras, como diz Brice-Parain, são "pistolas carregadas". Quando fala, ele atira. Pode calar-se, mas uma vez que decidiu atirar é preciso que o faça como homem, visando o alvo, e não como criança, ao acaso, fechando os olhos, só pelo prazer de ouvir os tiros. Tentaremos mais adiante determinar qual poderia ser o objetivo da literatura. Mas desde já podemos concluir que o escritor decidiu desvendar o mundo e especialmente o homem para os outros homens, a fim de que estes assumam em face do objeto, assim posto a nu, sua inteira responsabilidade. Ninguém pode alegar ignorância da lei, pois existe um código e a lei é coisa escrita: a partir daí você é livre para infringi-la, mas sabe os riscos que corre. Do mesmo modo, a função do escritor é fazer com que ninguém possa ignorar o mundo e considerar-se inocente diante dele. E uma vez engajado no universo da linguagem, não pode nunca mais fingir que não sabe falar: quem entra no universo dos significados não consegue mais sair; deixemos as palavras se organizarem em liberdade, e elas formarão frases, e cada frase contém a linguagem toda e remete a todo o universo; o próprio silêncio se define em relação às palavras, assim como a pausa, em música, ganha seu sentido a partir dos grupos de notas que a circundam. Esse silêncio é um momento da linguagem; calar-se não é ficar mudo, é recusar-se a falar – logo, ainda é falar. Portanto, se um escritor decidiu calar-se diante de determinado aspecto do mundo, ou, como diz uma locução corrente, particularmente expressiva, decidiu deixar passar em silêncio, é legítimo propor-lhe uma terceira questão: Por que você falou disso e não daquilo, e já que você fala para mudar, por que deseja mudar isso e não aquilo?

Nada disso impede que haja a maneira de escrever. Ninguém é escritor por haver decidido dizer certas coisas, mas por haver decidido dizê-las de determinado modo. E o estilo, decerto, é o que determina o valor da prosa. Mas ele deve passar despercebido. Já que as palavras são transparentes e o olhar as atravessa, seria absurdo introduzir vidros opacos entre elas. A beleza aqui é apenas uma força suave e insensível. Sobre uma tela, ela explode de imediato; num livro ela se esconde, age por persuasão como o charme de uma voz ou de um rosto; não constrange, mas predispõe sem que se perceba, e acreditamos ceder a argumentos quando na verdade estamos sendo solicitados por um encanto que não se vê. A etiqueta da missa não é a fé, ela predispõe para a fé; a harmonia das palavras, sua beleza, o equilíbrio das frases predispõem as paixões do leitor, sem que este se dê conta; organizam-nas, como faz a missa, como a música, como a dança; se o leitor passa a considerá-las por elas mesmas, perde o sentido; restam apenas cadências tediosas. Na prosa, o prazer estético só é puro quando vem por acréscimo. É constrangedor lembrar aqui ideias tão simples, mas parece que hoje em dia elas foram esquecidas. Se assim não fosse, como viriam nos dizer que estamos premeditando o assassinato da literatura, ou mais simplesmente, que o engajamento prejudica a arte de escrever? Se a contaminação de determinada prosa pela poesia não tivesse embaralhado as ideias dos nossos críticos, pensariam eles em nos atacar quanto à forma, sendo que nunca falamos senão do conteúdo?

Quanto à forma, não há nada a dizer de antemão e nada dissemos: cada um inventa a sua e só depois é que se julga. É verdade que os temas sugerem o estilo, mas não o comandam: não há temas situados *a priori* fora da arte literária. O que pode haver de mais engajado, mais tedioso, do que o propósito de atacar a Companhia de Jesus? Pois Pascal fez com isso suas *Provinciais*. Em suma, trata-se de saber a respeito de que se quer escrever: de borboletas ou da condição dos judeus. E, quando já se sabe, resta decidir como se escreverá. Muitas vezes ocorre que as duas escolhas sejam uma só, mas jamais, nos bons autores, a segunda precede a primeira. Sei que Giraudoux dizia: "A única tarefa é encontrar o estilo; a ideia vem depois". Mas ele estava enganado: a ideia não veio. Se os temas forem considerados como problemas sempre em aberto, como solicitações, expectativas, compreenderemos que a arte não perde nada com o engajamento; ao contrário. Assim como a física submete aos matemáticos novos problemas, que os obrigam a produzir uma simbologia nova, assim também as exigências sempre novas do social ou da metafísica obrigam o artista a descobrir uma nova língua e novas técnicas. Se não escrevemos mais como no século XVII, é porque a língua de Racine ou de Saint-Évremond não se presta para falar de locomotivas ou do proletariado. Depois disso, os puristas talvez nos proíbam de escrever sobre locomotivas. Mas a arte nunca esteve do lado dos puristas. Se este é o princípio do engajamento, que objeções lhe poderão ser feitas? E, sobretudo, que objeções já lhe foram feitas? Parece que meus adversários não estavam com muita disposição para a tarefa, e seus artigos não continham mais que um longo suspiro escandalizado, que se arrastava por duas ou três colunas. Gostaria de saber em nome de quê, de qual concepção da literatura eles me condenavam; mas não o disseram, eles mesmos não sabiam. O mais consequente teria sido basear seu veredicto na velha teoria da arte pela arte. Mas nenhum deles aceitaria. É uma teoria igualmente incômoda. Sabe-se que arte pura e arte vazia são a mesma coisa, e que o purismo estético foi apenas uma brilhante manobra defensiva dos burgueses do século passado, que achavam melhor ser denunciados como filisteus do que como exploradores. É preciso, pois – e eles próprios o reconhecem –, que o escritor fale de alguma coisa. Mas de quê? Creio que seu embaraço seria extremo se Fernandez não tivesse encontrado para eles, após a Primeira Guerra, a noção de *mensagem*. O escritor de hoje, dizem eles, não deve em caso algum ocupar-se das coisas temporais; não deve tampouco alinhar palavras sem significado, nem procurar apenas a beleza das frases e das imagens: sua função é passar mensagens a seus leitores. Que vem a ser, então, uma mensagem?

É preciso lembrar que a maioria dos críticos são homens que não tiveram muita sorte na vida, e que, quando já estavam à beira do desespero, encontraram um lugarzinho tranquilo como guarda de cemitério. Deus sabe quanto os cemitérios são tranquilos: não existem mais ridentes que uma biblioteca. Os mortos lá estão: nada mais fizeram senão escrever, há muito tempo estão lavados do pecado de viver, e, de resto, só conhecemos suas vidas através de outros livros que outros mortos escreveram a seu respeito. Rimbaud está morto; mortos Paterne Berrichon e Isabelle Rimbaud; os importunos desapareceram, só restam pequenos ataúdes dispostos sobre tábuas ao longo dos muros, como as urnas de um columbário. O crítico vive mal; sua mulher não o aprecia como seria de se desejar, seus filhos são ingratos, os fins de mês são difíceis. Mas ele ainda pode entrar em sua biblioteca, apanhar um livro na estante e abri-lo. Do livro escapa um leve odor de porão, e tem início então uma estranha operação que ele decidiu chamar de leitura. Por um lado, é uma possessão; empresta-se o corpo aos mortos para que possam reviver. Por outro, é um contato com o além. De fato, o livro não é um objeto, tampouco um ato, nem sequer um pensamento: escrito por um morto acerca de coisas mortas, não tem mais nenhum lugar nesta terra, não fala de nada que nos interesse diretamente; entregue a si mesmo, ele se encarquilha e desmorona, não restam mais que manchas de tinta sobre o papel embolorado, e quando o crítico reanima essas manchas, transformando-as em letras e palavras, estas lhe falam de paixões que ele não sente, de cóleras sem objeto, de temores e esperanças defuntas. É todo um mundo desencarnado que o rodeia, um mundo em que as afeições humanas, como não comovem mais, passaram à categoria de afeições exemplares, em suma, de valores. Assim ele se convence de haver entrado em contato com um mundo inteligível que é como que a verdade e a razão de ser dos seus sofrimentos cotidianos. Acredita que a natureza imita a arte, como para Platão o mundo sensível imitava o dos arquétipos. E, enquanto lê, sua vida cotidiana se torna aparência. Aparência sua mulher rabugenta, aparência seu filho corcunda; e que serão salvas porque Xenofonte descreveu Xantipa, e Shakespeare retratou Ricardo III. É uma festa para ele quando os autores contemporâneos lhe fazem o favor de morrer: seus livros, muito crus, muito vivos, muito exigentes, passam para a outra margem, emocionam cada vez menos e se tornam cada vez mais belos: após uma breve temporada no purgatório, irão povoar de novos valores o céu inteligível. Bergotte, Swann, Siegfried, Bella e Monsieur Teste: eis algumas aquisições recentes. Aguardam-se Nathanaël e Ménalque. Quanto aos escritores que se obstinam em viver, pede-se apenas que não se agitem demasiado, e que se empenhem desde já em se parecer com os mortos que futuramente serão. Valéry saiu-se bastante bem, pois vinha publicando livros póstumos fazia vinte e cinco anos. Eis por que, como acontece com alguns santos de fato excepcionais, foi canonizado em vida. Mas Malraux escandaliza. Nossos críticos são como os hereges cátaros: não querem ter nada a ver com o mundo real, salvo comer e beber, e já que é imperiosamente necessário conviver com nossos semelhantes, decidiram fazê-lo com os defuntos. Só se apaixonam pelos assuntos arquivados, pelas questões fechadas, pelas histórias de que já se conhece o fim. Nunca apostam num desfecho incerto, e como a história decidiu por eles, como os objetos que aterrorizavam ou indignavam os autores lidos por eles já desapareceram, como a dois séculos de distância a vaidade das disputas sangrentas aparece com clareza, podem encantar-se com a cadência das frases, e tudo se passa, a seus olhos, como se toda a literatura fosse apenas uma vasta tautologia e cada novo prosador tivesse inventado uma nova maneira de falar para não dizer nada. Falar dos arquétipos e da "natureza humana", falar para não dizer nada? Todas as concepções dos nossos críticos oscilam entre essas duas ideias. Naturalmente, ambas são falsas: os grandes escritores queriam destruir, edificar, demonstrar. Mas nós não guardamos as provas que apresentaram, porque não nos preocupamos com o que eles quiseram provar. Os abusos que denunciaram não são mais do nosso tempo; hoje há outros que nos indignam e que eles nem sequer imaginavam; a história desmentiu algumas de suas previsões, e aquelas que se realizaram se tornaram verdadeiras há tanto tempo que já nos esquecemos de que foram, antes, traços do seu gênio; alguns dos seus pensamentos estão inteiramente mortos, e há outros que o gênero humano inteiro assimilou e que agora tomamos como lugares-comuns. Segue-se que os melhores argumentos desses autores perderam sua eficácia; hoje admiramos apenas sua ordem e seu rigor; por mais bem-estruturados que sejam, para nós não passam de ornamento, uma arquitetura elegante da demonstração, sem mais aplicação prática do que a arquitetura das fugas de Bach ou dos arabescos de Alhambra.

Nessas geometrias apaixonadas, quando a geometria não convence mais, a paixão ainda comove. Ou antes, a representação da paixão. As ideias se tornaram insossas ao longo dos séculos, mas permanecem como pequenas obstinações pessoais de um homem que foi de carne e osso; por trás das razões da razão, que esmaecem, percebemos as razões do coração, as virtudes, os vícios e essa grande dor que os homens têm de viver. Sade fez tudo para nos convencer e, quando muito, consegue nos escandalizar: não é mais que uma alma corroída por um belo mal, uma ostra que produz pérolas. A *Carta sobre os espetáculos* não dissuade mais ninguém de ir ao teatro, mas achamos divertido saber que Rousseau detestava a arte dramática. Se formos um pouco versados em psicanálise, nosso prazer será perfeito: explicaremos *Do contrato social* pelo complexo de Édipo e *O espírito das leis* pelo complexo de inferioridade; isto é, desfrutaremos plenamente da reconhecida superioridade que os cães vivos têm sobre os leões mortos. Assim, quando um livro apresenta pensamentos inebriantes que oferecem a aparência de razões só para se dissolverem sob nosso olhar e se reduzirem às batidas do coração, quando o ensinamento que se pode extrair dele é radicalmente diferente daquele que o autor quis dar, chama-se a isso *mensagem*. Tanto Rousseau, pai da Revolução Francesa, como Gobineau, pai do racismo, nos enviaram mensagens. E o crítico as considera com igual simpatia. Fossem vivos, ele teria de optar por um contra o outro, amar a um, odiar o outro. Mas o que os aproxima, antes de mais nada, é que eles compartilham do mesmo defeito, profundo e delicioso: ambos estão mortos. Assim, deve-se recomendar aos autores contemporâneos que passem mensagens, isto é, que limitem voluntariamente seus escritos à expressão involuntária de suas almas. Digo involuntária porque os mortos, de Montaigne a Rimbaud, pintaram a si mesmos por inteiro, mas não intencionalmente e como por acréscimo; justamente isso que nos legaram a mais, sem querer, é que deve constituir o fim primordial e confesso dos escritores vivos. Não se exige deles que nos entreguem confissões sem retoques, nem que se abandonem ao lirismo demasiado nu dos românticos. Mas já que temos prazer em desarmar as artimanhas de Chateaubriand ou de Rousseau, em surpreendê-los em sua privacidade no mesmo momento em que se fazem de homens públicos, em deslindar as causas particulares de suas afirmações mais universais, pede-se aos recém-chegados que nos proporcionem deliberadamente esse mesmo prazer. Que raciocinem, pois, que afirmem, neguem, refutem e provem; mas a causa que defendem deve ser apenas a finalidade aparente de seus discursos: a finalidade profunda é entregar-se sem o aparentar. Quanto a seus raciocínios, é preciso que eles primeiro os desarmem, como fez o tempo em relação aos clássicos; que os apliquem a assuntos que não interessam a ninguém, ou a verdades tão gerais que os leitores já estejam convencidos delas antecipadamente; quanto a suas ideias, devem dar a elas um ar de profundidade, mas vazio, e formá-las de tal maneira que elas se expliquem, evidentemente, por uma infância infeliz, um ódio de classe ou um amor incestuoso. Que não se atrevam a pensar de verdade: o pensamento esconde o homem, e é só o homem que nos interessa. Um soluço totalmente nu não é belo; ele ofende. Um bom raciocínio também ofende, como Stendhal bem percebeu. Mas um raciocínio que oculta um soluço, eis o que nos interessa. O raciocínio tira das lágrimas o que estas têm de obsceno; as lágrimas, revelando a sua origem passional, tiram do raciocínio o que ele tem de agressivo; não ficaremos muito comovidos, nem de todo convencidos, e poderemos entregar-nos com segurança àquela voluptuosidade moderada que, como todos sabem, é proporcionada pela contemplação das obras de arte. Tal é, pois, a "verdadeira" e "pura" literatura: uma subjetividade que se entrega sob a aparência de objetividade, um discurso tão curiosamente engendrado que equivale ao silêncio; um pensamento que se contesta a si mesmo, uma Razão que é apenas a máscara da loucura, um Eterno que dá a entender que é apenas um momento de história, um momento histórico que, pelos aspectos ocultos que revela, remete de súbito ao homem eterno; um perpétuo ensinamento, mas que se dá contra a vontade expressa daqueles que ensinam.

Enfim, a mensagem é uma alma feita objeto. Uma alma; e o que fazer com uma alma? Nós a contemplamos a uma distância respeitosa. Não temos o costume de exibir nossa alma em sociedade sem um motivo imperioso. Mas, por convenção e com algumas reservas, é permitido a algumas pessoas colocar sua alma em circulação, e qualquer adulto pode adquiri-la. Assim, hoje, para muitas pessoas, as obras do espírito são pequenas almas errantes que se podem adquirir por preço módico: há aquela do bom e velho

Montaigne, a do caro La Fontaine, a de Jean-Jacques, a de Jean-Paul e a do delicioso Gérard. Chama-se arte literária ao conjunto de beneficiamentos que as tornam inofensivas. Curtidas, refinadas, quimicamente tratadas, elas fornecem a seus compradores a oportunidade de consagrar à cultura da subjetividade alguns momentos de uma vida inteiramente voltada para o exterior. Pode-se utilizá-las sem perigo: Quem levará a sério o ceticismo de Montaigne, já que o autor dos *Ensaios* sentiu medo quando a peste devastava Bordeaux? E o humanismo de Rousseau, sabendo que "Jean-Jacques" colocou seus filhos num orfanato? E as estranhas revelações de *Sylvie*, uma vez que Gérard de Nerval era louco? Quando muito, o crítico profissional estabelecerá entre eles diálogos infernais e nos ensinará que o pensamento francês é uma perpétua conversação entre Pascal e Montaigne. Com isso, a sua intenção não é tornar Pascal e Montaigne mais vivos, mas sim Malraux e Gide mais mortos. Quando, enfim, as contradições internas da vida e da obra tornarem ambas inutilizáveis, quando a mensagem, em sua profundidade indecifrável, nos tiver ensinado estas verdades capitais: "o homem não é bom nem mau", "há muito sofrimento numa vida humana", "o gênio é só questão de uma longa paciência" – então o fim último dessa culinária fúnebre será atingido, e o leitor, repousando seu livro, poderá exclamar, com a alma tranquila: "Tudo isso não passa de literatura".

Mas uma vez que, para nós, um escrito é uma empreitada, uma vez que os escritores estão vivos, antes de morrerem, uma vez que pensamos ser preciso acertar em nossos livros, e que, mesmo que mais tarde os séculos nos contradigam, isso não é motivo para nos refutarem por antecipação, uma vez que acreditamos que o escritor deve engajar-se inteiramente em suas obras, e não como uma passividade abjeta, colocando em primeiro plano seus vícios, suas desventuras e suas fraquezas, mas sim como uma vontade decidida, como uma escolha, com esse total empenho em viver que *constitui* cada um de nós – então convém retomar este problema desde o início e nos perguntarmos, por nossa vez, *por que* se escreve?

# II
# Por que escrever?

Cada um tem suas razões: para este, a arte é uma fuga; para aquele, uma maneira de conquistar. Mas pode-se fugir para um claustro, para a loucura, para a morte; pode-se conquistar pelas armas. Por que justamente *escrever*, empreender *por escrito* suas evasões e suas conquistas? É que existe, por trás dos diversos desígnios dos autores, uma escolha mais profunda e mais imediata, que é comum a todos. Tentaremos elucidar essa escolha e veremos se não é em nome da própria opção de escrever que se deve exigir o engajamento dos escritores.

Cada uma de nossas percepções é acompanhada da consciência de que a realidade humana é "desvendante"; isto quer dizer que através dela "há" o ser, ou ainda que o homem é o meio pelo qual as coisas se manifestam; é nossa presença no mundo que multiplica as relações, somos nós que colocamos essa árvore em relação com aquele pedaço de céu; graças a nós essa estrela, morta há milênios, essa lua nova e esse rio escuro se desvendam na unidade de uma paisagem; é a velocidade de nosso automóvel, de nosso avião que organiza as grandes massas terrestres; a cada um de nossos atos, o mundo nos revela uma face nova. Mas se sabemos que somos os detectores do ser, sabemos também que não somos seus produtores. Essa paisagem, se dela nos desviarmos, se estagnará, longe dos olhos, em sua permanência obscura. Pelo menos ela só se estagnará: não há ninguém suficientemente louco para acreditar que ela desaparecerá. Nós é que desapareceremos, e a terra permanecerá em sua letargia até que outra consciência venha despertá-la. Assim, à nossa certeza interior de sermos "desvendantes" se junta aquela de sermos inessenciais em relação à coisa desvendada.

Um dos principais motivos da criação artística é certamente a necessidade de nos sentirmos essenciais em relação ao mundo. Este aspecto dos campos ou do mar, este ar de um rosto, por mim desvendados, se os fixo numa tela ou num texto, estreitando as relações, introduzindo ordem onde não havia nenhuma, impondo a unidade de espírito à diversidade da coisa, tenho a consciência de produzi-los, vale dizer, sinto-me essencial em relação à minha criação. Mas desta vez é o objeto criado que me escapa: não posso desvendar e produzir ao mesmo tempo. A criação passa para o inessencial em relação à atividade criadora. Primeiramente, mesmo que apareça aos outros como definitivo, o objeto criado nos parece estar sempre em suspenso: podemos sempre alterar esta linha, este colorido, esta palavra; assim o objeto jamais se impõe. Um pintor aprendiz perguntou a seu mestre: "Quando devo considerar concluído o meu quadro?" E o mestre responde: "Quando você puder olhá-lo com surpresa, dizendo: fui *eu* que fiz *isso*!"

É o mesmo que dizer: nunca. Pois isso equivaleria a considerar a própria obra com os olhos de outrem, e desvendar aquilo que se criou. Mas é evidente que temos tanto menos consciência da coisa produzida quanto maior é a consciência de nossa atividade produtora. Quando se trata de uma peça de cerâmica ou de uma estrutura de madeira e nós as fabricamos segundo normas tradicionais, com ferramentas cujo uso esteja codificado, é o famoso "man", o sujeito indeterminado de Heidegger, que trabalha por nossas mãos. Nesse caso, o resultado pode parecer-nos suficientemente exterior para conservar sua objetividade a nossos olhos. Mas se nós mesmos produzirmos as regras da produção, as medidas e os critérios, e se nosso impulso criador vier do mais fundo do coração, então nunca encontraremos em nossa obra nada além de nós mesmos: nós é que inventamos as leis segundo as quais a julgamos; é nossa história, nosso amor, nossa alegria que reconhecemos nela; ainda que a contemplemos sem tocá-la, jamais *recebemos* dela essa alegria ou esse amor: nós os colocamos ali; os resultados que obtivemos na tela ou no papel nunca nos parecem *objetivos*; temos demasiada familiaridade com os processos que os originaram. Esses processos permanecem um achado subjetivo: são nós mesmos, são nossa inspiração, nossa astúcia, e quando tratamos de *perceber* nossa obra a criamos outra vez, repetimos mentalmente as operações que a produziram, e cada um de seus aspectos aparece como resultado. Assim, na percepção, o objeto se dá como o essencial e o sujeito como o inessencial; este procura a essencialidade na criação e a obtém, mas então é o objeto que se torna inessencial.

Em nenhuma outra atividade essa dialética é tão manifesta como na arte de escrever. Pois o objeto literário é um estranho pião, que só existe em movimento. Para fazê-lo surgir é necessário um ato concreto que se chama leitura, e este só dura enquanto a leitura durar. Fora daí, há apenas traços negros sobre o papel. Ora, o escritor não pode ler o que escreve, ao passo que o sapateiro pode calçar os sapatos que acabou de fazer, caso estes lhe sirvam, e o arquiteto pode habitar a casa que construiu. Ler implica prever, esperar. Prever o fim da frase, a frase seguinte, a outra página; esperar que elas confirmem ou infirmem essas previsões; a leitura se compõe de uma quantidade de hipóteses, de sonhos seguidos de despertar, de esperanças e decepções; os leitores estão sempre adiante da frase que leem, num futuro apenas provável, que em parte se desmorona e em parte se consolida à medida que a leitura progride, um futuro que recua de uma página a outra e forma o horizonte móvel do objeto literário. Sem espera, sem futuro, sem ignorância, não há objetividade. Ora, a operação de escrever comporta uma quase leitura implícita que torna impossível a verdadeira leitura. Quando as palavras se formam sob a pena, o autor as vê, sem dúvida, mas não da mesma maneira que o leitor, pois já as conhece antes de escrever; seu olhar não tem a função de despertar com um leve toque as palavras adormecidas que aguardam ser lidas, mas sim de controlar o traçado dos signos; é uma missão puramente reguladora, em suma, e aqui a vista não informa nada, a não ser pequenos erros manuais. O escritor não prevê nem conjectura: ele *projeta*. Acontece muitas vezes ele ficar à espera de si mesmo; à espera, como se diz, da inspiração. Mas não se fica à espera de si mesmo como se fica à espera dos outros; ele hesita, sabe que o futuro ainda não está feito e que ele mesmo o fará; se ainda não sabe o que acontecerá a seu herói, é que simplesmente ainda não pensou no assunto, ainda não decidiu; para ele, o futuro é uma página em branco, enquanto o futuro do leitor são essas duzentas páginas sobrecarregadas de palavras que o separam do final. Assim, para onde quer que se volte, o escritor só encontra o *seu* saber, a *sua* vontade, os *seus* projetos, em suma, a si mesmo; nada atinge além de sua própria subjetividade; o objeto por ele criado está fora de seu alcance, ele não o cria *para si*. Quando se relê, já é tarde demais; a seus olhos, sua frase jamais será inteiramente uma *coisa*. Ele chega até os limites do subjetivo mas não os ultrapassa; aprecia o efeito de um traço, de uma máxima, de um adjetivo bem colocado; mas trata-se do efeito que produzirão nos outros; ele pode avaliá-lo, mas não senti-lo. Proust nunca descobriu a homossexualidade de Charlus, pois já se havia decidido por ela antes mesmo de começar a escrever seu livro. E se a obra ganha um dia, aos olhos do autor, uma feição objetiva, é que os anos passaram, ele a esqueceu, não entra mais nela e sem dúvida não seria mais capaz de escrevê-la. É o caso de Rousseau relendo *Do contrato social* no fim da vida.

Não é verdade, pois, que o escritor escreva para si mesmo: seria o pior fracasso; projetar as próprias emoções no papel resultaria, quando muito, em dar-lhes um prolongamento enlanguescido. O ato criador é apenas um momento incompleto e abstrato da produção de uma obra; se o escritor existisse sozinho, poderia escrever quanto quisesse, e a obra enquanto *objeto* jamais viria à luz: só lhe restaria abandonar a pena ou cair no desespero. Mas a operação de escrever implica a de ler, como seu correlativo dialético, e esses dois atos conexos necessitam de dois agentes distintos. É o esforço conjugado do autor com o leitor que fará surgir esse objeto concreto e imaginário que é a obra do espírito. Só existe arte por e para outrem.

A leitura, de fato, parece ser a síntese da percepção e da criação[1]; ela coloca ao mesmo tempo a essencialidade do sujeito e a do objeto. O objeto é essencial porque é rigorosamente transcendente, porque impõe suas estruturas próprias e porque se deve esperá-lo e observá-lo; mas o sujeito também é essencial porque é necessário, não só para desvendar o objeto (isto é, para fazer com que *haja* um objeto), mas também para que esse objeto *seja* em termos absolutos (isto é, para produzi-lo). Em suma, o leitor tem consciência de desvendar e ao mesmo tempo de criar; de desvendar criando, de criar pelo desvendamento. Não se deve achar, com efeito, que a leitura seja uma operação mecânica, que o leitor seja impressionado pelos signos como a placa fotográfica pela luz. Se está distraído, cansado, confuso, desatento, a maior parte das relações lhe escaparão, ele não conseguirá fazer "pegar" o objeto (no sentido em que se diz que o fogo "pegou" ou "não pegou"); tirará da sombra frases que parecerão surgir ao acaso. Se estiver em sua melhor forma, projetará para além das palavras uma forma sintética da qual cada frase será apenas uma função parcial: o "tema", o "assunto" ou o "sentido". Assim, desde o início, o sentido não está mais contido nas palavras, pois é ele, ao contrário, que permite compreender a significação de cada uma delas; e o objeto literário, ainda que se realize através da linguagem, nunca é dado na linguagem; ao contrário, ele é, por natureza, silêncio e contestação da fala. Do mesmo modo, as cem mil palavras alinhadas num livro podem ser lidas uma a uma sem que isso faça surgir o sentido da obra; o sentido não é a soma das palavras, mas sua totalidade orgânica. Nada acontecerá se o leitor não se colocar, logo de saída e quase sem guias, à altura desse silêncio. Se não o inventar, em suma, se não introduzir e mantiver nele as palavras e as frases que desperta. E se alguém me disser que seria preferível chamar essa operação de reinvenção ou descoberta, responderei que, em primeiro lugar, tal reinvenção seria um ato tão novo e tão original quanto a invenção primeira. E, sobretudo, quando um objeto nunca existiu antes, não é possível reinventá-lo nem descobri-lo. Pois se o silêncio de que falo é, de fato, o fim visado pelo autor, pelo menos este jamais o conheceu; seu silêncio é subjetivo e anterior à linguagem, é a ausência de palavras, é o Silêncio indiferenciado e vivido da inspiração, que a palavra particularizará em seguida, ao passo que o silêncio produzido pelo leitor é um objeto. E dentro desse mesmo objeto ainda há outros silêncios: aquilo que o autor não diz. Trata-se de intenções tão particulares que não poderiam manter sentido fora do objeto que a leitura faz surgir; são elas, porém, que conferem densidade ao objeto e lhe atribuem seu semblante singular. É pouco dizer que não estão expressas: elas são, justamente, o inexprimível. E por isso não as encontramos em nenhum momento definido da leitura; estão em todo lugar e em lugar nenhum: a qualidade de maravilhoso de *O grande Meaulnes*, o babilonismo de *Armance*, o grau de realismo e verdade da mitologia de Kafka – nada disso jamais é dado; é preciso que o leitor invente tudo, num perpétuo ir além da coisa escrita. Sem dúvida, o autor o guia, mas somente isso; as balizas que colocou estão separadas por espaços vazios, é preciso interligá-las, é preciso ir além delas. Em resumo, a leitura é criação dirigida. De fato, por um lado o objeto literário não tem outra substância a não ser a subjetividade do leitor: a espera de Raskolnikoff é a minha espera, que eu empresto a ele; sem essa impaciência do leitor não restariam senão signos esmaecidos; seu ódio contra o juiz que o está interrogando é o meu ódio, solicitado, captado pelos signos, e o próprio juiz não existiria sem o ódio que sinto por ele através de Raskolnikoff; é esse ódio que o anima, é a sua própria carne. Mas, por outro lado, as palavras estão ali como armadilhas, para suscitar nossos sentimentos e fazê-los reverter sobre nós; cada palavra é um caminho de transcendência, dá forma e nome às nossas afeições; ela as atribui a uma personagem imaginária que se incumbe de vivê-las por nós e que tem como única substância essas paixões emprestadas; a palavra lhe confere objetos, perspectivas, um horizonte. Assim, para o leitor tudo está por fazer e tudo já está feito; a obra só existe na exata medida de suas capacidades; enquanto lê e cria, sabe que poderia ir sempre mais adiante em sua leitura, criar mais profundamente; com isso a obra lhe parece inesgotável e opaca, como as coisas. Essa produção absoluta de qualidades que, à medida que emanam de nossa subjetividade, se imobilizam diante de nossos olhos como objetividades impermeáveis, nós a aproximaríamos de bom grado daquela "intuição racional" que Kant reservava à Razão Divina.

Uma vez que a criação só pode encontrar sua realização final na leitura, uma vez que o artista deve confiar a outrem a tarefa de completar aquilo que iniciou, uma vez que é só através da consciência do leitor que ele pode perceber-se como essencial à sua obra, toda obra literária é um apelo. Escrever é apelar ao leitor para que este faça passar à existência objetiva o desvendamento que empreendi por meio da linguagem. Caso se pergunte *a quê* apela o escritor, a resposta é simples. Como nunca se encontra no livro a razão suficiente para que o objeto estético apareça, mas apenas estímulos à sua produção; como tampouco há razão suficiente no espírito do autor, e como sua subjetividade, da qual ele não pode escapar, não consegue esclarecer a passagem para a objetividade, a aparição da obra de arte é um acontecimento novo, que não poderia *explicar-se* pelos dados anteriores. E como é um começo absoluto, essa criação dirigida é operada pela liberdade do leitor, naquilo que essa liberdade tem de mais puro. Assim, o escritor apela à liberdade do leitor para que esta colabore na produção da sua obra. Haverá quem diga que todas as ferramentas se dirigem à nossa liberdade, pois são os instrumentos de uma ação possível e, sob esse aspecto, a obra de arte não é específica. E é verdade que a ferramenta é o esboço imóvel de uma operação. Mas ela se mantém no nível do imperativo hipotético: posso utilizar um martelo tanto para pregar uma caixa como para dar uma martelada no vizinho. Considerada em si mesma, a ferramenta não é um apelo à minha liberdade, não me coloca em face dela, visa antes a servi-la, substituindo a livre invenção dos meios por uma sucessão regulada de condutas tradicionais. O livro não serve à minha liberdade: ele a requisita. Com efeito, não seria possível dirigir-se à liberdade enquanto tal pela coerção, pela fascinação ou pelas súplicas. Para atingi-la há apenas um método: primeiro reconhecê-la, depois confiar nela; por fim, exigir dela um ato, em nome dela própria, isto é, em nome dessa confiança que depositamos nela. Assim, o livro não é, como a ferramenta, um meio que vise a algum fim: ele se propõe como fim para a liberdade do leitor. E a expressão kantiana "finalidade sem fim" me parece inteiramente imprópria para designar a obra de arte. Tal expressão implica, de fato, que o objeto estético apresente apenas a aparência de uma finalidade e se limite a solicitar o jogo livre, mas regulado, da imaginação. É esquecer que a imaginação do espectador tem não apenas uma função reguladora, mas constitutiva; ela não apenas representa: é chamada a recompor o objeto belo para além dos traços deixados pelo artista. A imaginação, como as demais funções do espírito, não pode usufruir de si mesma; está sempre do lado de fora, sempre engajada num empreendimento. Haveria finalidade sem fim se algum objeto oferecesse uma ordenação tão regulada que nos convidasse a admitir para ele um fim, quando nós próprios fôssemos incapazes de lhe atribuir algum fim. Definindo o belo dessa maneira, seria possível – e é exatamente o objetivo de Kant – assimilar a beleza da arte à beleza natural, pois uma flor, por exemplo, mostra tanta simetria, cores tão harmoniosas, curvas tão regulares, que imediatamente temos a tentação de procurar uma explicação finalista para todas essas propriedades, vendo nelas um conjunto de meios dispostos com vistas a uma finalidade desconhecida. Mas é justamente aí que está o erro: a beleza da natureza não é em nada comparável à da arte. A obra de arte não *tem* uma finalidade; nisso estamos de acordo com Kant. Mas é porque ela *é* uma finalidade em si mesma. A fórmula kantiana não explica o apelo que ressoa no âmago de cada quadro, de cada estátua, de cada livro. Kant crê que primeiro a obra existe de fato, e só depois é vista. No entanto, a obra só existe quando a vemos; ela é primeiramente puro apelo, pura exigência de existir. A obra não é um instrumento cuja existência é manifesta e cujo fim é indeterminado: ela se apresenta como tarefa a cumprir, coloca-se de imediato ao nível do imperativo categórico. Você é perfeitamente livre para deixar esse livro sobre a mesa. Mas uma vez que o abra, você assume a responsabilidade. Pois a liberdade não se prova na fruição do livre funcionamento subjetivo, mas sim num ato criador solicitado por um imperativo. Esse fim absoluto, esse imperativo transcendente, porém consentido, assumido pela própria liberdade, é aquilo a que se chama valor. A obra de arte é valor porque é apelo.

Se recorro a meu leitor para que ele leve a bom termo a tarefa que iniciei, é evidente que o considero como liberdade pura, puro poder criador, atividade incondicionada; em caso algum poderia dirigir-me à sua passividade, isto é, tentar *afetá-lo*, comunicando-lhe de imediato emoções de medo, de desejo ou de cólera. Sem dúvida há autores que se preocupam apenas em provocar essas emoções, pois elas são previsíveis, governáveis, e eles dispõem de meios comprovados, seguramente capazes de suscitá-las. Mas é verdade também que são recriminados por isso, como ocorreu com Eurípides já na Antiguidade, porque colocava crianças em cena. Na paixão, a liberdade é alienada; abruptamente engajada em empreendimentos parciais, ela perde de vista sua tarefa, que é produzir um fim absoluto. E o livro não é mais que um meio de alimentar o ódio ou o desejo. O escritor não deve procurar *transtornar*, senão entrará em contradição consigo mesmo; se quer exigir, é preciso que apenas proponha a tarefa a cumprir. Daí o caráter de *pura apresentação* que parece essencial à obra de arte: o leitor deve dispor de certo recuo estético. É o que Gautier tolamente confundiu com "arte pela arte", e os parnasianos com a impassibilidade do artista. Trata-se apenas de uma precaução, e Genet a chama, mais acertadamente, de uma cortesia do autor para com o leitor. Mas isso não quer dizer que o escritor faça apelo a não sei que liberdade abstrata e conceitual. De fato, é com sentimentos que se recria o objeto estético; se ele é comovente, só aparecerá através de nossas lágrimas; se é cômico, será reconhecido pelo riso. Acontece que esses sentimentos são de uma espécie peculiar: têm a liberdade como origem; são dados por empréstimo. Toda crença é livremente consentida, mesmo aquela que deposito na narrativa. Trata-se de uma Paixão, no sentido cristão da palavra, isto é, uma liberdade que se coloca resolutamente em estado de passividade, a fim de obter, por esse sacrifício, certo efeito transcendente. O leitor se faz crédulo, desce até a credulidade, e esta, embora acabe por se fechar sobre ele como um sonho, é acompanhada a cada instante pela consciência de ser livre. Já se desejou aprisionar os autores neste dilema: "Ou se acredita na sua história, e então ela é intolerável, ou não se acredita, e então ela é ridícula". Mas o argumento é absurdo, pois é próprio da consciência estética ser crença por engajamento, por juramento, crença contínua pela fidelidade a si mesma e ao autor, opção de acreditar, perpetuamente renovada. A cada instante posso despertar e sei disso; mas não o desejo: a leitura é um sonho livre. De modo que todos os sentimentos que se agitam no campo dessa crença imaginária são como modulações particulares de minha liberdade; longe de absorvê-la ou ocultá-la, são meios que ela escolheu para se revelar a si mesma. Raskolnikoff, como já disse, não passaria de uma sombra sem a mescla de repulsa e amizade que sinto por ele e que o faz viver. Mas, por uma inversão que é própria do objeto imaginário, não é sua conduta que provoca minha indignação ou minha estima, mas minha indignação e minha estima é que dão consistência e objetividade a seus comportamentos. Assim, as afeições do leitor nunca são dominadas pelo objeto e, como nenhuma realidade exterior pode condicioná-las, têm sua fonte permanente na liberdade, isto é, todas são generosas, pois chamo de generosa uma afeição que tem a liberdade por origem e por fim. Assim, a leitura é um exercício de generosidade; e aquilo que o escritor pede ao leitor não é a aplicação de uma liberdade abstrata, mas a doação de toda a sua pessoa, com suas paixões, suas prevenções, suas simpatias, seu temperamento sexual, sua escala de valores. Somente essa pessoa se entregará com generosidade; a liberdade a atravessa de lado a lado e vem transformar as massas mais obscuras de sua sensibilidade. E como a atividade se fez passiva, para melhor criar o objeto, reciprocamente a passividade se torna ato; o homem que lê se eleva ao plano mais alto. Eis por que vemos pessoas reconhecidamente duras verterem lágrimas diante do relato de infortúnios imaginários; por um momento elas se tornam aquilo que seriam se não tivessem passado a vida mascarando a própria liberdade.

Assim, o autor escreve para se dirigir à liberdade dos leitores, e a solicita para fazer existir sua obra. Mas não se limita a isso e exige também que eles retribuam essa confiança neles depositada, que reconheçam a liberdade criadora do autor e a solicitem, por sua vez, através de um apelo simétrico e inverso. Aqui aparece então o outro paradoxo dialético da leitura: quanto mais experimentamos nossa liberdade, mais reconhecemos a do outro; quanto mais ele exige de nós, mais exigimos dele.

Quando me encanto com uma paisagem, sei muito bem que não sou eu que a estou criando, mas sei também que, sem mim, as relações que se estabelecem diante de meus olhos entre as árvores, a folhagem, a terra, a relva, em absoluto não existiriam. Essa aparência de finalidade que descubro na variedade das cores, na harmonia das formas, nos movimentos provocados pelo vento, sei bem que não posso explicá-la. Ela existe, porém, está aí, diante de meus olhos; afinal, não posso fazer com que *haja* o ser a menos que ele já *seja*; porém, mesmo que eu creia em Deus, não posso estabelecer nenhuma passagem, a não ser puramente verbal, entre a universal solicitude divina e o espetáculo particular que estou considerando: dizer que Deus fez a paisagem para me encantar, ou que me fez de tal modo que a paisagem me agrade, é tomar a pergunta por resposta. O casamento entre esse azul e esse verde foi premeditado? Como saber? A ideia de uma providência universal não pode garantir nenhuma intenção singular, sobretudo no caso em questão, pois o verde da relva se explica por leis biológicas, por constantes específicas, por um determinismo geográfico, ao passo que o azul da água encontra sua razão na profundidade do rio, na natureza do solo, na rapidez da correnteza. A combinação das cores, se é desejada, só pode sê-lo *por acréscimo*, é o encontro de duas séries causais, isto é, à primeira vista, resultado do acaso. Na melhor das hipóteses, a finalidade continua problemática. Todas as relações que estabelecemos permanecem hipóteses; nenhum fim nos é proposto à maneira de imperativo, já que nenhum se revela expressamente como tendo sido desejado por um criador. Em consequência, nossa liberdade jamais é *solicitada* pela beleza natural. Ou melhor: nesse conjunto de folhagens, formas e movimentos há uma aparência de ordem, portanto uma ilusão de apelo, que parece solicitar essa liberdade, mas que logo se desvanece sob nosso olhar. Mal começamos a percorrer com os olhos essa ordenação e o apelo desaparece: ficamos sós, livres para associar esta cor àquela outra ou a uma terceira, para relacionar a árvore com a água, ou a árvore com o céu, ou a árvore com o céu e a água. Minha liberdade se torna capricho; à medida que estabeleço relações novas, mais me afasto da ilusória objetividade que me solicitava; *sonho* sobre certos motivos vagamente esboçados pelas coisas, a realidade natural não é mais que pretexto para devaneios. Ou então, por ter lamentado profundamente que aquela ordenação, percebida por um instante, não me tenha sido oferecida por ninguém, e portanto não seja *verdadeira*, pode acontecer que eu fixe o meu sonho, que o transponha para uma tela, para um texto. Assim, interponho-me entre a finalidade sem fim que aparece nos espetáculos naturais e o olhar dos outros homens; transmito-a a eles; por essa transmissão ela se torna humana; a arte é aqui uma cerimônia do *dom*, e só o dom opera uma metamorfose: existe aí qualquer coisa como a transmissão de títulos e poderes no matronimato, em que a mãe não detém os nomes, mas é a intermediária indispensável entre o tio e o sobrinho. Uma vez que captei de passagem essa ilusão, uma vez que a proponho aos outros homens, e que já a pus em evidência, repensada para eles, estes podem examiná-la com confiança: ela se tornou intencional. Quanto a mim, é claro, mantenho-me no limite entre a subjetividade e o objetivo, sem jamais poder contemplar a ordenação objetiva que transmito.

O leitor, ao contrário, progride com segurança. Por mais longe que vá, o autor já foi mais longe ainda. Quaisquer que sejam as relações que estabeleça entre as diferentes partes do livro – entre os capítulos ou entre as palavras – o leitor tem uma garantia: é que essas relações foram expressamente desejadas. Ele pode até, como diz Descartes, fingir que existe uma ordem secreta entre certas partes que parecem não ter nenhuma relação entre si; o criador o precedeu nessa direção e as mais belas desordens são efeitos da arte, isto é, continuam sendo ordem. A leitura é indução, interpelação, extrapolação, e o fundamento dessas atividades repousa na vontade do autor, do mesmo modo como se acreditou, por muito tempo, que o fundamento da indução científica repousava na vontade divina. Uma força suave nos acompanha e nos sustenta, da primeira até a última página. Isso não quer dizer que decifraremos sem dificuldade as intenções do artista: como dissemos, elas são objeto de conjecturas, e existe uma experiência do leitor; mas essas conjecturas se apoiam na grande certeza que temos de que as belezas que aparecem no livro nunca resultam de encontros. A árvore e o céu, na natureza, só se harmonizam por acaso; no romance, ao contrário, se os heróis se acham *nesta* torre, *nesta* prisão, se passeiam por *este* jardim, trata-se ao mesmo tempo da restituição de séries causais independentes (a personagem estava com certo estado de ânimo devido a uma sucessão de eventos psicológicos e sociais; por outro lado, dirigia-se a determinado lugar e a configuração da cidade a obrigava a atravessar certo parque) e da expressão de uma finalidade mais profunda, pois o parque só ganhou existência *para* se harmonizar com determinado estado de ânimo, *para* exprimi-lo por meio das coisas ou destacá-lo por meio de um vivo contraste; e o próprio estado de ânimo foi concebido em ligação com a paisagem. Aqui a causalidade é que é a aparência e poderíamos designá-la por "causalidade sem causa", e a finalidade é que é a realidade profunda. Mas se posso, assim, subordinar com tanta segurança a ordem dos fins à ordem das causas, é que afirmo, ao abrir o livro, que é da liberdade humana que o objeto extrai a sua fonte. Se suspeitasse que o artista escreveu movido pela paixão e em estado de paixão, minha confiança desapareceria de imediato, pois de nada valeria ter apoiado a ordem das causas sobre a ordem dos fins; esta última seria sustentada, por sua vez, por uma causalidade psíquica e, finalmente, a obra de arte reingressaria na cadeia do determinismo. Quando leio não nego, é verdade, que o autor possa estar apaixonado, ou mesmo que tenha concebido o primeiro esboço de sua obra sob o império da paixão. Mas sua decisão de escrever supõe que assuma um distanciamento em relação a suas afeições; em poucas palavras, que tenha transformado suas emoções em emoções livres, como faço com as minhas, ao lê-lo, isto é, que esteja em atitude de generosidade. Assim, a leitura é um pacto de generosidade entre o autor e o leitor; cada um confia no outro, conta com o outro, exige do outro tanto quanto exige de si mesmo. Essa confiança já é, em si mesma, generosidade: ninguém pode obrigar o autor a crer que o leitor fará uso de sua liberdade; ninguém pode obrigar o leitor a crer que o autor fez uso da sua. É uma decisão livre que cada um deles toma, independentemente. Estabelece-se então um vaivém dialético; quando leio, exijo; o que leio, então, desde que minhas exigências sejam satisfeitas, incita-me a exigir mais do autor, o que significa: exigir do autor que ele exija mais de mim mesmo. Reciprocamente, a exigência do autor é que eu leve ao mais alto grau minhas exigências. Assim, minha liberdade, ao se manifestar, desvenda a liberdade do outro.

Pouco importa que o objeto estético seja o produto de uma arte "realista" (ou que se pretenda como tal) ou de uma arte "formal". De qualquer maneira, as relações naturais são invertidas: esta árvore, no primeiro plano de um quadro de Cézanne, surge de início como produto de um encadeamento causal. Mas a causalidade é uma ilusão; permanecerá, sem dúvida, como proposição, enquanto fitarmos o quadro, mas será sustentada por uma finalidade profunda: se a árvore foi colocada ali é porque o resto do quadro *exigia* que se colocassem no primeiro plano esta forma e estas cores. Assim, através da causalidade fenomênica, nosso olhar atinge a finalidade, como a estrutura profunda do objeto e, para além da finalidade, atinge a liberdade humana como sua fonte e fundamento original. O realismo de Vermeer é tão acentuado que se poderia crer, num primeiro momento, que é fotográfico. Mas quando se considera o esplendor de sua matéria, a glória rósea e aveludada de suas paredezinhas de tijolo, a densidade azul de um ramo de madressilva, a obscuridade envernizada de seus vestíbulos, a carne alaranjada de seus rostos brunidos como a pedra das pias de água-benta, sente-se de repente, pelo prazer que se experimenta, que a finalidade não está tanto nas formas ou nas cores como em sua imaginação material; é a própria substância, a massa das coisas, que constitui aqui a razão de ser de suas formas; com esse realista chegamos, talvez, o mais próximo possível da criação absoluta, já que é na própria passividade da matéria que encontramos a insondável liberdade do homem.

Ora, a obra jamais se limita ao objeto pintado, esculpido ou narrado; assim como só percebemos as coisas sobre o fundo do mundo, também os objetos representados pela arte aparecem sobre o fundo do universo. As aventuras de Fabrício têm como pano de fundo a Itália de 1820, a Áustria e a França, o céu com seus astros, consultados pelo Padre Blanès e, por fim, a terra inteira. Se o pintor nos apresenta um campo ou um vaso de flores, seus quadros são janelas abertas para o mundo inteiro; esse caminho vermelho que penetra pelos trigais, nós o seguimos bem mais longe do que Van Gogh o pintou, entre outros campos de trigo, sob outras nuvens, até um rio que se lança no mar; e prolongamos ao infinito, até o outro lado do mundo, a terra profunda que sustenta a existência dos campos e da finalidade. De modo que, através dos poucos objetos que produz ou reproduz, o ato criador visa a uma retomada total do mundo. Cada quadro, cada livro é uma recuperação da totalidade do ser; cada um deles apresenta essa totalidade à liberdade do espectador. Pois é bem esta a finalidade última da arte: recuperar este mundo, mostrando-o tal como ele é, mas como se tivesse origem na liberdade humana. Mas como aquilo que o autor cria só ganha realidade objetiva aos olhos do espectador, é pela cerimônia do espetáculo – e particularmente da leitura – que essa recuperação é consagrada. Estamos agora em condição de responder à pergunta feita há pouco: o escritor decide apelar para a liberdade dos outros homens para que, através das implicações recíprocas de suas exigências, eles reapropriem a totalidade do ser para o homem e fechem a humanidade sobre o universo.

Se quisermos ir mais longe, devemos lembrar que o escritor, como todos os artistas, procura dar a seus leitores certa afeição a que se costuma chamar prazer estético e que, de minha parte, eu preferiria designar como alegria estética; e que essa afeição, quando aparece, indica que a obra está completada. Convém, pois, examiná-la à luz das considerações precedentes. De fato, essa alegria, que é recusada ao criador enquanto cria, é indissociável da consciência estética do espectador, isto é, no caso que estamos examinando, do leitor. É um sentimento complexo, mas cujas estruturas se condicionam umas às outras e são inseparáveis. De início, é indissociável do reconhecimento de um fim transcendente e absoluto que suspende, por um momento, a cascata utilitária dos fins-meios e dos meios-fins[2]; vale dizer, de um apelo ou, o que vem a dar no mesmo, de um valor. E a consciência posicional que tomo desse valor vem necessariamente acompanhada pela consciência não posicional da minha liberdade, pois é através de uma exigência transcendente que a liberdade se manifesta a si mesma. O reconhecimento da liberdade por si própria é alegria, mas essa estrutura da consciência não tética implica uma outra: já que, na verdade, a leitura é criação, minha liberdade não se apresenta para si mesma apenas como pura autonomia, mas como atividade criadora, isto é, ela não se limita a outorgar-se sua própria lei, mas apreende-se como constitutiva do objeto. Nesse nível se manifesta o fenômeno propriamente estético, ou seja, uma criação em que o objeto criado é dado *como objeto* a seu criador; é o caso único em que o criador tem o gozo do objeto que cria. E a palavra gozo, aplicada à consciência posicional da obra lida, indica suficientemente que estamos em presença de uma estrutura essencial da alegria estética. Esse gozo posicional é acompanhado da consciência não posicional de ser essencial em relação a um objeto tomado como essencial; designarei esse aspecto da consciência estética: sentimento de segurança; é ele que impregna de uma calma soberana as emoções estéticas mais fortes, e tem por origem a verificação de uma harmonia rigorosa entre subjetividade e objetividade. Como, de outro lado, o objeto estético é propriamente o mundo, na medida em que é visado através dos imaginários, a alegria estética acompanha a consciência posicional de que o mundo é um valor, isto é, uma tarefa proposta à liberdade humana. A isso chamarei de modificação estética do projeto humano, pois de ordinário o mundo aparece como o horizonte da nossa situação, como a distância infinita que nos separa de nós mesmos, como a totalidade sintética do dado, como o conjunto indiferenciado dos obstáculos e dos utensílios – mas jamais como exigência dirigida à nossa liberdade. Assim, nesse nível, a alegria estética provém da consciência que tomo de resgatar e interiorizar isso que é o não eu por excelência, já que transformo o dado em imperativo e o fato em valor: o mundo é *minha* tarefa, isto é: a função essencial e livremente consentida da minha liberdade consiste precisamente em fazer vir ao ser, num movimento incondicionado, o objeto único e absoluto que é o universo. Em terceiro lugar, as estruturas precedentes implicam um pacto entre as liberdades humanas, pois, de um lado, a leitura é um reconhecimento confiante e exigente da liberdade do escritor e, de outro, o prazer estético, já que ele próprio é sentido sob o aspecto de um valor, envolve uma exigência absoluta em relação a outrem; a de que todo homem, enquanto é liberdade, experimente o mesmo prazer lendo a mesma obra. Assim a humanidade inteira está presente em seu mais alto grau de liberdade, ela sustenta para o ser um mundo que é, ao mesmo tempo, o seu mundo e o mundo "exterior". Na alegria estética, a consciência posicional é consciência *imageante* do mundo em sua totalidade, ao mesmo tempo como ser e dever ser; ao mesmo tempo como totalmente nosso e totalmente alheio, e tanto mais nosso quanto mais alheio. A consciência não posicional envolve *realmente* a totalidade harmoniosa das liberdades humanas, na medida em que se constituiu em objeto de uma confiança e de uma exigência universais.

Escrever é, pois, ao mesmo tempo desvendar o mundo e propô-lo como tarefa à generosidade do leitor. É recorrer à consciência de outrem para se fazer reconhecer como *essencial* à totalidade do ser; é querer viver essa essencialidade por pessoas interpostas; mas como, de outro lado, o mundo real só se revela na ação, como ninguém pode sentir-se nele senão superando-o para transformá-lo, o universo do romancista careceria de espessura se não fosse descoberto num movimento para transcendê-lo. Já se observou muitas vezes: um objeto, no interior de uma narrativa, não ganha sua densidade de existência a partir do número e da extensão das descrições a ele consagradas, mas sim da complexidade de suas ligações com as diferentes personagens; parecerá tanto mais real quanto mais frequentemente for manuseado, tomado, largado – em suma, ultrapassado pelas personagens rumo aos seus próprios fins. É o que acontece com o mundo romanesco, isto é, com a totalidade das coisas e dos homens: para que este ofereça o máximo de densidade, é preciso que o desvendamento-criação pelo qual o leitor o descobre seja também engajamento imaginário na ação; dito de outro modo, quanto mais acentuada a vontade de transformá-lo, mais vivo ele será. O erro do realismo foi acreditar que o real se revelava à contemplação e que, em consequência, podia-se fazer dele uma pintura imparcial. Como seria isso possível se a própria percepção já é parcial, se a nomeação, por si só, já é modificação do objeto? E de que maneira o escritor, que se considera essencial para o universo, poderia querer sê-lo para as injustiças que esse universo encerra? No entanto, é necessário que o seja; mas se ele aceita ser criador de injustiças, é num movimento que as supera rumo à sua abolição. Quanto a mim, que leio, se crio e mantenho em existência um mundo injusto, não posso fazê-lo sem que me torne responsável por ele. E toda a arte do autor consiste em me obrigar a *criar* aquilo que ele *desvenda* – portanto, em me comprometer. Eis que nós dois arcamos com a responsabilidade pelo universo. E precisamente porque esse universo é sustentado pelo esforço conjugado de nossas duas liberdades, e porque o autor tentou, por meu intermédio, integrá-lo ao humano, é preciso que o universo apareça verdadeiramente em si mesmo, em sua massa mais profunda, como que atravessado de lado a lado e sustentado por uma liberdade que tomou por fim a liberdade humana, e, se ele não for verdadeiramente a grande pátria dos fins que deveria ser, é preciso que seja ao menos uma etapa nessa direção; enfim, é preciso que seja um devir, sempre considerado e apresentado não como massa esmagadora que pesa sobre nós, mas do ponto de vista da sua superação na direção daquela pátria dos fins;

é preciso que a obra, por mais perversa e desesperada que seja a humanidade aí representada, tenha um ar de generosidade. Não que essa generosidade deva exprimir-se por discursos edificantes ou por personagens virtuosas: ela não deve sequer ser premeditada, e é bem verdade que não se fazem bons livros com bons sentimentos. Mas ela deve constituir a própria trama do livro, o tecido com que são talhadas as pessoas e as coisas: qualquer que seja o tema, uma espécie de leveza essencial deve aparecer por toda parte, lembrando que a obra nunca é um dado natural, mas uma *exigência* e um *dom*. E se esse mundo me é dado com suas injustiças, não é para que eu as contemple com frieza, mas para que as anime com minha indignação, para que as desvende e as crie com sua natureza de injustiças, isto é, de abusos-que-devem-ser-suprimidos. Assim, o universo do escritor só aparecerá em toda a sua profundidade no exame, na admiração, na indignação do leitor; e o amor generoso é promessa de manter, e a indignação generosa é promessa de mudar, e a admiração é promessa de imitar; é certo que a literatura é uma coisa e a moral é outra bem diferente, mas no fundo do imperativo estético discernimos o imperativo moral. Pois como aquele que escreve reconhece, pelo próprio fato de se dar ao trabalho de escrever, a liberdade de seus leitores, e como aquele que lê, pelo simples fato de abrir o livro, reconhece a liberdade do escritor, a obra de arte, vista de qualquer ângulo, é um ato de confiança na liberdade dos homens. E uma vez que leitores e autor só reconhecem essa liberdade para exigir que ela se manifeste, a obra pode se definir como uma apresentação imaginária do mundo, na medida em que exige a liberdade humana. Daí resulta em primeiro lugar que não existe literatura negra, pois por mais sombrias que sejam as cores com que se pinta o mundo, pinta-se para que homens livres experimentem, diante dele, sua liberdade. Assim, não há senão bons e maus romances. E o mau romance é aquele que visa a agradar, adulando, enquanto o bom é uma exigência e um ato de fé. Mas, acima de tudo, o único aspecto sob o qual o artista pode apresentar o mundo a essas liberdades cuja concordância quer realizar é aquele de um mundo a ser impregnado, sempre e cada vez mais, de liberdade. Não seria concebível que esse desencadeamento de generosidade que o escritor provoca fosse empregado em consagrar uma injustiça e que o leitor desfrutasse de sua liberdade lendo uma obra que aprova ou aceita ou simplesmente se abstém de condenar a opressão do homem pelo homem. Pode-se imaginar que um bom romance seja escrito por um negro americano, ainda que o ódio aos brancos aí se exponha, porque, através desse ódio, é a liberdade de sua raça que ele reclama. E como ele me convida a tomar a atitude da generosidade, eu não conseguiria suportar, no instante em que me experimento como liberdade pura, identificar-me com uma raça de opressão. É portanto contra a raça branca e contra mim mesmo, enquanto parte dessa raça, que eu exijo de todas as liberdades que reivindiquem a libertação dos homens de cor. Mas ninguém ousaria supor, nem por um momento, que se possa escrever um bom romance em louvor do antissemitismo[3]. Pois não se pode exigir de mim, no momento em que percebo que minha liberdade está indissoluvelmente ligada à de todos os outros homens, que eu a empregue para aprovar a servidão de alguns dentre eles. Assim, quer seja ensaísta, panfletário, satirista ou romancista, quer fale somente das paixões individuais ou se lance contra o regime social,

    o escritor, homem livre que se dirige a homens livres, tem apenas um único tema: a liberdade.

Segue-se que qualquer tentativa de subjugar seus leitores o ameaça em sua própria arte. A um ferreiro, o fascismo atingirá em sua vida de homem, mas não necessariamente em seu ofício: a um escritor, em ambos, ainda mais no ofício do que na vida. Vi autores que antes da guerra clamavam pelo fascismo ardentemente, mas foram acometidos de esterilidade no momento em que os nazistas os cobriam de honrarias. Penso sobretudo em Drieu la Rochelle: enganou-se, mas era sincero, e deu provas disso. Aceitara dirigir uma revista inspirada. Nos primeiros meses, admoestava, criticava, repreendia seus compatriotas. Ninguém lhe respondeu: não se era mais livre para fazê-lo. Mostrou-se melindrado; não sentia mais seus leitores. Tornou-se mais insistente, mas nenhum sinal lhe veio provar que tivesse sido compreendido. Nenhum sinal de ódio, nem tampouco de cólera; nada. Pareceu desorientado, presa de uma agitação crescente, queixou-se amargamente aos alemães; seus artigos, antes esplêndidos, tornaram-se azedos; chegou o momento em que bateu no peito: nenhum eco, salvo entre jornalistas vendidos que ele desprezava. Pediu demissão, voltou atrás, continuou falando, sempre no deserto. Finalmente se calou, amordaçado pelo silêncio dos outros. Pedira a submissão dos demais, mas em sua demência deve tê-la imaginado como voluntária, livre ainda; veio a submissão; o homem, nele, regozijou-se com entusiasmo, mas o escritor não pôde suportá-la. No mesmo momento, outros – felizmente a maioria – compreendiam que a liberdade de escrever implica a liberdade do cidadão. Não se escreve para escravos. A arte da prosa é solidária com o único regime onde a prosa conserva um sentido: a democracia. Quando uma é ameaçada, a outra também é. E não basta defendê-las com a pena. Chega um dia em que a pena é obrigada a deter-se, e então é preciso que o escritor pegue em armas. Assim, qualquer que seja o caminho que você tenha seguido para chegar a ela, quaisquer que sejam as opiniões que tenha professado, a literatura o lança na batalha; escrever é uma certa maneira de desejar a liberdade; tendo começado, de bom grado ou à força você estará engajado.

Engajado em quê? – perguntarão. Defender a liberdade, afirmação precipitada. Trata-se de tornar-se guardião dos valores ideais, como o "intelectual" de Benda antes da traição*, ou será que é a liberdade concreta e cotidiana que é preciso proteger, tomando partido nas lutas políticas e sociais? A questão se liga a outra, simples na aparência, mas que nunca é levantada: "Para quem se escreve?"

# III
# Para quem se escreve?

À primeira vista, não haveria dúvida: escreve-se para o leitor universal; e vimos, com efeito, que a exigência do escritor se dirige, em princípio, a todos os homens. Mas as descrições precedentes são ideais. Na verdade, o escritor sabe que fala a liberdades atoladas, mascaradas, indisponíveis; sua própria liberdade não é assim tão pura, é preciso que ele a limpe; é também para limpá-la que ele escreve. É perigosamente fácil ir logo falando de valores eternos: os valores eternos são muito descarnados. A própria liberdade, considerada *sub specie aeternitatis\**, parece um galho seco: tal como o mar, ela sempre recomeça; não é nada mais do que o movimento pelo qual perpetuamente nos desprendemos e nos libertamos. Não existe liberdade dada; é preciso conquistar-se às paixões, à raça, à classe, à nação, e conquistar junto consigo os outros homens. Mas o que conta, neste caso, é a figura singular do obstáculo a vencer, da resistência a superar; é ela que dá, em cada circunstância, sua feição à liberdade. Se o escritor decidiu dizer tolices, como quer Benda, pode falar, em belas frases, dessa liberdade eterna, reivindicada ao mesmo tempo pelo nacional-socialismo, pelo comunismo estalinista e pelas democracias capitalistas. Não incomodará a ninguém, pois não se dirigirá a ninguém: já lhe concederam antecipadamente tudo o que pede. Mas é um sonho abstrato, quer queira ou não, e mesmo que cobice louros eternos, o escritor fala a seus contemporâneos, a seus compatriotas, a seus irmãos de raça ou de classe. De fato, ainda não se notou suficientemente que uma obra do espírito é naturalmente *alusiva*. Ainda que o propósito do autor seja dar a mais completa representação do seu objeto, ele jamais conta *tudo*; sempre sabe de coisas que não diz. É que a linguagem é elíptica. Se desejo comunicar a meu vizinho que uma vespa entrou pela janela, não há necessidade de longos discursos. "Cuidado!" ou "Ei!" – basta uma palavra, um gesto; desde que ele veja a vespa, tudo está resolvido. Supondo que uma gravação reproduzisse, sem comentários, as conversas cotidianas de um casal de Provins ou de Angoulême, não entenderíamos nada: faltaria o *contexto*; isto é, as lembranças e as percepções comuns, a situação do casal e suas atividades, numa palavra, o mundo tal como cada um dos interlocutores sabe que aparece aos olhos do outro. O mesmo ocorre com a leitura: os indivíduos de uma mesma época e de uma mesma coletividade, que viveram os mesmos eventos, que se colocam ou eludem as mesmas questões, têm um mesmo gosto na boca, têm uns com os outros a mesma cumplicidade e há entre eles os mesmos cadáveres. Eis por que não é preciso escrever tanto: há palavras-chave. Se eu relato a ocupação alemã a um público americano, serão necessárias muitas análises e precauções; perderei vinte páginas para dissipar prevenções, preconceitos, lendas; depois será preciso que sustente minhas posições a cada passo; que procure na história dos Estados Unidos imagens e símbolos que permitam compreender a nossa; que mantenha sempre presente em meu espírito a diferença entre nosso pessimismo de velhos e seu otimismo de crianças. Agora, se escrevo sobre o mesmo assunto para franceses, estaremos em casa: bastarão estas palavras, por exemplo: "um concerto de música militar alemã no coreto de um jardim público", e tudo estará dito: uma amarga primavera, um parque numa cidadezinha do interior, homens de cabeça raspada soprando nos instrumentos, transeuntes cegos e surdos que apressam o passo, dois ou três ouvintes carrancudos sob as árvores, essa alvorada inútil à França, que se perde no céu, nossa vergonha e nossa angústia, nossa cólera, nosso orgulho também. Assim, o leitor a quem me dirijo não é nem Micrômegas nem o Ingênuo, nem tampouco Deus Pai. Não tem a ignorância do bom selvagem, a quem é preciso explicar tudo, desde os princípios; não é um espírito neutro nem uma tábula rasa. Também não tem a onisciência de um anjo ou do Pai Eterno; eu lhe desvendo certos aspectos do universo, aproveito o que sabe para ensinar-lhe o que não sabe. Suspenso entre a ignorância total e o conhecimento total, possui uma bagagem definida que varia de um momento a outro e basta para revelar sua *historicidade*. De fato, não se trata de uma consciência instantânea, de uma pura afirmação intemporal de liberdade; ele tampouco paira acima da história: está engajado nela. Os autores também são históricos; e é justamente por isso que alguns deles almejam escapar à história por um salto na eternidade. Entre esses homens mergulhados na mesma história e que contribuem do mesmo modo para fazê-la, um contato histórico se estabelece por intermédio do livro. Escritura e leitura são as duas faces de um mesmo fato histórico, e a liberdade à qual o escritor nos incita não é pura consciência abstrata de ser livre. A liberdade *não é*, propriamente falando; ela se conquista numa situação histórica; cada livro propõe uma libertação concreta a partir de uma alienação particular. Existe em cada um, assim, um recurso implícito a instituições, a costumes, a certas formas de opressão e de conflito, à sabedoria ou à loucura do dia, a paixões duráveis e obstinações passageiras, a superstições e a conquistas recentes do bom-senso, a evidências e ignorâncias, a formas peculiares de raciocinar, que as ciências puseram em moda e que aplicamos a todos os campos: a esperanças, temores, hábitos da sensibilidade, da imaginação e até mesmo da percepção; enfim, aos costumes e valores recebidos, a todo um mundo que o autor e o leitor têm em comum. É esse mundo bem conhecido que o autor anima e impregna com sua liberdade, e é a partir dele que o leitor deve realizar sua libertação concreta; ele é a alienação, a situação, a história, é ele que deve recuperar e assumir, é ele que devo mudar ou conservar, para mim e para os outros. Pois se o aspecto imediato da liberdade é negatividade, sabe-se que não se trata do poder abstrato de dizer não, mas de uma negatividade concreta, que retém em si aquilo que nega e dele se impregna por inteiro. E como as liberdades do autor e do leitor se procuram e se afetam através de um mundo, pode-se dizer igualmente que a escolha que o autor faz de determinado aspecto do mundo é decisiva na escolha do leitor, e, reciprocamente, que é escolhendo o seu leitor que o escritor decide qual é o seu tema. Assim, todas as obras do espírito contêm em si a imagem do leitor a quem se destinam. Eu poderia compor o retrato de Nathanaël a partir de *Os frutos da terra*: a alienação de que é convidado a libertar-se, vejo que é a sua família, os imóveis que possui ou possuirá por herança, o projeto utilitário, um moralismo aprendido, um teísmo estreito; vejo também que tem cultura e lazeres, uma vez que seria absurdo propor Ménalque como exemplo a um operário, a um desempregado, a um negro norte-americano; sei que ele não está ameaçado por nenhum perigo exterior, nem pela fome, nem pela guerra, nem pela opressão de uma classe ou de uma raça; o único perigo que corre é o de ser vítima de seu próprio meio; portanto, é um branco, ariano, rico, herdeiro de uma grande família burguesa que vive numa época relativamente estável e ainda fácil, em que a ideologia da classe dominante mal começa a declinar: é precisamente esse Daniel de Fontanin que Roger Martin du Gard nos apresentou mais tarde como admirador entusiasmado de André Gide.

Para tomar um exemplo ainda mais próximo, é surpreendente que *O silêncio do mar*, obra escrita por um resistente da primeira hora e cujo objetivo é claro a nossos olhos, não tenha encontrado senão hostilidade nos meios emigrados de Nova York, de Londres e até mesmo da Argélia, chegando-se até mesmo a tachar seu autor de colaboracionista. É que Vercors não tinha em mira *aquele* público. Na zona ocupada, ao contrário, ninguém duvidou das intenções do autor, nem da eficácia de sua obra: ele escrevia para nós. Não creio, com efeito, que se possa defender Vercors dizendo que seu alemão é verdadeiro, verdadeiros o velho francês e sua mocinha francesa. Koestler escreveu a esse respeito algumas boas páginas: o silêncio dos dois franceses não tem verossimilhança psicológica; tem até mesmo um ligeiro sabor de anacronismo: lembra o mutismo cabeçudo dos camponeses patriotas de Maupassant durante outra ocupação; outra ocupação, com outras esperanças, outras angústias, outros costumes. Quanto ao oficial alemão, sua descrição não carece de vida, mas, como se sabe, Vercors, que recusava qualquer contato com o exército de ocupação, compôs esse retrato de cabeça, combinando os elementos prováveis dessa personagem. Assim, não é em nome da *verdade* que se deve preferir essas imagens àquelas que a propaganda dos anglo-saxões forjava a cada dia. Mas, para um francês da metrópole, o romance de Vercors, em 1941, era o mais *eficaz*. Quando o inimigo está separado de nós por uma barreira de fogo, devemos julgá-lo em bloco como a encarnação do mal: toda guerra é um maniqueísmo. É compreensível, pois, que os jornais ingleses não perdessem tempo tentando separar o joio do trigo no exército alemão. Mas, inversamente, as populações vencidas e ocupadas, misturadas a seus vencedores, reaprendem, pelo hábito, pelos efeitos de uma propaganda habilidosa, a considerá-los como homens. Homens bons ou maus; bons e maus ao mesmo tempo. Uma obra que, em 1941, lhes apresentasse o soldado alemão como bicho-papão, faria rir e não atingiria o seu objetivo. Desde o fim de 1942, *O silêncio do mar* tinha perdido sua eficácia: é que a guerra recomeçava em nosso território: de um lado, propaganda clandestina, sabotagem, descarrilamentos, atentados; de outro, toque de recolher, deportações, prisões, torturas, execução de reféns. Uma invisível barreira de fogo separava novamente os alemães dos franceses; não queríamos mais saber se os alemães que arrancavam os olhos e as unhas de nossos amigos eram cúmplices ou vítimas do nazismo; diante deles não bastava mais guardar um silêncio altivo, que eles aliás não tolerariam: nessa fase da guerra, só era possível estar com eles ou contra eles; em meio aos bombardeios e aos massacres, às cidades queimadas e deportações, o romance de Vercors parecia um idílio: tinha perdido seu público. Seu público era o homem de 1941, humilhado pela derrota, mas surpreso com a cortesia do ocupante, sinceramente desejoso da paz, aterrorizado pelo fantasma do bolchevismo, desnorteado pelos discursos de Pétain. Para esse homem, era vão apresentar os alemães como brutos sanguinários; era preciso, ao contrário, fazer-lhe a concessão de que eles pudessem ser educados e até mesmo simpáticos, e, já que tinha descoberto com surpresa que a maioria deles eram "homens como nós", era preciso adverti-lo de que, mesmo nesse caso, a fraternidade era impossível, que os soldados estrangeiros eram tanto mais infelizes e impotentes quanto mais simpáticos pareciam, e que é preciso lutar contra uma ideologia e um regime nefastos, mesmo que os homens que os trazem a nós não nos pareçam maus. E como a coisa se dirigia, em suma, a uma multidão passiva, como ainda havia bem poucas organizações importantes, e estas se mostravam muito cautelosas quanto ao recrutamento, a única forma de oposição que se podia exigir da população era o silêncio, o desprezo, a obediência forçada que faz questão de se mostrar como tal. Assim, o romance de Vercors define seu público; ao defini-lo, define-se a si mesmo: pretende combater, no espírito da burguesia francesa de 1941, os efeitos do encontro de Montoire. Um ano e meio após a derrota, ainda estava vivo, virulento, eficaz. Daqui a meio século não apaixonará mais ninguém. Um público mal-informado o lerá ainda como um relato agradável e um pouco esmaecido acerca da Guerra de 1939. Parece que as bananas são mais saborosas quando se acaba de colhê-las: também as obras do espírito devem ser consumidas *in loco*.

Seria tentador recriminar a sutileza vã e o caráter indireto de qualquer tentativa de explicar uma obra do espírito pelo público a que se destina. Não seria mais simples, mais direto, mais rigoroso, tomar como fator determinante a própria condição do autor? Não seria conveniente ater-se à noção de "meio" proposta por Taine? Respondo que a explicação pelo "meio" é de fato *determinante*: o meio *produz* o escritor; é por isso que não acredito nela. O público, ao contrário, faz seu apelo, isto é, interroga pela liberdade. O meio é uma *vis a tergo*[**]; o público, ao contrário, é uma expectativa, um vazio a preencher, uma aspiração, no sentido figurado e no próprio. Numa palavra, é o outro. E estou tão longe de rejeitar a explicação da obra pela situação do homem que sempre considerei o projeto de escrever como a livre superação de uma dada situação humana e *total*. No que, aliás, tal projeto não difere de outros empreendimentos. Escreve Étiemble num artigo espirituoso, mas um pouco superficial[1]: "Eu estava a ponto de revisar o meu pequeno dicionário, quando o acaso colocou bem debaixo do meu nariz três linhas de Jean-Paul Sartre: 'Para nós, com efeito, o escritor não é Vestal nem Ariel. Faça o que fizer, ele está na jogada, marcado, comprometido até no seu retiro mais longínquo'. Estar na jogada, estar na chuva. Eu reconhecia aí algo próximo da frase de Blaise Pascal: 'Nós embarcamos'. Mas vi então o engajamento perder todo o valor, reduzido de repente ao fato mais banal, ao fato do príncipe e do escravo, à condição humana".

Não digo outra coisa. Acontece que Étiemble se faz de distraído. Se todos os homens embarcaram, isso não quer dizer que tenham plena consciência do fato; a maioria passa o tempo dissimulando seu engajamento. Isso não significa necessariamente que tentem evadir-se pela mentira, pelos paraísos artificiais ou pela vida imaginária: basta-lhes velar um pouco a luz, ver as causas sem as consequências, ou vice-versa, assumir o fim silenciando sobre os meios, recusar a solidariedade com seus pares, refugiar-se no espírito de seriedade; tirar da vida todo valor, considerando-a do ponto de vista da morte, e, ao mesmo tempo, tirar da morte todo o seu horror, fugindo dela na banalidade da vida cotidiana; persuadir-se, quando se pertence à classe opressora, de que se pode escapar à sua classe pela grandeza dos sentimentos e, quando se faz parte dos oprimidos, dissimular a cumplicidade com os opressores, sustentando que é possível se manter livre mesmo acorrentado, desde que se tenha o gosto pela vida interior. A tudo isso podem recorrer os escritores, tal como as outras pessoas. Alguns há, e são a maioria, que fornecem todo um arsenal de ardis ao leitor que quer dormir tranquilo. Eu diria que um escritor é engajado quando trata de tomar a mais lúcida e integral consciência de ter embarcado, isto é, quando faz o engajamento passar, para si e para os outros, da espontaneidade imediata ao plano refletido. O escritor é mediador por excelência, e seu engajamento é a mediação. Mas, se é verdade que se deve pedir contas à sua obra a partir de sua condição, é preciso lembrar ainda que sua condição não é apenas a de um homem em geral, mas também, precisamente, a de um escritor. É um judeu, talvez, e tcheco, e de origem rural. Mas é um *escritor* judeu, um *escritor* tcheco e de origem rural. Quando tentei, em outro artigo, definir a situação do judeu, não encontrei senão isto: "O judeu é um homem que os outros homens consideram judeu, e que tem a obrigação de escolher-se a si mesmo a partir da situação que lhe é dada". Pois há qualidades que nos vêm unicamente dos julgamentos alheios. Quanto ao escritor, o caso é mais complexo, pois ninguém é obrigado a escolher-se escritor. Assim, na origem está a liberdade: sou escritor em primeiro lugar por meu livre projeto de escrever. Mas de imediato vem o seguinte: eu me torno um homem que os outros homens consideram como escritor, isto é, que deve responder a certa demanda e se vê investido, de bom grado ou à força, de certa função social. Qualquer que seja o papel que ele queira desempenhar, tem de fazê-lo a partir da representação que os outros têm dele. Pode querer modificar o papel atribuído ao homem de letras numa dada sociedade, mas para mudá-lo é preciso primeiro se amoldar nele. Além disso, o público intervém, com seus costumes, sua visão do mundo, sua concepção da sociedade e da literatura no seio da sociedade; cerca o escritor, investe-o, e suas exigências, imperiosas ou sorrateiras, suas recusas, suas fugas são os dados de fato a partir dos quais se pode construir uma obra. Tomemos o caso do grande escritor negro Richard Wright. Se considerarmos somente sua condição de homem, ou seja, de um "preto" do Sul dos Estados Unidos, deslocado para o Norte, reconheceremos de imediato que ele só poderia escrever a respeito de negros e brancos *vistos pelos olhos dos negros*. Seria possível supor, ainda que só por um instante, que ele aceitasse passar a vida contemplando a Verdade, a Beleza e o Bem eternos, quando 90% dos negros do Sul estão praticamente privados do direito de voto? Caso se fale aqui em traição dos "intelectuais", responderei que não há "intelectuais" entre os oprimidos. Os "intelectuais" são necessariamente parasitas das classes ou raças opressoras. Portanto, se um negro norte-americano descobre em si uma vocação de escritor, descobre ao mesmo tempo o seu tema: ele é o homem que vê os brancos de fora, que assimila a cultura branca pelo lado de fora, e cada livro seu mostrará a alienação da raça negra no seio da sociedade americana. Não objetivamente, à maneira dos realistas, mas apaixonadamente e de modo a comprometer seu leitor. Mas este exame deixa indeterminada a natureza de sua obra: ele poderia ser um panfletário, um compositor de *blues*, o Jeremias dos negros do Sul. Se quisermos ir mais longe, devemos considerar seu público. A quem, pois, se dirige Richard Wright? Não ao homem universal, decerto, pois na noção de homem universal entra a característica essencial de que ele não está engajado em nenhuma época em particular e de que não se comove nem mais, nem menos, com a sorte dos negros da Louisiana do que com a dos escravos romanos do tempo de Espártaco. O homem universal não seria capaz de pensar outra coisa senão os valores universais; ele é a afirmação pura e abstrata dos direitos imprescritíveis do homem. Mas Wright não pode, tampouco, pensar em destinar seus livros aos racistas brancos da Virgínia ou da Carolina, que têm suas ideias preconcebidas, e que jamais os lerão. Nem aos camponeses negros dos alagadiços, que não sabem ler. E ainda que se mostre feliz com a acolhida que a Europa concede a seus livros, é evidente que ao escrevê-los ele não pensava no público europeu. A Europa está longe, as indignações europeias são ineficazes e hipócritas. Não se pode esperar muito de nações que subjugaram a Índia, a Indochina, a África Negra. Bastam estas considerações para definir seus leitores: ele se dirige aos negros cultos do Norte e aos americanos brancos de boa vontade (intelectuais, democratas de esquerda, radicais, operários filiados a sindicatos progressistas).

Não que ele não pretenda atingir, através destes, a todos os homens; é que, justamente, quer atingi-los *através deles*: assim como a liberdade eterna se deixa entrever no horizonte da libertação histórica e concreta que ele almeja, assim também a universalidade do gênero humano está no horizonte do grupo concreto e histórico de seus leitores. Os camponeses negros analfabetos e os fazendeiros do Sul representam uma margem de possibilidades abstratas em torno do seu público real: afinal, um iletrado sempre pode aprender a ler; *Black boy* pode cair nas mãos do mais obstinado dos negrófobos e abrir-lhe os olhos.

Isso significa apenas que todo projeto humano ultrapassa seus limites de fato, e se estende pouco a pouco até o infinito. Mas deve-se observar que existe no seio desse *público de fato* uma pronunciada ruptura. Para Wright, os leitores negros representam a subjetividade. A mesma infância, as mesmas dificuldades, os mesmos complexos: meia palavra basta, eles compreendem com o coração. Tentando esclarecer sua situação pessoal, leva-os a se esclarecerem sobre si mesmos. A vida que levam no dia a dia, no imediato, e que suportam sem encontrar palavras para formular seus sofrimentos, ele a mediatiza, nomeia, mostra a eles: o escritor é a consciência deles, e o movimento pelo qual ele se eleva do nível imediato até a retomada reflexiva de sua condição é o movimento de toda a sua raça. Mas, qualquer que seja a boa vontade dos leitores brancos, estes representam o *Outro* para um autor negro. Não viveram o que ele viveu, não podem compreender a condição dos negros senão no limite de um esforço extremo e apoiando-se em analogias que a cada instante correm o risco de traí-los. Por outro lado, Wright não conhece muito bem os brancos: é apenas de fora que imagina sua orgulhosa segurança e aquela tranquila certeza, comum a todos os arianos brancos, de que o mundo é branco e eles são seus proprietários. Para os brancos, as palavras que Wright traça no papel não têm o mesmo contexto que têm para os negros: é preciso escolhê-las um pouco ao acaso, pois ele ignora as ressonâncias que terão nessas consciências estrangeiras. E, quando lhes fala, a própria finalidade muda: trata-se agora de comprometê-los e fazer com que eles avaliem suas responsabilidades, é preciso indigná-los e envergonhá-los. Assim, cada obra de Wright contém aquilo que Baudelaire teria chamado de "dupla postulação simultânea": cada palavra remete a dois contextos; a cada frase duas forças incidem simultaneamente, determinando a incomparável tensão de seu relato. Falasse ele apenas aos brancos, talvez se mostrasse mais prolixo, mais didático, também mais injurioso; falasse apenas aos negros, mais elíptico ainda, mais cúmplice, mais elegíaco. No primeiro caso, sua obra se aproximaria da sátira; no segundo, da lamentação profética: Jeremias falava apenas aos judeus. Mas Wright, escrevendo para um público dividido, soube ao mesmo tempo manter e superar essa divisão; disto fez o pretexto para uma obra de arte.

*  *  *

O escritor consome e não produz, mesmo que tenha decidido servir com seus escritos aos interesses da comunidade. Suas obras permanecem gratuitas, portanto inestimáveis; seu valor de mercado é fixado arbitrariamente. Em certas épocas recebe uma pensão; noutras, cabe-lhe uma percentagem sobre a venda dos livros. Mas não há, na sociedade atual, nenhuma medida comum entre a obra do espírito e sua remuneração percentual, como também não havia entre o poema e a pensão régia no Antigo Regime. No fundo, o escritor não é pago; é alimentado, mais ou menos bem, segundo a época. E não poderia ser de outro modo, pois sua atividade é *inútil*: não é nada *útil*, e por vezes é até *nocivo* que a sociedade tome consciência de si mesma. Justamente, o útil se define no contexto de uma sociedade constituída e em função de instituições, valores e fins já fixados. Se a sociedade se vê, e sobretudo se ela se vê *vista*, ocorre, por esse mesmo fato, a contestação dos valores estabelecidos e do regime: o escritor lhe apresenta sua imagem e a intima a assumi-la ou então a transformar-se. E de qualquer modo ela muda; perde o equilíbrio que a ignorância lhe proporcionava, oscila entre a vergonha e o cinismo, pratica a má-fé; assim, o escritor dá à sociedade uma *consciência infeliz*, e por isso se coloca em perpétuo antagonismo com as forças conservadoras, mantenedoras do equilíbrio que ele tende a romper. Pois a passagem ao mediato, que só pode ocorrer pela negação do imediato, é uma revolução permanente. Só mesmo as classes dirigentes podem se dar o luxo de remunerar uma atividade tão improdutiva e tão perigosa e, se o fazem, é ao mesmo tempo por uma questão de tática e por um mal-entendido. Mal-entendido para a maioria: livres de preocupações materiais, os membros da elite dirigente são suficientemente liberados para desejar adquirir de si mesmos uma consciência reflexiva; querem recuperar-se, e encarregam o artista de lhes apresentar uma imagem de si mesmos, sem se dar conta de que em seguida deverão assumi-la. Tática de alguns que, tendo reconhecido o perigo, subvencionam o artista para lhe controlar o poder de destruição. Assim, o escritor é um parasita da "elite" dirigente. Mas, funcionalmente, ele atua contra os interesses daqueles que o sustentam[2]. Tal é o conflito original que define a sua condição. Por vezes esse conflito é manifesto: ainda se fala dos palacianos que fizeram o sucesso de *O casamento de Fígaro*, embora a obra anunciasse a morte do regime. Outras vezes o conflito se disfarça, mas existe sempre, pois nomear é mostrar e mostrar é mudar. E como essa atividade de contestação, nociva aos interesses estabelecidos, ameaça, muito modestamente, contribuir para uma mudança do regime, e como, de outro lado, as classes oprimidas não têm nem a possibilidade de ler, nem o gosto pela leitura, o aspecto objetivo do conflito pode se exprimir como antagonismo entre as forças conservadoras ou público real do escritor, e as forças progressistas ou público virtual. Numa sociedade sem classes, cuja estrutura interna seria a revolução permanente, o escritor poderia ser mediador *para todos* e sua contestação apriorística poderia preceder ou acompanhar as mudanças de fato. No meu entender, esse é o sentido profundo que se deve atribuir à noção de *autocrítica*. A ampliação de seu público real até os limites do público virtual promoveria na consciência do escritor uma reconciliação entre as tendências inimigas; a literatura, inteiramente libertada, representaria a *negatividade*, enquanto momento necessário da construção. Mas esse tipo de sociedade, que eu saiba, até agora não existe e pode-se duvidar que seja possível. O conflito, portanto, permanece, e está na origem daquilo que eu chamaria de avatares do escritor e de sua consciência pesada.

O conflito se reduz à sua expressão mais simples quando o público virtual é praticamente nulo e o escritor, em lugar de se manter à margem da classe privilegiada, deixa-se absorver por ela. Nesse caso, a literatura se identifica com a ideologia dos dirigentes, a mediação se opera no seio da própria classe, a contestação incide sobre o detalhe e se dá em nome de princípios incontestados. É, por exemplo, o que se produz na Europa por volta do século XII: o clérigo letrado escreve exclusivamente para outros clérigos. Mas mantém a consciência tranquila graças ao divórcio entre o espiritual e o temporal. A Revolução Cristã marcou o advento do espiritual, isto é, do próprio espírito, como negatividade, contestação e transcendência, perpétua construção, para além do reino da Natureza, da pátria *antinatural* das liberdades. Mas era necessário que esse poder universal de superar o objeto fosse apreendido de início como objeto; que essa negação perpétua da Natureza aparecesse em primeiro lugar como natureza; que essa faculdade de perpetuamente criar ideologias e logo deixá-las para trás começasse por se encarnar numa ideologia particular. O espiritual, nos primeiros séculos de nossa era, é cativo do cristianismo, ou, se preferirem, o cristianismo é o próprio espiritual, mas alienado. É o espírito feito objeto. Concebe-se, portanto, que em vez de aparecer como empresa comum de todos os homens, sempre recomeçada, ele se manifeste primeiro como especialidade de alguns. A sociedade medieval tinha necessidades espirituais e constituiu, para atendê-las, um corpo de especialistas recrutados por cooptação. Hoje consideramos a leitura e a escrita como direitos do homem e, ao mesmo tempo, como meios de se comunicar com o Outro, quase tão naturais e espontâneos como a linguagem oral; eis por que o camponês mais inculto é um leitor em potencial. No tempo dos antigos clérigos, tratava-se de técnicas estritamente reservadas aos profissionais. Não eram praticadas por si mesmas, como exercícios do espírito, não tinham por objetivo dar acesso a esse humanismo amplo e vago que mais tarde se chamaria "as humanidades"; eram unicamente meios de conservar e transmitir a ideologia cristã. Saber ler era possuir o instrumento necessário para adquirir o conhecimento dos textos sagrados e de seus inumeráveis comentários; saber escrever era saber comentar. Os outros homens não aspiravam a possuir essas técnicas profissionais, assim como hoje não aspiramos a adquirir as técnicas do marceneiro ou do documentalista, se exercemos outra profissão. Os barões abandonam aos clérigos a tarefa de produzir e preservar a espiritualidade. Por si mesmos, eram incapazes de exercer controle sobre os escritores, como faz hoje o público, e, se não fossem auxiliados, não saberiam distinguir entre a heresia e as crenças ortodoxas. Só se abalavam quando o papa recorria ao braço secular. Então pilhavam e queimavam tudo, mas apenas porque confiavam no papa e porque nunca desdenhavam uma ocasião de pilhar. É verdade que a ideologia, em última instância, se destinava a eles, a eles e ao povo, mas era comunicada a eles oralmente pelas pregações; além do que, a Igreja teve bem cedo a seu dispor uma linguagem mais simples que a escrita: a imagem. As esculturas dos claustros e das catedrais, os vitrais, as pinturas, os mosaicos falam de Deus e da História Sagrada.

À margem dessa vasta empresa de ilustração da fé, o clérigo escreve suas crônicas, suas obras filosóficas, seus comentários, seus poemas, destinados a seus pares e controlados pelos superiores. Não precisa se preocupar com o efeito que suas obras produzirão sobre as massas, pois sabe de antemão que estas não tomarão conhecimento delas; tampouco desejaria introduzir o remorso na consciência de um senhor feudal pilhador ou traiçoeiro: a violência é iletrada. Não se trata, pois, para ele, de devolver ao temporal sua imagem, nem de tomar partido, nem de destacar o espiritual da experiência histórica por um esforço contínuo. Mas, muito pelo contrário, como o escritor é da Igreja e como a Igreja é um imenso colégio espiritual que demonstra sua dignidade pela resistência às mudanças, como a história e o temporal são uma coisa só e a espiritualidade se distingue radicalmente do temporal, como o objetivo do clericato é manter esta distinção, isto é, manter-se como corporação especializada frente ao secular; como, além disso, a economia é tão fragmentada e os meios de comunicação tão raros e lentos que os fatos que ocorrem numa província não afetam em absoluto a província vizinha, permitindo que cada mosteiro desfrute de sua paz particular, da mesma forma que o herói de *Os acharnianos*, enquanto seu país está em guerra, o escritor tem por missão provar sua autonomia, entregando-se à contemplação exclusiva do Eterno. Ele afirma sem cessar que o Eterno existe e demonstra-o precisamente pelo fato de que sua única preocupação é contemplá-lo. Nesse sentido ele de fato realiza o ideal de Benda, mas vê-se em que condições: é preciso que a literatura e a espiritualidade sejam alienadas, que uma ideologia particular triunfe, que o pluralismo feudal torne possível o isolamento dos clérigos, que a quase totalidade da população seja analfabeta e que o único público do escritor seja a confraria dos outros escritores. Não é concebível que se possa exercer ao mesmo tempo a liberdade de pensar, escrever para um público mais amplo do que a restrita coletividade dos especialistas e limitar-se a descrever o conteúdo de valores eternos e de ideias apriorísticas. A consciência tranquila do clérigo medieval floresce sobre a morte da literatura.

No entanto, para que os escritores conservem essa consciência feliz, não é absolutamente necessário que seu público se reduza a um corpo constituído de profissionais. Basta que se banhem na ideologia das classes privilegiadas, que sejam totalmente impregnados por ela e que não cheguem sequer a conceber outras. Mas, nesse caso, sua função se modifica: não se pede mais que sejam os *guardiães* dos dogmas, mas apenas que não sejam seus detratores. Como segundo exemplo da adesão dos escritores à ideologia constituída, pode-se pensar, creio, no século XVII francês.

Nessa época, estava em vias de completar-se a laicização do escritor e de seu público. O fenômeno certamente se origina da força expansiva da coisa escrita, de seu caráter monumental e do apelo à liberdade que toda obra do espírito contém. Mas algumas circunstâncias exteriores contribuíram, tais como o desenvolvimento da instrução, o enfraquecimento do poder espiritual, a aparição de novas ideologias expressamente destinadas ao temporal. No entanto, laicização não quer dizer universalização. O público do escritor permanece estritamente limitado. Tomado em seu conjunto, esse público se chama sociedade, e este nome designa uma fração da corte, do clero, da magistratura e da burguesia rica. Considerado singularmente, o leitor se chama "homem de bem" e exerce certa função de censura denominada gosto.

Em suma, é ao mesmo tempo um membro das classes superiores e um especialista. Se critica o escritor é porque ele próprio sabe escrever. O público de Corneille, de Pascal, de Descartes, é Madame de Sévigné, é o Cavaleiro de Méré, é Madame de Grignan, Madame de Rambouillet, Saint-Évremond. Hoje o público se encontra, em relação ao escritor, em estado de passividade: espera que lhe imponham ideias ou uma nova forma de arte. É a massa inerte na qual a ideia vai tomar corpo. Seu meio de controle é indireto e negativo; seria difícil dizer que ele dá sua opinião: simplesmente compra ou não compra o livro; a relação entre o autor e o leitor é análoga àquela entre o macho e a fêmea: é que a leitura se tornou simples meio de informação, e a escrita, um meio muito geral de comunicação. No século XVII, saber escrever já é saber escrever bem. Não que a Providência tenha repartido o dom do estilo igualmente entre todos os homens; é que o leitor, mesmo que não mais se identifique rigorosamente com o escritor, continua sendo escritor em potencial. Faz parte de uma elite parasitária para a qual a arte de escrever, se não é um ofício, é ao menos a marca de sua superioridade. Lê-se porque se sabe escrever; com um pouco de sorte, teria sido possível escrever o que se lê. O público é ativo: a ele são realmente *submetidas* as produções do espírito; ele as julga em nome de um conjunto de valores que ele mesmo ajuda a manter. Uma revolução análoga ao romantismo não seria sequer concebível na época, pois necessitaria de uma massa indecisa que o escritor surpreende, transtorna, que anima de súbito, revelando-lhe ideias ou sentimentos que ela ignorava, e que, à falta de convicções firmes, exige perpetuamente que a violem e a fecundem. No século XVII, as convicções são inabaláveis: à ideologia religiosa veio juntar-se uma ideologia política destilada pelo próprio plano temporal: ninguém coloca publicamente em dúvida a existência de Deus, nem o direito divino do monarca. A "sociedade" tem sua linguagem, suas graças, suas cerimônias, que espera encontrar nos livros que lê. O mesmo vale para sua concepção do tempo. Como os dois fatos históricos sobre os quais ela medita sem cessar – o pecado original e a redenção – pertencem a um passado longínquo; como é desse mesmo passado que as grandes famílias dirigentes tiram seu orgulho e a justificação de seus privilégios; como o futuro não poderia trazer nada de novo, já que Deus é perfeito demais para mudar e já que as grandes potências terrestres, a Igreja e a Monarquia, só aspiram à imutabilidade, o elemento ativo da temporalidade é o passado, que é, ele próprio, uma degradação fenomênica do Eterno; o presente é um pecado perpétuo, que só pode desculpar-se na medida em que reflita, o menos mal possível, a imagem de uma época já passada; para ser escolhida, uma ideia deve provar sua antiguidade; para agradar, uma obra de arte deve inspirar-se num modelo antigo. Encontramos ainda escritores que se fazem expressamente guardiães dessa ideologia. Existem também grandes clérigos que são da Igreja e cuja única preocupação é defender o dogma. A estes se juntam os "cães de guarda" do plano temporal, historiógrafos, poetas da corte, juristas e filósofos, preocupados em estabelecer e manter a ideologia da monarquia absoluta. Mas vemos surgir, ao lado deles, uma terceira categoria de escritores, propriamente laicos, que em sua maioria *aceitam* a ideologia religiosa e política da época, sem se julgarem obrigados a demonstrá-la ou a conservá-la. Não escrevem a respeito da ideologia: adotam-na implicitamente; trata-se, para eles, do que chamamos há pouco de contexto ou conjunto de pressuposições comuns ao autor e aos leitores, necessárias para tornar inteligível a estes o que escreve aquele. Pertencem em geral à burguesia; são subvencionados pela nobreza; como consomem sem produzir e como a nobreza também não produz, mas vive do trabalho alheio, são parasitários de uma classe parasita. Não vivem mais num colegiado, mas nessa sociedade fortemente integrada formam uma corporação implícita e, para que nunca se esqueçam de sua origem colegiada e do antigo clericato, o poder real escolhe alguns dentre eles e os agrupa numa espécie de colégio simbólico: a Academia. Alimentados pelo rei, lidos por uma elite, eles se preocupam unicamente em atender à demanda desse público restrito. Têm uma consciência tão tranquila, ou quase, como os clérigos do século XII. Nessa época, é impossível falar de um público virtual, distinto do público real. Acontece a La Bruyère falar *dos* camponeses, mas nunca fala *a eles*, e quando se refere à sua miséria, não é para extrair um argumento contra a ideologia que ele aceita, mas é em nome dessa ideologia: é uma vergonha para os monarcas esclarecidos, para os bons cristãos. Assim, fala-se a respeito das massas sem consultá-las, e sem sequer conceber que um texto possa ajudá-las a tomar consciência de si mesmas. Também a homogeneidade do público baniu todas as contradições da alma dos autores. Estes não se sentem divididos entre um grupo de leitores reais, mas detestáveis, e outro de leitores virtuais, desejáveis, mas fora do seu alcance; não chegam a se questionar sobre o papel que têm a desempenhar no mundo, pois o escritor só se interroga sobre sua missão nas épocas em que ela não está claramente definida e quando se vê obrigado a inventá-la ou reinventá-la, isto é, quando percebe, além dos leitores de elite, uma massa amorfa de leitores possíveis que ele pode decidir conquistar ou não; e quando ele próprio deve decidir qual será a sua relação com eles, caso lhe seja dado atingi-los. Os autores do século XVII têm uma função definida porque se dirigem a um público esclarecido, rigorosamente delimitado e ativo, que exerce sobre eles um controle permanente; ignorados pelo povo, seu ofício é devolver sua imagem à elite que os sustenta. Mas há várias maneiras de se devolver uma imagem: alguns retratos são, em si, uma contestação; é que são feitos de fora e sem paixão, por um pintor que recusa qualquer cumplicidade com seu modelo. Mas para que um escritor possa conceber a simples ideia de traçar um retrato-contestação de seu leitor real, é preciso que tenha tomado consciência de uma contradição entre ele mesmo e seu público, ou seja, é preciso que chegue *de fora* até seus leitores e que os considere com espanto, ou que sinta pesar sobre a pequena sociedade que forma com eles o olhar espantado das consciências estranhas (minorias étnicas, classes oprimidas etc.). Mas, no século XVII, já que o público virtual não existe e já que o artista aceita sem criticar a ideologia da elite, o escritor se faz cúmplice de seu público; nenhum olhar estranho vem perturbá-lo em seus exercícios. Nem o prosador é maldito, nem sequer o poeta. Eles não têm de decidir, a cada ·obra, qual o sentido e o valor da literatura, pois esse sentido e esse valor são determinados pela tradição; solidamente integrados numa sociedade hierarquizada, não conhecem o orgulho nem a angústia da singularidade; numa palavra, são clássicos. De fato, existe classicismo quando uma sociedade adquiriu uma forma relativamente estável e se imbuiu do mito de sua própria perenidade, isto é, quando confunde o presente com o eterno e a historicidade com o tradicionalismo, quando a hierarquia de classes é tal que o público virtual nunca é mais amplo do que o público real, e quando cada leitor é, para o escritor, um crítico qualificado e um censor, quando o poder da ideologia religiosa e política é tão forte e as interdições tão rigorosas que não se trata, em caso algum, de descobrir novos territórios para o pensamento, mas apenas de dar forma aos *lugares-comuns* adotados pela elite, de modo que a leitura – que é, como vimos, a relação concreta entre o escritor e seu público – seja uma cerimônia de *reconhecimento* análoga a uma saudação, isto é, a afirmação cerimoniosa de que autor e leitor pertencem ao mesmo mundo e têm a mesma opinião sobre todas as coisas. Assim, cada produção do espírito é também um ato de cortesia, e o estilo é a suprema cortesia do autor para com o leitor; e o leitor, por sua vez, nunca se cansa de encontrar os mesmos pensamentos nos livros mais diversos, pois esses pensamentos são os seus e ele não faz questão nenhuma de adquirir outros, apenas pede que lhe apresentem, com magnificência, os que ele já possui. Em consequência, o retrato que o autor apresenta a seu leitor é necessariamente abstrato e cúmplice; dirigindo-se a uma classe parasitária, ele não saberia mostrar o homem no trabalho, nem, de modo geral, as relações entre o homem e a natureza exterior. Como, por outro lado, há corpos de especialistas que, sob o controle da Igreja e da Monarquia, tratam de manter a ideologia espiritual e temporal, o escritor nem sequer suspeita da importância dos fatores econômicos, religiosos, metafísicos e políticos na constituição da pessoa; e como a sociedade em que vive confunde o presente com o eterno, ele nem consegue imaginar a mais ligeira mudança naquilo que chama de natureza humana; concebe a história como uma série de acidentes que afetam o homem eterno na superfície, sem modificá-lo em profundidade e, caso precisasse atribuir um sentido à duração histórica, veria nela, ao mesmo tempo, uma repetição eterna, tal que os acontecimentos anteriores possam e devam fornecer lições aos contemporâneos, e um processo de ligeira involução, pois os acontecimentos capitais da história há muito tempo pertencem ao *passado* e, como a perfeição nas letras já foi atingida desde a Antiguidade, os modelos antigos lhe parecem inigualáveis. Em tudo isso, mais uma vez, o escritor está plenamente de acordo com seu público, que considera o trabalho como uma maldição, que *não experimenta* sua situação na história e no mundo, pela simples razão de que é uma situação privilegiada e seu único problema é a fé, o respeito pelo monarca, a paixão, a guerra, a morte e a cortesia. Em suma, a imagem do homem clássico é puramente psicológica porque o público clássico só tem consciência de sua psicologia. É preciso entender ainda que também essa psicologia é tradicionalista; não está preocupada em descobrir verdades profundas e novas sobre o coração humano, nem em levantar hipóteses: é nas sociedades instáveis, e quando o público se distribui por diversas camadas sociais, que o escritor, dividido e descontente, inventa explicações para suas angústias. A psicologia do século XVII é puramente descritiva: não se baseia tanto na experiência pessoal do autor; corresponde mais à expressão estética daquilo que a elite pensa de si mesma. La Rochefoucauld recolhe nos divertimentos de salão a forma e o conteúdo de suas *Máximas*; a casuística dos Jesuítas, a etiqueta das Preciosas, o jogo dos retratos, a moral de Nicole, a concepção religiosa das paixões, estão na origem de uma centena de outras obras; as comédias se inspiram na psicologia antiga e no bom-senso elementar da alta burguesia. Nessas obras a sociedade se contempla, encantada, pois reconhece aí os conceitos que forma sobre si mesma; não pede que lhe revelem o que ela é, mas que reflitam o que ela acredita ser. Não há dúvida de que algumas sátiras são permitidas, mas através dos panfletos e das comédias é a elite inteira que realiza, em nome de sua moral, a limpeza e a purgação necessárias à sua saúde; nunca é de um ponto de vista exterior às classes dominantes que se zomba dos marqueses ridículos, dos litigantes ou das Preciosas; trata-se sempre de figuras excêntricas, inassimiláveis por uma sociedade civilizada, e que vivem à margem da vida coletiva. Se se recrimina o Misantropo, é porque lhe falta cortesia; Cathos e Madelon, é porque a têm em excesso. Filaminte contesta os preconceitos acerca da mulher; o burguês fidalgo é odioso para os burgueses ricos, cuja modéstia é altiva, e que conhecem a grandeza e a humildade de sua condição; ao mesmo tempo, é odioso para os fidalgos, por querer forçar o acesso à nobreza. Essa sátira interna e, por assim dizer, fisiológica, não se compara à grande sátira de Beaumarchais, de P.-L. Courier, de J. Vallès, de Céline; é menos corajosa e muito mais impiedosa, pois traduz a ação repressiva que a coletividade exerce sobre o fraco, o doente, o inadaptado; é o riso impiedoso de um bando de garotos diante das falhas desajeitadas do "pato" da turma.

De origem e hábitos burgueses, mais semelhante, em sua vida doméstica, a Oronte e a Chrysale do que a seus brilhantes e agitados confrades de 1780 ou 1830, recebido, porém, na sociedade dos grandes e subvencionado por eles, ligeiramente sobrevalorizado na escala social, convencido no entanto de que o talento não substitui o berço, dócil às admoestações dos padres, respeitador do poder real, feliz por ocupar um lugar modesto no imenso edifício cujos pilares são a Igreja e a Monarquia, um pouco acima dos comerciantes e dos universitários, abaixo dos nobres e do clero – o escritor exerce seu ofício com a consciência tranquila, convencido de que chegou tarde demais, de que tudo está dito e convém apenas repeti-lo de forma agradável. A glória que o espera, concebe-a como imagem diluída dos títulos hereditários e, se acredita que ela será eterna, é porque nem imagina que a sociedade de seus leitores possa ser abalada por mudanças sociais; assim, a permanência da casa real lhe parece uma garantia da permanência de seu renome.

No entanto, quase a despeito de si mesmo, o espelho que apresenta modestamente a seus leitores é mágico: ele cativa e compromete. Mesmo que tudo seja feito para lhes oferecer apenas uma imagem aduladora e cúmplice, mais subjetiva que objetiva, mais interior que exterior, essa imagem não deixa de ser uma obra de arte, ou seja, tem seu fundamento na liberdade do autor e constitui um apelo à liberdade do leitor. Por ser uma imagem bela, ela é de vidro, o recuo estético a coloca fora de alcance. Impossível comprazer-se nela, encontrar um calor confortável, uma indulgência discreta; ainda que formada pelos lugares-comuns da época e pelas complacências cochichadas que unem os contemporâneos como um cordão umbilical, essa imagem é sustentada por uma liberdade, e por isso ganha outra espécie de objetividade. É de fato a si própria que a elite encontra no espelho: mas a si própria tal como se veria se chegasse aos extremos da severidade. Não se cristaliza em objeto pelo olhar do outro, pois nem o camponês nem o artesão chegam a ser, para ela, o *Outro*, e o ato de apresentação reflexiva que caracteriza a arte do século XVII é um processo estritamente interno: entretanto, leva a seus limites o esforço de cada um para ver claro em si mesmo; é um *cogito* permanente. Esse ato, sem dúvida, não questiona a ociosidade, nem a opressão, nem o parasitismo; é que esses aspectos da classe dirigente só se revelam aos observadores que se situam fora dela; assim, a imagem devolvida a ela é estritamente psicológica. Mas as condutas espontâneas, passando ao estado reflexivo, perdem sua inocência e a desculpa do imediatismo: é preciso assumi-las ou mudá-las. E é de fato um mundo de polidez e de cerimônias que se oferece ao leitor, mas este já começa a emergir desse mundo, pois se vê convidado a conhecê-lo e a reconhecer-se nele. Nesse sentido, Racine tem razão ao dizer, a propósito de *Fedra*, que "as paixões são apresentadas aos olhos apenas para mostrar toda a desordem que provocam". Desde que não se entenda, por essa afirmação, que seu propósito tenha sido expressamente inspirar horror ao amor. Mas pintar a paixão já é superá-la, despojar-se dela. Não é por acaso que, na mesma época, os filósofos se propunham curar-se da paixão pelo conhecimento. E como normalmente se agracia com o nome de moral o exercício de reflexão da liberdade em face das paixões, é preciso reconhecer que a arte do século XVII é eminentemente moralizadora. Não que tenha o objetivo declarado de ensinar a virtude, nem que esteja envenenada pelas boas intenções que fazem a má literatura, mas, pelo simples fato de propor em silêncio ao leitor sua própria imagem, torna-a insuportável para ele. Moralizadora: é ao mesmo tempo uma definição e uma limitação. É *apenas* moralizadora; se propõe ao homem transcender o plano psicológico para atingir o plano moral, é que considera resolvidos os problemas religiosos, metafísicos, políticos e sociais; mas nem por isso sua ação deixa de ser "católica". Como confunde o homem universal com os homens particulares que detêm o poder, não se dedica à libertação de nenhuma categoria concreta de oprimidos; o escritor, porém, se bem que totalmente assimilado pela classe opressora, não é de modo algum seu cúmplice; sua obra é incontestavelmente libertadora, pois tem como efeito, no interior dessa classe, libertar o homem de si mesmo.

Focalizamos até aqui o caso em que o público virtual do escritor era nulo, ou quase, e em que nenhum conflito dividia seu público real. Vimos que o escritor podia então aceitar com a consciência tranquila a ideologia vigente e lançava seus apelos à liberdade dentro dessa própria ideologia. Se o público virtual aparece de repente, ou se o público real se fragmenta em facções inimigas, tudo muda. Falta-nos considerar agora o que acontece com a literatura quando o escritor é levado a recusar a ideologia das classes dirigentes.

O século XVIII representa a grande chance, única na história, e o paraíso logo perdido dos escritores franceses. A condição social destes não mudou: originários, com poucas exceções, da classe burguesa, mudam de classe pelos favores dos poderosos. O círculo de seus leitores reais se ampliou sensivelmente, já que a burguesia se pôs a ler, mas as classes "inferiores" continuam a ignorá-los, e se os escritores falam delas com mais frequência do que La Bruyère ou Fénelon, nunca se dirigem a elas, nem mesmo em pensamento. Porém uma transformação profunda dividiu seu público em dois; agora é preciso satisfazer a demandas contraditórias; é a tensão que caracteriza, desde a origem, a situação desses escritores. Essa tensão se manifesta de maneira muito particular. De fato, a classe dirigente perdeu a confiança em sua ideologia. Ela se colocou em posição de defesa; tenta, até certo ponto, retratar a difusão das novas ideias, mas não pode evitar imbuir-se delas. Compreendeu que seus princípios religiosos e políticos eram os melhores instrumentos para consolidar seu poder, mas justamente porque vê aí apenas instrumentos, deixou de crer inteiramente neles; a verdade *pragmática* substituiu a verdade revelada. A censura e as interdições, embora mais visíveis, dissimulam uma fraqueza secreta e um cinismo de desespero. Não há mais *clérigos* intelectuais; a literatura de igreja é uma vã apologética, um punho cerrado agarrando dogmas que escapam; uma literatura que é feita contra a liberdade, que se dirige ao respeito, ao medo, ao interesse e, deixando de ser livre apelo aos homens livres, deixa de ser literatura. Essa elite desnorteada se volta para o verdadeiro escritor e lhe pede o impossível: que não a poupe de sua severidade, se faz questão, mas que insufle ao menos um pouco de liberdade numa ideologia que se estiola; que se dirija à razão de seus leitores, tentando convencê-los a adotar dogmas que, com o tempo, já se tornaram irracionais. Em suma, que se torne propagandista sem deixar de ser escritor. Mas para a elite é um jogo perdido: como seus princípios não são mais evidências imediatas e não formuladas, e como é preciso *propô-los* ao escritor para que este lhes tome a defesa, como não se trata mais de salvá-los em função deles mesmos, mas para manter a ordem, a elite lhes contesta a validade pelo próprio esforço que empenha em restabelecê-los. O escritor que consente em fortalecer essa ideologia vacilante está pelo menos consentindo: e essa adesão voluntária a princípios que outrora governavam os espíritos sem serem percebidos, o liberta deles; ele já os supera e emerge, a despeito de si mesmo, na solidão e na liberdade. A burguesia, por outro lado, que constitui o que se chama, em termos marxistas, a classe ascendente, procura se desvencilhar da ideologia que lhe é imposta e, ao mesmo tempo, aspira a constituir outra que lhe seja própria. Ora, essa "classe ascendente", que logo depois reivindicará participação nos negócios do Estado, só sofre opressão política. Diante de uma nobreza arruinada, vai adquirindo pouco a pouco a proeminência econômica; já possui o dinheiro, a cultura, o lazer. Assim, pela primeira vez, uma classe oprimida se apresenta ao escritor como um público real. Mas a conjuntura é ainda mais favorável, pois essa classe que desperta, que lê e procura pensar, não gerou um partido revolucionário organizado, que produza sua ideologia própria como fez a Igreja na Idade Média. O escritor ainda não está, como veremos que ficou mais tarde, comprimido entre a ideologia em vias de liquidação de uma classe declinante e a ideologia rigorosa da classe ascendente. A burguesia deseja luzes; sente obscuramente que o seu pensamento é alienado, e gostaria de tomar consciência de si mesma. Sem dúvida, é possível descobrir nela alguns traços de organização: sociedades materialistas, sociedades de pensamento, franco-maçonaria. Mas trata-se sobretudo de associações de pesquisa, que ficam à espera das ideias, em vez de produzi-las. Sem dúvida, assiste-se à expansão de uma forma de escrita popular e espontânea: o panfleto clandestino e anônimo. Mas essa literatura de amadores, em vez de fazer concorrência ao escritor profissional, o espicaça e o solicita, informando-o sobre as aspirações confusas da coletividade. Assim, em face de um público de semiespecialistas que se mantém com dificuldade, ainda recrutado junto à Corte e às altas esferas da sociedade, a burguesia oferece o esboço de um público de massa: em relação à literatura, ela se coloca em estado de *passividade* relativa, pois não pratica de modo algum a arte de escrever, não tem opiniões preconcebidas sobre o estilo e os gêneros literários, deixa tudo, fundo e forma, a critério do gênio do escritor.

Solicitado de ambos os lados, o escritor se encontra entre as duas facções inimigas de seu público, como árbitro do conflito. Não se trata mais de um clérigo; a classe dirigente não é a única que o sustenta; é verdade que ainda o subvenciona, mas a burguesia lhe compra os livros; ele recebe dos dois lados. Seu pai era burguês, seu filho o será: fica-se tentado, portanto, a ver nele um burguês mais dotado que os outros, mas igualmente oprimido, que tomou conhecimento de sua situação sob pressão das circunstâncias históricas; numa palavra, um espelho interior por meio do qual a burguesia inteira toma consciência de si mesma e de suas reivindicações. Mas seria uma visão superficial: ainda não se insistiu bastante no fato de que uma classe só adquire sua consciência de classe quando se vê ao mesmo tempo de dentro e de fora, ou seja, quando se beneficia de auxílios externos: é para isso que servem os intelectuais, eternamente à margem de todas as classes. E, justamente, o caráter essencial do escritor do século XVIII é uma marginalização objetiva e subjetiva. Se ainda mantém a lembrança dos seus vínculos burgueses, o favor dos poderosos o tirou fora do seu meio: não sente mais nenhuma solidariedade concreta com seu primo advogado, com seu irmão pároco de aldeia, pois tem privilégios que estes não têm. É na corte, na nobreza, que vai buscar suas maneiras e até as graças de seu estilo. A glória, sua esperança mais cara e sua consagração, tornou-se para ele uma noção escorregadia e ambígua: uma nova ideia de glória desponta, segundo a qual a verdadeira recompensa para um escritor é ter seus livros devorados, quase em segredo, por um obscuro médico de Bourges, por um advogado sem causas de Reims. Mas o reconhecimento difuso desse público, que ele conhece mal, só o toca pela metade, pois recebeu de seus antecessores uma concepção tradicional da celebridade. Segundo essa concepção, é o monarca que deve consagrar seu gênio. O sinal visível de seu sucesso é que Catarina ou Frederico o convidem à mesa; as recompensas que lhe são dadas, as dignidades que lhe são conferidas nas altas esferas, não têm ainda a impessoalidade oficial dos prêmios e das condecorações de nossas repúblicas: conservam o caráter quase feudal das relações de homem a homem. E, além disso, o mais importante: eterno consumidor numa sociedade de produtores, parasita de uma classe parasitária, o escritor se porta em relação ao dinheiro como um parasita. Não o *ganha*, pois não há uma proporção entre seu trabalho e sua remuneração: apenas o *gasta*. Portanto, mesmo que seja pobre, vive no luxo. Tudo para ele é um luxo, até mesmo e sobretudo os seus escritos. No entanto, mesmo nos aposentos do rei ele conserva uma força rude, uma vulgaridade poderosa: Diderot, no calor de uma conversação filosófica, beliscava as coxas da imperatriz da Rússia até ficarem roxas. E, além disso, se fosse longe demais, sempre se poderia lembrar-lhe que não passava de um escrevinhador: desde as bastonadas, a prisão na Bastilha, a fuga para Londres, até as insolências do rei da Prússia, a vida de Voltaire foi uma série de triunfos e humilhações. O escritor por vezes desfruta das complacências passageiras de uma marquesa, mas acaba se casando com a criada desta ou com a filha de um pedreiro. Assim, sua consciência, tal como seu público, está dividida. Mas ele não sofre por isso; ao contrário, seu orgulho vem dessa contradição de origem: acredita que não tem compromissos com ninguém, que pode escolher seus amigos e seus adversários, e que basta tomar da pena para se livrar do condicionamento dos meios, das nações e das classes. Ele paira, sobrevoa, é pensamento puro e puro olhar: decide escrever para reivindicar sua marginalização de classe, que ele assume e transforma em solidão; contempla os poderosos de fora, com os olhos dos burgueses, e também os burgueses de fora, com os olhos da nobreza. Mas continua mantendo com uns e outros uma cumplicidade suficiente para compreendê-los também do interior. Em consequência, a literatura, que até então era apenas uma função conservadora e purificadora de uma sociedade integrada, toma consciência, nele e por ele, de sua autonomia. Colocada, por um acaso extremo, entre aspirações confusas e uma ideologia em ruínas, tal como o escritor entre a burguesia, a Igreja e a Corte, ela afirma de repente sua independência: não refletirá mais os lugares-comuns da coletividade, pois agora se identifica com o Espírito, ou seja, com o poder permanente de formar e criticar ideias. Naturalmente, essa retomada que a literatura faz de si mesma é abstrata e quase puramente formal, pois as obras literárias não são a expressão concreta de classe alguma; além do que, como os escritores começam por rejeitar qualquer solidariedade profunda, seja com o meio de que provêm, seja com aquele que os adota, a literatura se confunde com a Negatividade, ou seja, com a suspeita, a recusa, a crítica, a contestação. Mas justamente por isso ela termina por colocar, contra a espiritualidade ossificada da Igreja, os direitos de uma espiritualidade nova, em movimento, que não se confunde mais com nenhuma ideologia e se manifesta como o poder de superar perpetuamente o dado, qualquer que seja. Quando a literatura imitava modelos maravilhosos, bem-abrigada no edifício da monarquia mui cristã, a preocupação com a verdade não a inquietava, pois a verdade era apenas uma qualidade muito grosseira e concreta da ideologia que a alimentava: ser verdadeiros ou simplesmente ser eram uma só e a mesma coisa para os dogmas da Igreja, e não se podia conceber a verdade fora do sistema. Mas a partir do momento em que a espiritualidade se torna esse movimento abstrato que atravessa e em seguida abandona no meio do caminho, como conchas vazias, todas as ideologias, a verdade também se desprende de qualquer filosofia concreta e particular; revela-se em sua independência abstrata, é ela que se torna a ideia reguladora da literatura e o final distante do movimento crítico. Espiritualidade, literatura, verdade: essas três noções estão ligadas nesse momento abstrato e negativo da tomada de consciência; o instrumento delas é a análise, método negativo e crítico que perpetuamente dissolve os dados concretos em elementos abstratos, e os produtos da história em combinações de conceitos universais. Um adolescente resolve escrever para escapar a uma opressão que sofre e a uma solidariedade que o envergonha; às primeiras palavras que traça, acredita estar escapando de seu meio e de sua classe, de todos os meios e todas as classes, e fazendo explodir sua situação histórica pelo simples fato de adquirir a respeito dela um conhecimento reflexivo e crítico: acima das brigas confusas desses burgueses e desses nobres, encerrados pelos próprios preconceitos numa época particular, ele se descobre, assim que toma da pena, como consciência sem data e sem lugar, em suma, como o *homem universal*. E a literatura, que o libera, é uma função abstrata e um poder *a priori* da natureza humana; é o movimento pelo qual, a cada instante, o homem se liberta da história: em suma, é o exercício da liberdade. No século XVII, quando se decidia escrever, abraçava-se uma carreira definida, com suas receitas, suas regras e seus costumes, seu lugar na hierarquia das profissões. No século XVIII, os moldes se quebram, tudo está por fazer; as obras do espírito, em vez de serem confeccionadas com maior ou menor acerto e segundo normas estabelecidas, são cada qual uma invenção particular, uma decisão do autor no que toca à natureza, ao valor e ao alcance das Belas-Letras; cada uma traz consigo suas próprias regras e os princípios segundo os quais quer ser julgada; cada uma pretende engajar toda a literatura e abrir-lhe novos caminhos. Não é por acaso que as piores obras desse período são também aquelas que mais se prevalecem da tradição: a tragédia e a epopeia eram os frutos deliciosos de uma sociedade integrada; numa coletividade dividida, só podem subsistir como resquícios e pastiches.

Aquilo que o escritor do século XVIII reivindica incansavelmente em suas obras é o direito de exercer, contra a história, uma razão anti-histórica e, nesse sentido, apenas revela as exigências essenciais da literatura abstrata. Não o preocupa oferecer a seus leitores uma consciência mais clara da classe a que pertencem: ao contrário, o apelo insistente que dirige ao público burguês é um convite a esquecer as humilhações, os preconceitos, os temores; e o que lança ao público nobre é uma solicitação para que este se despoje de seu orgulho de casta e de seus privilégios. Como se fez universal, só pode ter leitores universais; o que ele exige da liberdade de seus contemporâneos é que estes rompam seus vínculos históricos e se unam a ele na universalidade. Porém, no momento em que lança a liberdade abstrata contra a opressão concreta e a razão contra a história, ele caminha no mesmo sentido do desenvolvimento histórico. De onde vem esse milagre? É que, em primeiro lugar, a burguesia, por meio de uma tática que lhe é própria, e que renovará em 1830 e 1848, aliou-se, às vésperas de tomar o poder, com as classes oprimidas, que ainda não estavam em condição de reivindicá-lo. E como os vínculos que podem unir grupos sociais tão diferentes são necessariamente muito abstratos e genéricos, a burguesia não aspira propriamente a tomar uma consciência clara de si mesma, o que a colocaria em antagonismo com os artesãos e camponeses, mas antes a fazer com que se reconheça o seu direito de comandar a oposição, já que ela está mais bem-posicionada para expor junto aos poderes constituídos as reivindicações da natureza humana universal. Por outro lado, a revolução que se prepara é *política*; não há ideologia revolucionária, nem partido organizado; a burguesia quer ser esclarecida, quer que se liquide, o mais rápido possível, a ideologia que durante séculos a mistificou e alienou: mais tarde haverá tempo para substituí-la. No momento, ela aspira à liberdade de opinião, como um degrau de acesso ao poder político. Com isso, exigindo *para si* e *enquanto escritor* a liberdade de pensar e de exprimir seu pensamento, o autor serve necessariamente aos interesses da classe burguesa. Não se pede dele mais do que isso, e mais ele não poderia fazer; em outras épocas, como veremos, o escritor pode exigir sua liberdade de escrever com consciência pesada, pode perceber que as classes oprimidas almejam algo muito diferente dessa liberdade: assim a liberdade de pensar pode aparecer como um privilégio; aos olhos de alguns, pode passar por um meio de opressão, e a posição do escritor corre o risco de se tornar insustentável. Mas, às vésperas da Revolução, ele desfruta dessa chance extraordinária: basta-lhe defender sua profissão de escritor para servir de guia às aspirações da classe ascendente.

Ele sabe disso, e se considera um guia e chefe espiritual, assumindo os riscos correspondentes. Como a elite no poder está cada vez mais agitada, e um dia lhe prodigaliza suas graças para no dia seguinte jogá-lo na Bastilha, ele ignora a tranquilidade, a mediocridade orgulhosa de que desfrutavam seus predecessores. Sua vida gloriosa e atribulada, cheia de cumes ensolarados e quedas vertiginosas, é a de um aventureiro. Outro dia li as palavras que Blaise Cendrars colocou na epígrafe de *Rum*: "Aos jovens de hoje, cansados da literatura, para lhes provar que um romance também pode ser um ato". Pensei então que somos muito infelizes e culpados, pois hoje precisamos provar aquilo que no século XVIII era uma evidência. Naquele tempo uma obra do espírito era duplamente um ato, pois produzia ideias que deviam originar transformações sociais e punha em risco seu autor. E esse ato, qualquer que seja o livro considerado, se define sempre da mesma maneira: é um ato *libertador*. Não há dúvida de que também no século XVII a literatura tinha uma função libertadora, mas que se mantinha encoberta e implícita. No tempo dos enciclopedistas, não se trata mais de libertar de suas paixões o "homem de bem", devolvendo-lhe sem complacência o reflexo delas, mas sim de contribuir com a pena para a libertação política do homem em geral. O apelo que o escritor dirige a seu público burguês, queira ele ou não, é uma incitação à revolta; o apelo que lança, ao mesmo tempo, à classe dirigente, é um convite à lucidez, ao exame crítico de si mesma, ao abandono de seus privilégios.

A condição de Rousseau se assemelha muito à de Richard Wright, que escreve ao mesmo tempo para os negros esclarecidos e para os brancos: diante da nobreza, ele *testemunha*, e ao mesmo tempo convida seus irmãos da plebe a tomarem consciência de si mesmos. Seus escritos, bem como os de Diderot, de Condorcet, vinham preparando há muito tempo não só a tomada da Bastilha, como também a noite de 4 de agosto.

Como o escritor acredita ter rompido os laços que o uniam à sua classe de origem, como fala a seus leitores do alto da natureza humana universal, parece-lhe que o apelo que lhes lança, bem como o envolvimento em seus infortúnios, são ditados pela pura generosidade. Escrever é doar. É por aí que ele assume e salva o que há de inaceitável em sua situação de parasita de uma sociedade laboriosa: é por aí também que toma consciência dessa liberdade absoluta e dessa gratuidade que caracterizam a criação literária. Mas, se bem que tenha sempre em vista o homem universal e os direitos abstratos da natureza humana, não se deve crer que ele encarna o "intelectual", tal como Benda o descreveu. Sim, pois uma vez que sua posição é *crítica* por essência, é preciso que ele tenha *alguma coisa* a criticar; e os objetos que primeiro se oferecem às suas críticas são as instituições, as superstições, as tradições, os atos de um governo tradicional. Noutros termos, já que os muros da Eternidade e do Passado que sustentavam o edifício ideológico do século XVII racham e desabam, o escritor percebe, em sua pureza, uma nova dimensão da temporalidade: o Presente, que os séculos anteriores concebiam ora como figuração sensível do Eterno, ora como emanação degradada da Antiguidade. Do futuro, ainda tem apenas uma noção confusa; mas a hora presente, que ele está vivendo e que foge, esta ele sabe que é única e lhe pertence, não fica nada a dever às horas mais magníficas da Antiguidade, visto que estas também começaram como horas presentes: sabe que a hora presente é sua oportunidade e que não deve perdê-la; eis por que ele encara o combate a travar menos como preparação da sociedade futura do que como empreendimento a curto prazo e de eficácia imediata. É esta instituição que é preciso denunciar – e já; é esta superstição que é preciso destruir de imediato; é esta injustiça específica que é preciso remediar. Esse senso apaixonado do presente o preserva contra o idealismo: ele não se limita a contemplar as ideias eternas da Liberdade ou da Igualdade: pela primeira vez desde a Reforma, os escritores intervêm na vida pública, protestam contra um decreto iníquo, exigem a revisão de um processo; em suma, decidem que o espiritual está na rua, na feira, no mercado, no tribunal, e que o problema não é desviar-se do plano temporal, mas, ao contrário, voltar a ele incessantemente e superá-lo em cada circunstância particular.

Assim, a transformação radical de seu público e a crise da consciência europeia investiram o escritor de nova função. Ele agora concebe a literatura como exercício permanente de generosidade. Ainda se submete ao controle estreito e rigoroso de seus pares, mas vislumbra, abaixo de si, uma expectativa informe e apaixonada, um desejo mais feminino, mais indiferenciado, que o livra daquela censura; ele desencarnou o espiritual e separou sua própria causa daquela de uma ideologia agonizante; seus livros são livres apelos à liberdade dos leitores.

\* \* \*

O triunfo político da burguesia, que os escritores haviam conclamado com fervor, transtorna fundamentalmente sua condição e questiona a própria essência da literatura; parece que fizeram todos esses esforços só para preparar com mais segurança sua própria perda. Ao identificar a causa das belas-letras com a da democracia política, sem dúvida nenhuma ajudaram a burguesia a tomar o poder, mas ao mesmo tempo se expunham, em caso de vitória, a ver desaparecer o objeto de suas reivindicações, isto é, o tema perpétuo e quase único de seus escritos. Em suma, a harmonia miraculosa que unia as exigências próprias da literatura àquela da burguesia oprimida se rompeu a partir do momento em que umas e outras foram atendidas. Enquanto milhões de homens se enfureciam por não poderem expressar seus sentimentos, era belo exigir o direito de escrever livremente e de examinar tudo; mas a partir do momento em que a liberdade de pensamento, a liberdade de religião e a igualdade dos direitos políticos são conquistadas, a defesa da literatura se torna um jogo puramente formal, que já não agrada mais a ninguém; é preciso encontrar outra coisa. Ora, nesse mesmo instante os escritores perderam sua situação privilegiada: ela se originava na cisão que dividia o seu público e lhes permitia atuar em duas frentes. Essas duas metades voltaram a unir-se: a burguesia absorveu a nobreza, ou quase isso. Os autores precisam agora atender às demandas de um público unificado. Para eles está perdida toda a esperança de saírem de sua classe de origem. Nascidos de pais burgueses, lidos e remunerados por burgueses, será preciso que se mantenham burgueses; a burguesia, como uma prisão, volta a fechar-se sobre eles. Da classe parasitária e extravagante que os sustentava por capricho, e que eles solapavam sem remorsos, em seu papel de agente duplo, conservam uma amarga nostalgia, de que levarão um século para se curar; têm a sensação de que mataram a galinha dos ovos de ouro. A burguesia inaugura novas formas de opressão, porém não é parasitária; sem dúvida ela se apropriou dos instrumentos de trabalho, mas mostra-se muito diligente ao regular a maneira de organizar a produção e a distribuição dos produtos. Ela não concebe mais a obra literária como criação gratuita e desinteressada, mas sim como serviço remunerado.

O mito justificador dessa classe laboriosa e improdutiva é o *utilitarismo*; de um modo ou de outro, o burguês faz o papel de intermediário entre o produtor e o consumidor; ele é o *meio-termo* elevado à máxima potência; portanto, no par indissolúvel que formam o meio e o fim, decidiu atribuir importância primordial ao meio. O fim fica subentendido, jamais é encarado de frente, passa sob silêncio; a meta e a dignidade de uma vida humana consistem em consumir-se na organização dos meios; não é *sério* empenhar-se sem intermediário na produção de um fim absoluto; é como ter a pretensão de encarar Deus face a face, sem o auxílio da Igreja. Só se dará crédito às empreitadas cujo fim é o horizonte, sempre distanciado, de uma série infinita de meios. Se a obra de arte entra no círculo utilitário, se pretende ser levada a sério, será preciso que desça do céu dos fins incondicionados e se resigne a tornar-se útil, isto é, que se apresente como meio capaz de encadear outros meios. Em particular, como o burguês não se sente inteiramente seguro de si, uma vez que seu poder não se assenta em nenhum decreto da Providência, será necessário que a literatura o ajude a se sentir burguês por direito divino. Com isso ela se arrisca, depois de ter sido, no século XVIII, a consciência pesada dos privilegiados, a tornar-se, no século XIX, a consciência tranquila de uma classe opressora. Isso até seria aceitável se o escritor pudesse manter aquele espírito de crítica livre, que fez sua fortuna e seu orgulho no século XVIII. Mas agora seu público se opõe a isso: enquanto lutava contra o privilégio da nobreza, a burguesia se acomodava à negatividade destrutiva; agora que detém o poder, passa à construção e pede que a ajudem a construir. No seio da ideologia religiosa, a contestação era possível porque o crente relacionava suas obrigações e seus artigos de fé à vontade de Deus; com isso, estabelecia com o Todo-poderoso um vínculo concreto e feudal, de pessoa a pessoa. Esse recurso ao livre-arbítrio divino introduzia, ainda que Deus fosse perfeito e acorrentado à sua perfeição, um elemento de gratuidade na moral cristã e, em consequência, um pouco de liberdade na literatura. O herói cristão é sempre Jacó em luta com o anjo: o santo contesta a vontade divina, mesmo que seja para submeter-se a ela ainda mais estreitamente. Mas a ética burguesa não deriva da Providência: suas regras universais e abstratas estão inscritas nas coisas: não são o efeito de uma vontade soberana e amável, porém pessoal, mas se assemelham antes às leis incriadas da física. Ao menos é o que se supõe, pois não é prudente examinar essas regras muito de perto. Precisamente porque a origem delas é obscura, o homem sério recusa-se a examiná-las. A arte burguesa será média ou não será nada; ela se proibirá de tocar nos princípios por medo que desmoronem[3], e de sondar demasiado o coração humano por receio de nele encontrar a desordem. Nada mais assustador para seu público do que o talento, loucura ameaçadora e feliz, que descobre o fundo inquietante das coisas por meio de palavras imprevisíveis, e, através de repetidos apelos à liberdade, vasculha o fundo ainda mais inquietante dos homens. A *facilidade* vende mais: é o talento subjugado, voltado contra si mesmo, a arte de tranquilizar por meio de discursos harmoniosos e previsíveis, de mostrar, num tom educado, que o mundo e o homem são medíocres, transparentes, sem surpresas, sem ameaças e sem interesse.

E há mais: como o burguês só se relaciona com as forças naturais através de pessoas interpostas; como a realidade material lhe aparece sob a forma de produtos manufaturados; como ele está cercado, a perder de vista, por um mundo já humanizado que lhe devolve a própria imagem; como se limita a colher, na superfície das coisas, as significações que outros homens aí depositaram; como sua tarefa consiste essencialmente em manipular símbolos abstratos, palavras, cifras, esquemas, diagramas, para determinar por quais métodos seus assalariados repartirão os bens de consumo; como sua cultura, bem como sua profissão, o predispõem a pensar sobre o pensamento, ele se convenceu de que o universo é redutível a um sistema de ideias. O burguês dissolve em ideias o esforço, o sofrimento, as necessidades, a opressão, as guerras: não existe o mal, somente um pluralismo; certas ideias vivem em liberdade: é preciso integrá-las ao sistema. Assim, ele concebe o progresso humano como um vasto movimento de assimilação: as ideias se assimilam entre si, os espíritos se assimilam entre si. Ao termo desse imenso processo digestivo, o pensamento encontrará sua unificação, e a sociedade sua integração total. Tal otimismo está no extremo oposto da concepção que o escritor tem de sua arte: o artista tem necessidade de uma matéria inassimilável, pois a beleza não se resolve em ideias; ainda que seja prosador e manipule signos, só haverá graça e força em seu estilo se ele for sensível à materialidade das palavras e às suas resistências irracionais. E se o artista deseja fundamentar o universo em sua obra e sustentá-lo por uma inesgotável liberdade, é precisamente porque faz uma distinção radical entre as coisas e o pensamento; sua liberdade só é homogênea à coisa porque ambas são insondáveis e, se ele quiser devolver ao Espírito o deserto ou a floresta virgem, isso não se dará transformando-os em ideias de deserto e de floresta, mas esclarecendo o Ser enquanto Ser, com sua opacidade e seu coeficiente de adversidade, pela espontaneidade indefinida da Existência. É por isso que a obra de arte não se reduz à ideia: em primeiro lugar, porque é produção ou reprodução de um ser, isto é, de alguma coisa que nunca se deixa ser inteiramente *pensada*; em seguida, porque esse ser é totalmente impregnado por uma *existência*, isto é, por uma liberdade que decide quanto à própria sorte e ao valor do pensamento. É por isso também que o artista sempre teve uma compreensão particular do Mal, que não é o isolamento provisório e remediável de uma ideia, mas a irredutibilidade do mundo e do homem ao Pensamento.

Reconhece-se o burguês pelo fato de ele negar a existência das classes sociais e especialmente da burguesia. O fidalgo deseja comandar porque pertence a uma casta. O burguês fundamenta seu poder e seu direito de governar na maturação refinada que a posse secular dos bens deste mundo confere. Relações sintéticas, aliás, ele só admite entre o proprietário e a coisa possuída; quanto ao mais, o burguês demonstra pela análise que todos os homens são semelhantes porque são os elementos invariantes das combinações sociais, e cada um deles, independentemente do seu lugar na escala, contém a *natureza humana* por inteiro. A partir daí, as desigualdades aparecem como acidentes fortuitos e passageiros, que não podem alterar as características permanentes do átomo social. Não há proletariado, isto é, não há uma classe sintética da qual cada operário seria um modo passageiro; há apenas proletários, cada um isolado em sua natureza humana, e que não estão unidos entre si por uma solidariedade interna, mas somente por vínculos externos de semelhança. Entre os indivíduos que sua propaganda analítica circunscreveu e separou, o burguês só vê relações *psicológicas*. Compreende-se: como ele não tem domínio direto sobre as coisas, como seu trabalho se exerce essencialmente sobre os homens, trata-se, para ele, apenas de agradar e intimidar; a cerimônia, a disciplina e a cortesia regulam sua conduta; considera seus semelhantes como marionetes, e, se deseja adquirir algum conhecimento sobre as afeições e o caráter do homem, é que cada paixão lhe aparece como um cordão de manipulação; o breviário do burguês ambicioso e pobre é a "Arte de subir na vida", e o do rico, a "Arte de comandar". A burguesia considera, portanto, o escritor como um *expert*; quando se envolve em meditações sobre a ordem social, ela se entedia e se assusta: tudo que pede ao escritor é que partilhe com ela a sua experiência prática do coração humano. Eis a literatura reduzida, como no século XVII, à psicologia. A psicologia de Corneille, de Pascal, de Vauvenargues, ainda era um apelo catártico à liberdade. Mas o comerciante desconfia da liberdade de seus fregueses, e o administrador desconfia da liberdade de seu vice. Tudo o que desejam é que lhes forneçam receitas infalíveis para seduzir e dominar. É preciso que o homem seja governável através de recursos fáceis e seguros; em suma, que as leis do coração sejam rigorosas e sem exceções. O chefe burguês acredita tanto na liberdade humana quanto o cientista acredita no milagre. E como sua moral é utilitária, a mola mestra de sua psicologia será o interesse. Para o escritor, não se trata mais de dirigir a sua obra, como um apelo, a liberdades absolutas, mas sim de expor as leis psicológicas que o condicionam a leitores condicionados como ele.

Idealismo, psicologismo, determinismo, utilitarismo, espírito de seriedade, eis o que o escritor burguês deve refletir em primeiro lugar para seu público. Não se pede mais dele que restitua a estranheza e a opacidade do mundo, mas que o dissolva em impressões elementares e subjetivas, facilitando sua digestão; nem que encontre, no mais fundo de sua liberdade, os mais íntimos movimentos do coração, mas que confronte sua "experiência" com a de seus leitores. Suas obras são, ao mesmo tempo, inventários da propriedade burguesa, perícias psicológicas que invariavelmente procuram legitimar os direitos da elite e mostrar a sabedoria das instituições, e manuais de civilidade. As conclusões são tiradas de antemão; antecipadamente já se estabeleceu o grau de profundidade permitido à investigação, as motivações psicológicas já foram selecionadas, o próprio estilo já foi regulamentado. O público não receia nenhuma surpresa, pode comprar de olhos fechados. E a literatura é assassinada. De Émile Augier a Marcel Prévost e Edmond Jaloux, passando por Dumas Filho, Pailleron, Ohnet, Bourget, Bordeaux, sempre apareceram escritores dispostos a fechar negócio e, se ouso dizer, a fazer jus até o fim à própria assinatura. Não é por acaso que escreveram maus livros: se tinham talento, foi preciso escondê-lo.

Os melhores se recusaram. Essa recusa salva a literatura, porém lhe fixa os traços característicos durante cinquenta anos. De fato, desde 1848 até a Guerra de 1914, a unificação radical do público leva o autor a escrever, por princípio, *contra todos os seus leitores*. Ele vende sua produção, mas despreza os que a compram e se esforça por lhes decepcionar os desejos; estão convencidos de que vale mais ser desconhecido do que célebre, e que o sucesso, se acaso chega ao artista em vida, se explica por um mal-entendido. E se porventura o livro publicado não consegue chocar o suficiente, acrescenta-se um prefácio para insultar. Esse conflito fundamental entre o escritor e seu público é um fenômeno sem precedentes na história literária. No século XVII o acordo entre o homem de letras e os leitores é perfeito; no século XVIII, o autor dispõe de dois públicos igualmente reais e pode apoiar-se num ou noutro, como queira; o Romantismo, em seus primórdios, foi uma vã tentativa de evitar a luta aberta, restaurando essa dualidade e apoiando-se na aristocracia contra a burguesia liberal. Mas depois de 1850 já não havia meio de dissimular a contradição profunda que opõe a ideologia burguesa às exigências da literatura. Por essa época, um público virtual já se esboça nas camadas profundas da sociedade: ele já espera que alguém o revele a si mesmo; é porque a causa da instrução gratuita e obrigatória progrediu: logo mais, a Terceira República consagrará para todos os homens o direito de ler e escrever. Que fará o escritor? Optará pela massa contra a elite, tentando recriar, em proveito próprio, a dualidade do público?

Assim parece, à primeira vista. Na esteira do grande movimento de ideias que de 1830 a 1848 agita as zonas marginais da burguesia, certos autores têm a revelação de seu público virtual. Sob o nome de "povo", eles o enfeitam de uma aura mística: dele virá a salvação. Porém por mais que o amem, eles não conhecem o povo e, sobretudo, não emanam dele. George Sand é baronesa de Dudevant; Victor Hugo é filho de um general do Império. Mesmo Michelet, filho de um tipógrafo, está ainda bem afastado dos fiandeiros lioneses ou dos tecelões de Lille. Seu socialismo – quando são socialistas – é um subproduto do idealismo burguês. Além disso, o povo é antes o tema de algumas de suas obras do que o público que escolheram. Victor Hugo, sem dúvida, teve a rara felicidade de penetrar em todas as camadas; é um dos poucos, senão o único de nossos escritores que é verdadeiramente popular. Mas os outros atraíram a inimizade da burguesia, sem criar para si, em contrapartida, um novo público operário. Para se convencer disso, basta comparar a importância que a universidade burguesa atribui a Michelet, gênio autêntico e prosador de grande classe, e a Taine, que não passa de um pedante, ou a Renan, cujo "belo estilo" oferece todos os exemplos desejáveis de baixeza e de feiura. Esse purgatório em que a classe burguesa deixa vegetar Michelet não tem nenhuma compensação; o "povo", que ele amava, leu-o durante algum tempo, e depois o sucesso do marxismo relegou-o ao esquecimento. Em suma, a maioria desses autores são os vencidos de uma revolução fracassada; a ela ligaram seu nome e seu destino. Nenhum deles, com exceção de Victor Hugo, marcou verdadeiramente a literatura.

Os outros, todos os outros, recuaram diante da perspectiva de uma desclassificação social que os faria afundar, como uma pedra amarrada ao pescoço. Não lhes faltam desculpas; ainda era muito cedo, nenhum vínculo real os ligava ao proletariado, essa classe oprimida não podia absorvê-los, nem sabia quanto necessitava deles; a decisão que tomaram de defendê-la teria permanecido abstrata; por mais sinceros que fossem, apenas teriam se "debruçado" sobre sofrimentos que compreenderiam com a cabeça, sem sentir com o coração. Decaídos de sua classe de origem, obsedados pela lembrança de um conforto que deveriam ter-se proibido, corriam o risco de constituir, à margem do verdadeiro proletariado, um "proletariado de colarinho e gravata" – suspeito aos olhos dos operários, desprezado pelos burgueses, cujas reivindicações teriam sido ditadas mais pelo amargor e pelo ressentimento do que pela generosidade, e que acabaria se voltando ao mesmo tempo contra estes e aqueles[4]. Além disso, no século XVIII, as liberdades necessárias que a literatura exige não se distinguem das liberdades políticas que o cidadão quer conquistar; basta ao escritor explorar a essência arbitrária de sua arte e fazer-se intérprete de suas exigências formais, para se tornar revolucionário: a literatura é naturalmente revolucionária, quando a revolução que se prepara é burguesa, pois a primeira descoberta que esta faz de si lhe revela seus vínculos com a democracia política. Mas as liberdades formais defendidas pelo ensaísta, pelo romancista, pelo poeta, não têm mais nada em comum com as exigências profundas do proletariado. Este não sonha em exigir a liberdade política, de que afinal já desfruta, e que não passa de uma mistificação[5]; quanto à liberdade de pensar, não se importa com ela no momento; o que reivindica é muito diferente dessas liberdades abstratas: almeja a melhoria material de sua existência e, mais profundamente, mais obscuramente também, o fim da exploração do homem pelo homem. Veremos mais tarde como essas reivindicações são homogêneas àquelas colocadas pela arte de escrever, concebida como fenômeno histórico e concreto, isto é, como apelo singular e datado que um homem, aceitando historicizar-se, lança a propósito do homem em sua totalidade, a todos os homens da sua época. Mas, no século XIX, a literatura acaba de se desligar da ideologia religiosa e se recusa a servir à ideologia burguesa. Assim, coloca-se como independente, por princípio, de qualquer tipo de ideologia. Em consequência, preserva o seu aspecto abstrato de pura negatividade. Ainda não compreendeu que *ela própria* é a ideologia, e se exaure em afirmar uma autonomia que ninguém lhe contesta. Isso equivale a dizer que a literatura pretende não privilegiar nenhum tema, a fim de poder tratar a todos por igual: não há dúvida de que se pode escrever muito bem sobre a condição operária; mas a escolha do tema depende das circunstâncias, de uma livre decisão do artista: em outro momento se falará da burguesia da província, em outro, dos mercenários cartagineses. De tempos em tempos, um Flaubert afirmará a identidade entre fundo e forma, mas não tirará daí nenhuma conclusão prática. Como todos os seus contemporâneos, ele continua tributário da definição que os Winckelmann e os Lessing, quase um século antes, deram da beleza, definição que, de uma maneira ou de outra, resulta em apresentá-la como multiplicidade na unidade. Trata-se de captar os reflexos cintilantes do diverso, impondo-lhes pelo estilo uma unificação rigorosa. O "estilo artista" dos Goncourt não tem outra significação: é um método formal para unificar e embelezar todas as matérias, mesmo as mais belas. Como seria possível, pois, conceber que haja uma relação interna entre as reivindicações das classes inferiores e os princípios da arte de escrever? Proudhon parece ter sido o único a vislumbrá-lo. E também Marx, é claro. Mas não eram literatos. A literatura, ainda inteiramente absorvida pela descoberta de sua autonomia, torna-se seu próprio objeto. Passou agora ao período de reflexão; experimenta seus métodos, rompe os limites antigos, tenta determinar experimentalmente suas próprias leis e forjar novas técnicas. Avança lentamente na direção das formas atuais do drama e do romance, do verso livre, da crítica da linguagem. Se descobrisse para si um conteúdo específico, seria preciso arrancar-se dessa meditação sobre si mesma e extrair suas normas estéticas da natureza desse conteúdo. Ao mesmo tempo os autores, decidindo escrever para um público virtual, deveriam adaptar sua arte à abertura dos espíritos, o que significaria determiná-la a partir de exigências exteriores e não de sua própria essência; seria preciso renunciar a diversas formas da narrativa, da poesia, do próprio raciocínio, pelo simples motivo de que não seriam acessíveis a leitores sem cultura. Parece, portanto, que a literatura corria o risco de cair novamente na alienação. Assim o escritor recusa, de boa-fé, sujeitar a literatura a um público e a um tema determinados. Mas não se apercebe do divórcio que se realiza entre a revolução concreta, que tenta nascer, e os jogos abstratos aos quais se entrega. Dessa vez, são as massas que querem o poder, e, como as massas não têm cultura nem lazer, qualquer pretensa revolução literária, centrada no refinamento técnico, porá fora de seu alcance as obras que ela inspira, e servirá aos interesses do conservadorismo social.

É preciso, pois, retornar ao público burguês. O escritor se gaba de haver rompido todas as relações com ele, mas, recusando o rebaixamento social, condena sua ruptura a permanecer simbólica: exibe-a incessantemente, indica-a pelo seu modo de vestir, pela alimentação, pela mobília, pelos novos hábitos que assume, mas não a realiza de fato. É a burguesia que o lê, é só ela que o sustenta e decide quanto à sua glória. É em vão que ele finge recuar para considerá-la em conjunto: para julgá-la, seria necessário em primeiro lugar que ele saísse de dentro dela, e não há outra maneira de sair senão experimentando os interesses e a maneira de viver de outra classe. Como ele não se decide a fazer isso, vive na contradição e na má-fé, pois sabe, e ao mesmo tempo não quer saber, *para quem* escreve. De bom grado fala de sua *solidão* e, em vez de assumir o público que dissimuladamente escolheu, inventa que o escritor escreve só para si mesmo ou para Deus; faz do ato de escrever uma ocupação metafísica, uma prece, um exame de consciência – tudo, menos uma comunicação. Muitas vezes se identifica com um possesso, pois, se vomita palavras sob o domínio de uma necessidade interior, ao menos não as *dá*. Mas isso não impede que corrija cuidadosamente seus escritos. Por outro lado, está tão longe de querer mal à burguesia que nem sequer lhe contesta o direito de governar. Bem ao contrário: Flaubert reconheceu explicitamente esse direito, e sua *Correspondência*, após a Comuna, que tanto o amedrontou, é farta em injúrias ignóbeis contra os operários[6]. E como o artista, mergulhado em seu meio, não pode julgar esse meio de fora, como as suas recusas não passam de estados de alma inoperantes, nem mesmo se dá conta de que a burguesia é uma classe opressora; na verdade, não a considera em absoluto como uma classe, mas como uma espécie natural, e, quando se arrisca a descrevê-la, o faz em termos estritamente psicológicos. Assim, o escritor burguês e o escritor maldito se movem no mesmo plano; a única diferença é que o primeiro faz psicologia branca e o segundo, psicologia negra. Quando Flaubert declara, por exemplo, "chamo burguês a todo aquele que pensa de modo vil", está definindo o burguês em termos psicológicos e idealistas, ou seja, segundo a perspectiva da ideologia que pretende recusar. Em consequência, presta um destacado serviço à burguesia: traz de volta ao lar os revoltosos, os inadaptados que poderiam aderir ao proletariado, persuadindo-os de que é possível suprimir o burguês que há em cada um por meio de uma simples disciplina interior: desde que se dediquem, no plano pessoal, a pensar nobremente, podem continuar a desfrutar, com a consciência em paz, de seus bens e de suas prerrogativas; ainda vivem de modo burguês, usufruem burguesmente de suas rendas e frequentam salões burgueses, mas tudo isso não passa de aparência, pois se elevaram acima de sua espécie pela nobreza de seus sentimentos. Ao mesmo tempo, Flaubert oferece também a seus colegas o estratagema que lhes permitirá conservar, de qualquer modo, a consciência tranquila, pois a magnanimidade encontra a sua aplicação privilegiada no exercício das artes.

A solidão do artista é duplamente falsificada: dissimula não só uma relação real com o grande público, mas também a reconstituição de um público de especialistas. Uma vez que se abandona ao burguês o governo dos homens e dos bens, o espiritual se separa outra vez do temporal, e vê-se renascer uma espécie de clericato. O público de Stendhal é Balzac, o de Baudelaire é Barbey d'Aurevilly, e Baudelaire, por sua vez, se faz público de Poe. Os salões literários adquirem um vago ar de colégio; neles "fala-se de literatura", a meia-voz, com infinito respeito, neles se debate se o músico extrai mais prazer estético de sua música do que o escritor de seus livros; à medida que se afasta da vida, a arte volta a tornar-se sagrada. Institui-se até mesmo uma espécie de comunhão dos santos: saltando sobre os séculos, dá-se a mão a Cervantes, a Rabelais, a Dante, em integração com essa sociedade monástica; o clericato, em lugar de ser um organismo concreto e, por assim dizer, geográfico, torna-se uma instituição sucessória, um clube cujos membros estão todos mortos, exceto um, o mais recente, que representa os outros na terra e resume em si todo o colegiado. Esses novos crentes, que têm seus santos no passado, também têm sua vida futura. O divórcio entre o temporal e o espiritual traz uma modificação profunda na ideia de glória: no tempo de Racine, não era tanto a revanche do escritor não reconhecido como o prolongamento natural do sucesso numa sociedade imutável. No século XIX, a glória funciona como mecanismo de compensação. "Serei compreendido em 1880", "Ganharei meu processo na apelação" – essas frases famosas provam que o escritor não perdeu o desejo de exercer uma ação direta e universal no contexto de uma coletividade integrada. Mas, como essa ação não é possível no presente, projeta-se para um futuro indefinido o mito compensador de uma reconciliação entre o escritor e seu público. Tudo isso, aliás, permanece muito vago: nenhum desses amadores da glória se perguntou em que espécie de sociedade ele poderia encontrar sua recompensa; satisfazem-se apenas em sonhar que seus sobrinhos-netos se beneficiarão de uma melhora interior, pelo fato de terem nascido mais tarde, e num mundo mais velho. Assim, Baudelaire, que não se constrange com as contradições, muitas vezes aplaca a dor de seu orgulho ferido considerando seu prestígio póstumo, muito embora afirme que a sociedade entrou num período de decadência que só terminará com o desaparecimento do gênero humano.

Quanto ao presente, pois, o escritor recorre a um público de especialistas; quanto ao passado, celebra um pacto místico com os grandes mortos; quanto ao futuro, apela ao mito da glória. Utilizou todos os recursos possíveis para poder desligar-se simbolicamente de sua classe. Paira no ar, estranho a seu século, expatriado, maldito. Toda essa farsa tem uma só finalidade: integrá-lo numa sociedade simbólica, que seja como uma imagem da aristocracia do Antigo Regime. A psicanálise está familiarizada com esses processos de identificação, de que o pensamento autista oferece numerosos exemplos: o doente que, para se evadir, precisa da chave do sanatório, acaba acreditando que ele próprio é essa chave. Assim, o escritor, que precisa da proteção dos poderosos para mudar de classe, acaba por se tomar pela encarnação de toda a nobreza. E como esta se caracterizava por seu parasitismo, é a ostentação do parasitismo que ele escolherá como estilo de vida. Irá fazer-se mártir do consumo puro. Como dissemos, não vê nenhum inconveniente em usar os bens da burguesia, mas sob a condição de gastá-los, isto é, transformá-los em objetos improdutivos e inúteis; de certa forma ele os queima, pois o fogo purifica tudo. Por outro lado, como nem sempre é rico, mas precisa viver, compõe para si uma vida estranha, ao mesmo tempo pródiga e carente, em que uma imprevidência calculada simboliza a desmedida generosidade que, para ele, permanece interdita. Fora da arte, só encontra nobreza em três ocupações. Em primeiro lugar, no amor, porque é uma paixão inútil e porque as mulheres, como diz Nietzsche, são o jogo mais perigoso. Nas viagens também, pois o viajante é uma perpétua testemunha, que passa de uma sociedade a outra sem jamais se deter em nenhuma, e porque, consumidor *estrangeiro* numa coletividade laboriosa, ele é a própria imagem do parasitismo. Às vezes também na guerra, que é um imenso consumo de homens e bens.

O descrédito que se dispensava aos ofícios nas sociedades aristocráticas e guerreiras encontra-se agora no escritor: não lhe basta ser inútil, como os cortesãos do Antigo Regime; ele deseja pisotear o trabalho utilitário, quebrar, queimar, deteriorar, imitar a desenvoltura dos senhores feudais, que em suas caçadas atravessavam os trigais maduros. Cultiva em si esses impulsos destrutivos de que fala Baudelaire em *O vidraceiro*. Um pouco mais tarde, amará, mais que a todos, os utensílios defeituosos, malogrados ou fora de uso, já meio retomados pela natureza, e que são como caricaturas da utensilidade. Sua própria vida, não é raro que a considere como instrumento a ser destruído; seja como for, ele a arrisca, e brinca de perder: o álcool, as drogas, tudo lhe serve. Bem-entendido, a perfeição no inútil é que é a beleza. Da "arte pela arte" até o simbolismo, passando pelo realismo e pelo parnasianismo, todas as escolas estão de acordo quanto ao fato de que a arte é a forma mais elevada do consumo puro. O escritor não ensina nada, não reflete nenhuma ideologia e, sobretudo, recusa-se a moralizar: bem antes que Gide o escrevesse, Flaubert, Gautier, os Irmãos Goncourt, Renard, Maupassant, já à sua maneira haviam dito que "é com bons sentimentos que se faz a má literatura". Para uns, a literatura é a subjetividade levada ao absoluto, uma fogueira de alegria onde se retorcem os ramos negros de seus sofrimentos e de seus vícios; jazendo nas profundezas do mundo como num calabouço, eles o superam e o dissipam por meio de sua insatisfação reveladora dos "alhures". Parece-lhes que seu coração é bastante singular para que a pintura que dele fazem se mantenha resolutamente estéril. Outros se constituem em testemunhas imparciais de sua época. Mas não testemunham aos olhos de ninguém; elevam ao absoluto o testemunho e as testemunhas, apresentando ao céu vazio o panorama da sociedade que os rodeia. Ludibriados, transpostos, unificados, prisioneiros na armadilha de um estilo artista, os eventos do universo são neutralizados e, por assim dizer, colocados entre parênteses; o realismo é uma *epoché\**. A impossível verdade encontra-se aqui com a inumana Beleza, "bela como um sonho de pedra". Nem o autor, enquanto escreve, nem o leitor, enquanto lê, são mais deste mundo; transformaram-se em puro olhar; observam de fora o ser humano, esforçando-se para ter sobre ele o ponto de vista de Deus, ou, se se quiser, do vazio absoluto. Mas, mesmo assim, ainda posso reconhecer-me na descrição que o mais puro dos líricos faz de suas peculiaridades; e, se o romance experimental imita a ciência, não é ele também utilizável, como ela? Não pode ter também suas *aplicações* sociais? O terror de ser útil leva os extremistas a esperar que suas obras não possam sequer esclarecer o leitor quanto a seu próprio coração; recusam-se a transmitir a sua experiência. Numa hipótese extrema, a obra só será totalmente gratuita se conseguir ser totalmente inumana. Ao fim disso, desponta a esperança de uma criação absoluta, quintessência do luxo e da prodigalidade, inutilizável neste mundo porque *não é do mundo* e não o lembra em nada: a imaginação é concebida como faculdade incondicionada de *negar* o real, e o objeto de arte se edifica sobre o desmoronamento do universo. Há o artificialismo exasperado de Des Esseintes, o desregramento sistemático de todos os sentidos e, por fim, a destruição organizada da linguagem. Há também o silêncio: esse silêncio glacial, a obra de Mallarmé, ou o de *Monsieur Teste*, para quem toda comunicação é impura.

A ponta extrema dessa literatura brilhante e mortal é o nada. Seu ponto extremo e sua essência profunda: o novo espiritual não tem nada de positivo, é negação pura e simples do temporal; na Idade Média, é o temporal que é o Inessencial em relação à Espiritualidade; no século XIX dá-se o inverso: o Temporal vem primeiro, o espiritual é o parasita inessencial que o corrói e tenta destruí-lo. Trata-se de negar o mundo, ou de consumi-lo. Negá-lo pelo consumo. Flaubert escreve para se livrar dos homens e das coisas. Sua frase cerca o objeto, agarra-o, imobiliza-o e lhe quebra a espinha, cerra-se sobre ele, transforma-se em pedra e com ela o petrifica. É cega e surda, sem artérias, nenhum sopro de vida; um silêncio profundo a separa da frase seguinte; cai no vazio, eternamente, e arrasta sua presa nessa queda infinita. Toda realidade, uma vez descrita, é riscada do inventário: passa-se à seguinte. O realismo não é nada mais que essa grande caçada enfadonha. Trata-se, primeiramente, de tranquilizar-se. Por onde passa o realismo, a relva não cresce mais. O determinismo do romance naturalista esmaga a vida, substitui a ação humana por mecanismos de mão única. Tem apenas um tema: a lenta desagregação de um homem, de uma empresa, de uma família, de uma sociedade; é preciso voltar ao ponto zero: toma-se a natureza em estado de desequilíbrio produtivo e anula-se esse desequilíbrio, voltando-se a um equilíbrio de morte pela anulação das forças atuantes. Quando ésse tipo de romance nos mostra, por acaso, a vitória de um ambicioso, é só aparência: Bel-Ami não toma de assalto os redutos da burguesia, é um ludião cuja subida apenas testemunha a derrocada de uma sociedade. E quando o simbolismo descobre o estreito parentesco entre a beleza e a morte, não faz senão explicitar o tema de toda a literatura da metade do século. Beleza do passado, pois que este já não existe, beleza das jovens moribundas e das flores que fenecem, beleza de todas as erosões e todas as ruínas, suprema dignidade da consumação, da doença que mina, do amor que devora, da arte que mata; a morte está em toda parte, na nossa frente, atrás de nós, até no sol e nos perfumes da terra. A arte de Barrès é uma meditação sobre a morte: uma coisa só é bela quando "consumível", isto é, morre quando desfrutamos dela. A estrutura temporal que convém particularmente a essa brincadeira de príncipes é o instante. Porque passa e porque é, em si mesmo, a imagem da eternidade, o instante é a negação do tempo humano, esse tempo em três dimensões do trabalho e da história. É preciso muito tempo para construir; um instante basta para lançar tudo por terra. Quando se considera nessa perspectiva a obra de Gide, não se pode deixar de perceber nela uma ética, estritamente reservada ao escritor-consumidor. Seu ato gratuito, o que é ele, senão a culminação de um século de comédia burguesa e o imperativo do autor fidalgo? É notável que os exemplos sejam todos tomados do ato de consumo: Filocteto doa seu arco, o milionário dilapida seu dinheiro, Bernard rouba, Lafcádio mata, Ménalque vende sua mobília. Esse movimento destruidor irá até suas consequências extremas: "O ato surrealista mais simples", escreverá Breton vinte anos depois, "consiste em sair às ruas, de revólver na mão, e atirar ao acaso, o mais que se possa, na multidão". É o último termo de um longo processo dialético: no século XVIII a literatura era negatividade; sob o reino da burguesia, passa ao estado de Negação absoluta e hipostasiada, torna-se um processo multicolorido e cintilante de aniquilamento. "O surrealismo não está interessado em dar muita importância... a nada que não tenha por fim o aniquilamento do ser, num brilho interior e cego, que não seja nem a alma do gelo nem a alma do fogo", escreve ainda Breton. No fim, só resta à literatura contestar-se a si mesma. E é isso que ela faz sob o nome de surrealismo: durante setenta anos escreveu-se para consumir o mundo; após 1918, escreve-se para consumir a literatura; dilapidam-se as tradições literárias, desperdiçam-se as palavras, jogam-se umas contra as outras para fazê-las explodir. A literatura como Negação absoluta vem a ser Antiliteratura; jamais ela foi tão *literária*; assim, fecha-se o círculo.

Ao mesmo tempo o escritor, para imitar a leviandade perdulária de uma aristocracia de nascença, não tem maior preocupação do que afirmar sua irresponsabilidade. Começa por estabelecer os direitos do gênio, que substituem o direito divino da monarquia autoritária. Já que a Beleza é o luxo levado ao extremo, uma fogueira de labaredas frias que ilumina e consome todas as coisas, já que ela se alimenta de todas as formas de usura e destruição, em particular do sofrimento e da morte, o artista, que é seu sacerdote, tem o direito de exigir em nome dela e provocar, se necessário, o infortúnio do próximo. Quanto a si mesmo, há muito tempo que arde, já está reduzido a cinzas; são necessárias outras vítimas para alimentar a chama. Mulheres, em especial: elas o farão sofrer e ele lhes revidará à altura; sua aspiração é trazer infelicidade a tudo que o rodeia. E, se não tem como provocar catástrofes, contenta-se em aceitar oferendas. Admiradores e admiradoras aí estão, para que ele lhes incendeie os corações ou lhes gaste o dinheiro, sem gratidão nem remorso. Maurice Sachs relata que seu avô materno, que tinha por Anatole France uma admiração maníaca, gastou uma fortuna para mobiliar a Villa Said. Quando morreu, Anatole France pronunciou este elogio fúnebre: "Que pena! Ele decorava tão bem!" Tomando o dinheiro do burguês, o escritor exerce seu sacerdócio, pois desvia uma parte das riquezas para dissipá-las em fumaça. Assim, coloca-se acima de todas as responsabilidades, pois diante de quem seria responsável? E em nome de quê? Se sua obra buscasse construir, poder-se-ia exigir dele que prestasse contas. Mas uma vez que ela se afirma como destruição pura, escapa a qualquer julgamento. No fim do século, tudo isso continua bastante confuso e contraditório. Mas com o advento do surrealismo, quando a literatura se torna provocação ao assassinato, veremos o escritor, por um encadeamento paradoxal, mas lógico, afirmar explicitamente o princípio de sua total irresponsabilidade. A bem dizer, ele não expõe claramente suas razões, refugia-se nos esconderijos da escrita automática. Mas os motivos são evidentes: uma aristocracia parasitária, de puro consumo, cuja função é queimar incessantemente os bens de uma sociedade laboriosa e produtiva, não teria como responder perante a coletividade que ela destrói. E como essa destruição sistemática nunca passa do *escândalo*, isso significa, no fundo, que o escritor tem como dever fundamental provocar o escândalo e, como direito imprescritível, escapar às suas consequências.

A burguesia deixa-o agir, sorri dessas maluquices. Pouco importa que o escritor a despreze: esse desprezo não irá longe, já que ela é seu único público; é só a ela que fala sobre desprezo, faz-lhe confidências a respeito; de certa forma, é o vínculo que os une. E ainda que ele conseguisse a audiência popular, será que conseguiria instigar o descontentamento das massas mostrando-lhes que o burguês pensa de modo vil? Não há a mínima possibilidade de que uma doutrina do consumo absoluto consiga iludir as classes laboriosas. De resto, a burguesia bem sabe que o escritor secretamente tomou seu partido: tem necessidade dela para justificar sua estética de oposição e de ressentimento; é dela que recebe os bens que consome; no fundo, deseja conservar a ordem social para nela poder sentir-se um perpétuo estranho. Em suma, é um revoltado, não um revolucionário. E dos revoltados, a burguesia se encarrega. Em certo sentido, ela se faz até mesmo cúmplice deles: mais vale conter as forças da negação dentro dos limites de um vão esteticismo, de uma revolta sem efeito: se livres, elas poderiam colocar-se a serviço das classes oprimidas. Além do mais, os leitores burgueses entendem à sua maneira aquilo que o escritor chama de *gratuidade* da sua obra: para o autor, é a própria essência da espiritualidade, e a manifestação heroica de sua ruptura com o plano temporal; para os leitores, uma obra gratuita é algo fundamentalmente inofensivo, é um divertimento; sem dúvida irão preferir a literatura de Bordeaux, de Bourget, mas não acham mau que haja livros inúteis, que distraem o espírito das preocupações sérias e lhe dão a recreação de que necessita para se refazer. Assim, mesmo reconhecendo que a obra de arte não pode servir para nada, o público burguês ainda encontra meios de utilizá-la. O sucesso do escritor se constrói sobre esse mal-entendido: como ele se regozija por ser desconhecido, é normal que seus leitores se equivoquem. Uma vez que, nas mãos do escritor, a literatura se tornou essa negação abstrata, que se nutre de si mesma, é de se esperar que os leitores sorriam de seus mais fortes insultos, dizendo: "Isso não passa de literatura". E como ela é pura contestação do espírito de seriedade, o escritor deve achar bom que os leitores se recusem, por princípio, a levá-lo a sério. E eles acabam por encontrar-se, enfim, ainda que com escândalo e sem muita consciência, nas obras mais "niilistas" da época. É que o escritor, ainda que se esforce ao máximo para ignorar seus leitores, jamais escapará completamente à insidiosa influência que eles exercem. Burguês envergonhado, escrevendo para os burgueses sem o confessar, pode muito bem lançar as ideias mais loucas: as ideias muitas vezes não passam de bolhas que nascem na superfície do espírito. Porém sua técnica o trai; como ele não a controla com o mesmo zelo, ela exprime uma escolha mais profunda e verdadeira, uma obscura metafísica, uma relação autêntica com a sociedade contemporânea. Por mais cínico, por mais amargo que seja o tema escolhido, a técnica romanesca do século XIX oferece ao público francês uma imagem tranquilizadora da burguesia. A bem dizer, nossos autores a herdaram, mas deve-se a eles seu aperfeiçoamento. Sua aparição, que remonta ao fim da Idade Média, coincidiu com a primeira mediação reflexiva pela qual o romancista tomou consciência de sua arte. No início apenas narrava, sem colocar a si mesmo em cena nem meditar sobre sua função, pois os temas de seus relatos eram quase todos de origem folclórica, ou ao menos coletiva, e ele se limitava a utilizá-los; o caráter social do material que ele manipulava, bem como o fato de que esse existia antes que se ocupasse dele, conferiam-lhe o papel de intermediário e bastavam para justificá-lo: o escritor era aquele que conhecia as mais belas histórias e que, em vez de narrá-las oralmente, as registrava por escrito; inventava pouco, descrevia com minúcias, era o historiador do imaginário. Quando ele mesmo começa a forjar as ficções que publica, passa a enxergar a si próprio: descobre ao mesmo tempo sua solidão quase culposa e a gratuidade injustificável, a subjetividade da criação literária. Para ocultá-las aos olhos de todos e a seus próprios, para justificar seu direito de escrever, procura dar às suas invenções a aparência de verdade. Não podendo manter em seus escritos a opacidade quase material que as caracterizava quando emanavam da imaginação coletiva, decidiu fazer de conta que não vieram dele, e as apresentou como reminiscências. Para tanto, fez-se representar em suas obras por um narrador de tradição oral, e ao mesmo tempo introduziu ouvintes fictícios, que representavam seu público real. É o que ocorre com as personagens do *Decamerão*, cujo enclausuramento temporário as aproxima, curiosamente, da condição de clérigos, e que exercem alternadamente a função de narradores, ouvintes e críticos. Assim, após a época do realismo objetivo e metafísico, em que as palavras do relato eram consideradas como as próprias coisas que designavam, e cuja substância era o universo, vem o tempo do idealismo literário, em que a palavra só tem existência quando proferida por uma boca ou escrita por uma pena, e por essência remete a um falante, cuja presença ela atesta. No idealismo literário a substância do relato é a subjetividade que percebe e pensa o universo, e em que o romancista, em lugar de colocar o leitor diretamente em contato com o objeto, torna-se consciente de seu papel de mediador e encarna a mediação num recitante fictício. Em consequência, a história que se oferece ao público tem como característica principal o fato de já estar pensada, isto é, classificada, ordenada, podada, esclarecida; ou, antes, a característica de só entregar-se através dos pensamentos que se formam retrospectivamente a seu respeito. Eis por que o tempo da epopeia, que é de origem coletiva, em geral é o presente, ao passo que o do romance é quase sempre o passado. De Boccaccio a Cervantes, e depois aos romances franceses dos séculos XVII e XVIII, a técnica vai-se complicando e abrangendo outras, pois, no caminho, o romance recolhe e incorpora a sátira, a fábula e o retrato[7]: o romancista aparece no primeiro capítulo, anuncia, interpela os seus leitores, adverte-os, garante-lhes a veracidade de sua história; é o que chamarei de subjetividade primeira; depois, ao longo do percurso, intervêm personagens secundárias que o primeiro narrador encontrou, e que interrompem o curso da intriga para relatar seus próprios infortúnios: são as subjetividades segundas, sustentadas e restituídas pela subjetividade primeira; assim, certas histórias são repensadas e intelectualizadas em segundo grau[8]. Os leitores nunca são surpreendidos pelos fatos: se foi pego de surpresa no instante em que o fato se deu, o narrador não lhes *comunica* sua surpresa; simplesmente os *informa*. Quanto ao romancista, como está convencido de que a única realidade da palavra é ser dita, como vive num século cortês, em que ainda existe a arte de conversar, introduz em seu livro personagens que conversam para justificar as palavras que nele se leem; mas como representa por meio de palavras personagens cuja função é falar, não escapa ao círculo vicioso[9]. É certo que os escritores do século XIX enfatizaram a narração dos eventos, procuraram devolver ao fato uma parte de seu frescor e de sua violência, mas na maioria dos casos retomaram a técnica idealista que correspondia perfeitamente ao idealismo burguês. Autores tão diferentes como Barbey d'Aurevilly e Fromentin a empregaram constantemente. Em *Dominique*, por exemplo, há uma subjetividade primeira que apoia uma subjetividade segunda, e é esta última que se incumbe do relato. Em nenhum autor essa técnica é tão manifesta como em Maupassant. A estrutura de suas novelas é quase imutável: de início somos apresentados a um público, em geral um grupo mundano e brilhante, reunido num salão após o jantar. É de noite, o que elimina tudo: fadigas e paixões. Os oprimidos dormem, os revoltados também; o mundo está enterrado, a história retoma fôlego. Resta, numa bolha de luz rodeada pelo nada, essa elite que vela, totalmente ocupada com suas cerimônias. Se, entre seus membros existem intrigas, amores e ódios, não ficamos sabendo e, aliás, os desejos e as cóleras emudeceram: esses homens e mulheres estão ocupados em conservar sua cultura e suas boas maneiras, e em se *reconhecer* pelos ritos da cortesia. Representam a ordem no que esta possui de mais agradável: a calma da noite, o silêncio das paixões, tudo concorre para simbolizar a burguesia estabilizada do fim do século, que pensa que nada mais acontecerá e acredita na eternidade da organização capitalista. Nessa altura introduz-se o narrador: um homem idoso, que "já viu muito, leu muito e aprendeu muito", um profissional da experiência, médico, militar, artista ou Don Juan. Chegou a esse estágio da vida em que, segundo um mito respeitoso e cômodo, o homem está livre das paixões e considera as que já teve com indulgente lucidez. Seu coração é calmo como a noite; já se desligou da história que narra; se sofreu, transformou seu sofrimento em mel; debruça-se sobre ele para considerá-lo em sua verdade, ou seja, *sub specie aeternitatis*. Existiram perturbações, é verdade, mas cessaram há longo tempo; os protagonistas estão mortos ou casados ou consolados. Assim, a aventura é uma desordem passageira, que já se extinguiu. Ela é relatada do ponto de vista da experiência e da sabedoria, e ouvida do ponto de vista da ordem. A ordem triunfa, a ordem está em toda parte; ela contempla uma desordem muito antiga, já abolida, como se um lago adormecido num dia de verão guardasse a lembrança das ondulações que o percorreram. E, aliás, terá mesmo havido alguma perturbação? A evocação de uma mudança brusca amedrontaria a sociedade burguesa. Nem o general nem o médico confiam em suas lembranças em estado bruto: são experiências de que já extraíram o suco, e nos advertem, assim que tomam a palavra, que seu relato comporta uma moralidade. Assim, a história se faz explicativa: busca produzir, a partir de um exemplo, uma lei psicológica. Uma lei, ou como diz Hegel, a imagem calma da mudança. E a própria mudança, isto é, o aspecto individual do caso, não é também aparência? Na medida em que se explica, o efeito inteiro fica reduzido à causa inteira, o inopinado ao esperado e o novo ao antigo. O narrador realiza sobre o fato humano aquele trabalho que, segundo Meyerson, o pesquisador do século XIX realizou sobre o fato científico: reduz a diversidade à identidade. E se, de tempos em tempos, com espírito malicioso, quiser conservar em sua história um ar um pouco inquietante, o narrador dosa cuidadosamente a irredutibilidade da mudança, como nessas novelas fantásticas em que, por trás do inexplicável, o autor deixa entrever toda uma ordem causal que devolveria a racionalidade ao universo. Assim, para o romancista saído dessa sociedade estabilizada, a mudança é um não ser, como para Parmênides, ou como o Mal, para Claudel. Mesmo que existisse, nunca passaria de perturbação individual numa alma inadaptada. Não se trata de estudar, num sistema em movimento (a sociedade, o universo), os movimentos relativos de sistemas parciais, mas sim de observar, do ponto de vista do repouso absoluto, o movimento absoluto de um sistema parcial relativamente isolado; vale dizer que dispomos de parâmetros absolutos para determinar esse sistema e, em consequência, podemos conhecê-lo em sua verdade absoluta. Numa sociedade em ordem, que medita sobre sua eternidade e a celebra por meio de ritos, um homem evoca o fantasma de uma desordem passada, fá-la cintilar, enfeita-a com graças fora de moda e, no momento em que começa a inquietar, dissipa-a com um toque de varinha de condão e a substitui pela hierarquia eterna das causas e das leis. Reconhecemos nesse mágico, que se livrou da história e da vida, ao compreendê-las, e que se eleva, por seus conhecimentos e sua experiência, acima do seu auditório, o aristocrata de arribação de que falamos mais atrás[10].

Se nos detivemos na técnica narrativa utilizada por Maupassant, é porque constitui a técnica básica de todos os romancistas franceses de sua geração, bem como da geração imediatamente anterior e também das subsequentes. O narrador interno está sempre presente. Pode ser reduzido a uma abstração, muitas vezes nem é designado explicitamente, mas de qualquer modo, é através de sua subjetividade que percebemos o fato. Quando não aparece em absoluto, não é porque tenha sido suprimido como recurso inútil: é que se tornou a personalidade segunda do autor. Este, diante da folha em branco, vê sua imaginação se transmudar em experiências; não escreve mais em seu próprio nome, mas como que transcrevendo o ditado de um homem maduro e de opiniões assentadas, que foi testemunha das circunstâncias relatadas. Daudet, por exemplo, é visivelmente possuído pelo espírito de um narrador de salão, que comunica a seu estilo os tiques e a amável desenvoltura da conversação mundana: que exclama, ironiza, interroga, interpela seu auditório: "Ah, como ficou decepcionado o Tartarin! E sabem por quê? Aposto que não sabem..." Até os escritores realistas, que querem ser os historiadores objetivos de seu tempo, conservam o esquema abstrato do método, ou seja, há um meio comum, uma trama comum a todos os seus romances, que não é a subjetividade individual e histórica do romancista, mas aquela, ideal e universal, do homem experiente. Para começar, o relato é feito no passado: um passado de cerimônia, para introduzir certa distância entre os acontecimentos e o público; um passado subjetivo, equivalente à memória do narrador; um passado social, pois o enredo não pertence à história inconclusa que ainda está se fazendo, mas à história já feita. Se é verdade, como quer Janet, que a lembrança se distingue da ressurreição sonambúlica do passado pelo fato de que esta reproduz o evento com sua duração própria, ao passo que aquela pode comprimir-se indefinidamente, pode ser contada numa frase ou num volume, segundo as necessidades em pauta, então pode-se afirmar que os romances dessa espécie, com suas bruscas contrações do tempo seguidas de longas considerações, constituem, precisamente, lembranças. Ora o narrador se demora na descrição de um minuto decisivo, ora salta por sobre muitos anos: "Três anos se passaram, três anos de sombrio sofrimento..." Não se proíbe de esclarecer o presente das personagens por meio de seu futuro: "Não imaginavam, então, que esse breve encontro teria consequências funestas" – e, do seu ponto de vista, ele tem razão, pois esse presente e esse futuro são ambos passados, já que o tempo da memória perdeu sua irreversibilidade, e podemos percorrê-lo de trás para a frente ou da frente para trás. De resto, as lembranças que nos entrega, já trabalhadas, repensadas, apreciadas, nos oferecem um ensinamento imediatamente assimilável: os atos e os sentimentos são muitas vezes apresentados como exemplos típicos das leis do coração: "Daniel, como todos os jovens..."; "Mercier tinha esse tique, frequente nos burocratas..."; "Nesse ponto, Eva era bem mulher..." E como essas leis não podem ser deduzidas *a priori*, nem apreendidas pela intuição, nem fundamentadas numa experimentação científica, passível de ser reproduzida universalmente, remetem o leitor à subjetividade que, por indução, chegou a essas receitas a partir das circunstâncias de uma vida movimentada. Nesse sentido, pode-se dizer que a maioria dos romances franceses da Terceira República aspiram, qualquer que seja a idade de seu autor real, e tanto mais vivamente quanto mais tenra for a idade, à honra de terem sido escritos por quinquagenários.

Durante todo esse período, que se estende por várias gerações, a intriga é relatada do ponto de vista do absoluto, isto é, da ordem; é uma mudança local num sistema em repouso; nem o autor nem o leitor correm riscos, não há nenhuma surpresa a temer: o acontecimento já passou, já foi catalogado e compreendido. Numa sociedade estabilizada, que ainda não tomou consciência dos perigos que a ameaçam, que dispõe de uma moral, de uma escala de valores e de um sistema de explicações para integrar suas mudanças locais, que se convenceu de que está além da historicidade e que nada de importante jamais voltará a ocorrer numa França burguesa, cultivada até o último alqueire de terra, recortada em tabuleiro de xadrez por muros seculares, imobilizada em seus métodos industriais, dormitando sobre a glória de sua Revolução, nenhuma outra técnica romanesca seria concebível; quando se tentou aclimatar novos processos, estes só obtiveram o sucesso passageiro das curiosidades, ficaram sem amanhã: não correspondiam à demanda dos autores nem dos leitores, nem da estrutura da coletividade, nem de seus mitos[11].

Assim, enquanto as letras em geral representam na sociedade uma função integrada e militante, a sociedade burguesa, no século XIX que se encerra, oferece esse espetáculo sem precedentes: uma coletividade laboriosa, agrupada em torno do estandarte da produção, da qual emana uma literatura que, longe de refleti-la, jamais lhe fala daquilo que lhe interessa, vai contra sua ideologia; identifica o Belo com o improdutivo, recusa-se a deixar-se integrar, nem mesmo deseja ser lida e, no entanto, do seio de sua revolta, ainda reflete as classes dirigentes em suas estruturas mais profundas e em seu "estilo".

Não devemos recriminar os autores desse período: fizeram o possível e encontram-se entre eles alguns dos nossos maiores e mais puros escritores. E, como cada conduta humana nos faz descobrir um aspecto do universo, sua atitude nos enriqueceu a despeito deles mesmos, revelando-nos a gratuidade como uma das dimensões infinitas do mundo e uma meta possível para a atividade humana. E, como foram artistas, sua obra contém um apelo desesperado à liberdade desse leitor que eles fingem desprezar. É uma obra que levou a contestação ao extremo, a ponto de se contestar a si mesma; fez-nos vislumbrar um silêncio negro para além do massacre das palavras e, para além do espírito de seriedade, o céu vazio e nu das equivalências; ela nos convida a emergir no nada pela destruição de todos os mitos e de todas as escalas de valor; no homem ela descobre, em lugar da relação íntima com a transcendência divina, uma relação estreita e secreta com o Nada; é a literatura da adolescência, dessa idade em que, ainda subsidiado e sustentado pelos pais, o jovem, inútil e sem responsabilidade, desperdiça o dinheiro da família, julga seu pai e assiste ao desmoronar daquele universo sério que lhe protegia a infância. Se nos lembrarmos de que a festa, como bem mostrou Caillois, é um desses momentos negativos em que a coletividade consome os bens que acumulou, viola as leis de sua moral, gasta pelo prazer de gastar, destrói pelo prazer de destruir, veremos que a literatura do século XIX foi, à margem de uma sociedade laboriosa que tinha a mística da poupança, uma grande festa suntuosa e fúnebre, um convite a arder numa imoralidade esplêndida, no fogo das paixões, até a morte. Se eu disser que ela encontrou sua realização tardia e seu fim no surrealismo trotskizante, ficará mais clara a função que desempenhava numa sociedade demasiado fechada: era uma válvula de segurança. Afinal, da festa perpétua à Revolução permanente não vai uma distância tão grande.

No entanto, o século XIX foi, para o escritor, a época do erro e da queda. Se tivesse aceitado o rebaixamento social e atribuído um conteúdo à sua arte, teria dado continuidade, com outros meios e noutro plano, à tarefa de seus predecessores. Teria contribuído para fazer a literatura passar da negatividade e da abstração à construção concreta; se conservasse para a literatura aquela autonomia que conquistara no século XVIII e que não se pensava mais em lhe retirar, ele a teria integrado novamente à sociedade; esclarecendo e apoiando as reivindicações do proletariado, teria aprofundado a essência da arte de escrever e compreendido que existe coincidência, não só entre a liberdade formal de pensar e a democracia política, mas também entre a obrigação material de escolher o homem como tema permanente de meditação e a democracia social; caso se dirigisse a um público dividido, seu estilo teria recobrado a tensão interna. Procurando despertar a consciência operária, enquanto testemunhava perante os burgueses a iniquidade destes, suas obras refletiriam o mundo inteiro; teria aprendido a distinguir entre a generosidade, fonte original da obra de arte, apelo incondicionado ao leitor, e a prodigalidade, sua caricatura; teria abandonado a interpretação analítica e psicológica da "natureza humana", em favor da apreciação sintética das *condições*. Era difícil, sem dúvida, talvez impossível: mas o escritor não soube como proceder. O que ele não devia era guindar-se num vão esforço para escapar de qualquer determinação de classe, e nem tampouco "debruçar-se" sobre o proletário: bastava que se considerasse, ao contrário, um burguês banido de sua classe, unido às massas oprimidas por uma solidariedade de interesses. A suntuosidade dos meios de expressão que ele descobriu não deve levar-nos a esquecer que o escritor traiu a literatura. Mas sua responsabilidade vai mais longe: se os autores tivessem encontrado audiência junto às classes oprimidas, talvez a divergência de seus pontos de vista e a diversidade de seus escritos tivessem contribuído para produzir nas massas aquilo a que se chama, muito acertadamente, um *movimento* de ideias, isto é, uma ideologia aberta, contraditória, dialética. Sem dúvida alguma, o marxismo teria triunfado, mas teria sido tingido por mil nuanças; teria de absorver as doutrinas rivais, digeri-las, manter-se aberto. Sabe-se o que aconteceu, ficamos com apenas duas ideologias revolucionárias, em vez de cem: os proudhonianos, em maioria na Internacional operária antes de 1870, aniquilados depois pelo fracasso da Comuna; o marxismo triunfante frente a seu adversário, não pela potência daquela negatividade hegeliana que conserva superando, mas porque forças exteriores suprimiram pura e simplesmente um dos termos da antinomia. Nunca será bastante repetir o que esse triunfo sem glória custou ao marxismo: por falta de contraditores, perdeu a vida. Se tivesse sido o melhor, permanentemente combatido e transformando-se para vencer, tendo de roubar as armas de seus adversários, o marxismo ter-se-ia identificado com o espírito; isolado, tornou-se uma Igreja, enquanto escritores-fidalgos, a mil léguas dele, faziam-se guardiães de uma espiritualidade abstrata.

Acreditarão que estou ciente de tudo o que essas análises têm de parcial e de contestável? As exceções abundam e eu as conheço, mas para explicar todas elas seria necessário um grosso volume: abordei apenas o que era mais urgente. Acima de tudo, é preciso compreender o espírito com que me lancei neste trabalho: se fosse considerado como uma tentativa, ainda que superficial, de explicação sociológica, ele perderia todo o sentido. Assim como para Spinoza a ideia de um segmento de reta que gira em torno de uma de suas extremidades se mostra abstrata e falsa, se considerada fora da ideia sintética, concreta e acabada de circunferência que a contém, completa e justifica, assim também, no nosso caso, essas considerações parecem arbitrárias se não forem colocadas na perspectiva de uma obra de arte, isto é, de um apelo livre e incondicionado a uma liberdade. Não se pode escrever sem público e sem mito – sem *determinado* público, criado pelas circunstâncias históricas, sem *determinado* mito do que seja a literatura, que depende, em larga medida, das exigências desse público. Em suma, o autor está em situação, como todos os outros homens. Mas seus escritos, como todo projeto humano, abrangem, particularizam e superam essa situação, até mesmo a explicam e a fundamentam, do mesmo modo que a noção de círculo explica e fundamenta a noção de rotação de um segmento. É uma característica essencial e necessária da liberdade o fato de ser *situada*. Descrever a situação não seria um ataque à liberdade. A ideologia jansenista, a lei das três unidades, as regras da prosódia não são arte; frente à arte, chegam a ser puro nada, pois jamais conseguiriam produzir, por simples combinação, uma boa tragédia, uma boa cena ou mesmo um bom verso. Mas a arte de Racine deve ser inventada a partir delas; não se subordinando a elas, como tolamente já se disse, e delas absorvendo coerções e restrições necessárias, mas ao contrário: reinventando-as, conferindo uma função nova e propriamente raciniana à divisão em atos, à cesura, à rima, à moral de Port-Royal, de tal forma que seja impossível decidir se Racine vazou seu tema numa forma imposta por sua época, ou se de fato escolheu essa *técnica* porque seu tema assim exigia. Para compreender o que Fedra não podia ser, é preciso recorrer a toda a antropologia. Para compreender aquilo que ela *é*, basta ler ou ouvir a tragédia, isto é, fazer-se liberdade pura e doar generosamente sua confiança a uma generosidade. Os exemplos que escolhemos nos serviram apenas para *situar*, em diferentes épocas, a liberdade do escritor, para esclarecer, pelos limites das exigências que lhe são feitas, os limites de seu apelo; para mostrar, pela ideia que o público tem do seu papel, os limites necessários da ideia que ele inventa da literatura. E se é verdade que a essência da obra literária é a liberdade que se descobre e deseja ser, totalmente, um apelo à liberdade dos outros homens, é verdade também que as diferentes formas da opressão, escondendo dos homens que eles são livres, ocultaram dos autores essa mesma essência, no todo ou em parte. Assim, as opiniões que estes formam sobre seu ofício são necessariamente trancadas; abrigam sempre alguma verdade, mas é uma verdade isolada e parcial que se torna erro se nos detivermos nela. O movimento social permite conceber as flutuações da ideia literária, se bem que cada obra particular supera, de certo modo, todas as concepções que possamos ter da arte, pois, em certo sentido, ela é sempre incondicionada, vem do nada e mantém o mundo em suspenso no nada. Além disso, como nossas descrições nos permitiram vislumbrar uma espécie de dialética da ideia de literatura, podemos, sem pretender de maneira alguma elaborar uma história das belas-letras, reconstituir o movimento dessa dialética nos últimos séculos, para descobrir no final, mesmo que como ideal, a essência pura da obra literária e, conjuntamente, o tipo de público – isto é, de sociedade – que ela exige.

Digo que a literatura de determinada época é alienada quando não atingiu a consciência explícita de sua autonomia e se submete aos poderes temporais ou a uma ideologia, isto é, quando considera a si mesma como meio e não como fim incondicionado. É provável, nesse caso, que as obras, em sua singularidade, ultrapassem essa sujeição, e cada uma delas contenha uma exigência incondicionada: mas é apenas de maneira implícita. Digo que uma literatura é abstrata quando ainda não adquiriu a visão plena de sua essência, quando estabeleceu apenas o princípio de sua autonomia formal e considera indiferente o tema da obra. Desse ponto de vista, o século XII nos oferece a imagem de uma literatura concreta e alienada. Concreta porque o fundo e a forma se confundem: só se aprende a escrever para escrever a respeito de Deus; o livro é o espelho do mundo, na medida em que o mundo é a sua obra; o livro é a criação inessencial, à margem de uma Criação maior; é louvor, exaltação, oferenda, puro reflexo. Assim sendo, a literatura cai na alienação; ou seja, como, de qualquer maneira, sendo a reflexividade do corpo social, a literatura permanece em estado de reflexividade não refletida: mediatiza o universo católico, mas, para o clérigo, prevalece seu sentido imediatista; ela recupera o mundo, mas mediante a perda de si mesma. Porém como a ideia reflexiva deve necessariamente se refletir, sob pena de anular-se juntamente com todo o universo refletido, os três exemplos que examinamos a seguir nos mostram um movimento de recuperação da literatura por si mesma, isto é, sua passagem do estado de reflexão irrefletida e imediata ao da mediação refletida. Concreta e alienada no início, a literatura se liberta pela negatividade e passa à abstração; mais exatamente, ela se torna, no século XVIII, a negatividade abstrata, antes de se tornar, no século XIX já declinante e em princípios do XX, a negação absoluta. No fim dessa evolução ela rompeu todos os vínculos com a sociedade; a literatura já não tem nem mesmo um público: "todos sabem", escreve Paulhan, "que em nossos dias há duas literaturas: a má, que é propriamente ilegível (e muito lida), e a boa, que não é lida". Mas até isso é um progresso: no final desse isolamento altivo, no final dessa recusa desdenhosa de toda eficácia, dá-se a destruição da literatura por si mesma: de início aquele terrível "isto não passa de literatura"; em seguida esse fenômeno literário que o mesmo Paulhan chama de terrorismo, nascido mais ou menos ao mesmo tempo em que a ideia de gratuidade parasitária e como antítese desta, que caminha ao longo de todo o século XIX, contraindo com ela mil casamentos irracionais, e que explode, enfim, pouco antes da Primeira Guerra. Terrorismo, ou melhor, o complexo terrorista, pois trata-se de um balaio de gatos, onde se poderia distinguir: 1º) uma aversão tão profunda do signo enquanto tal que leva a preferir, em cada caso, a coisa significada à palavra, o ato à fala, a palavra considerada como objeto à palavra-significação, isto é, no fundo, a poesia à prosa, a desordem espontânea à composição; 2º) um esforço para fazer da literatura uma expressão, entre outras, da vida, em vez de sacrificar a vida à literatura; 3º) uma crise da consciência moral do escritor, isto é, a dolorosa derrocada do parasitismo. Assim, sem que cogite um só instante em perder sua autonomia formal, a literatura se faz negação do formalismo e acaba por levantar a questão de seu conteúdo essencial. Hoje estamos além do terrorismo, e podemos nos valer de sua experiência e das análises precedentes para fixar os traços essenciais de uma literatura concreta e liberada.

Dissemos que o escritor se dirigia, em princípio, a todos os homens. Mas logo em seguida observamos que era lido somente por alguns. Da distância entre o público ideal e o público real nasceu a ideia de universalidade abstrata. Isso significa que o autor postula a perpétua repetição, num futuro indefinido, daquele punhado de leitores de que dispõe no presente. A glória literária se parece singularmente com o eterno retorno de Nietzsche: é uma luta contra a história; aqui como lá, o recurso à infinitude do tempo procura compensar o malogro no espaço (retorno ao infinito do "homem de bem", para o autor do século XVII; extensão ao infinito do clube de escritores e do público de especialistas, para o do século XIX). Mas, como é evidente que a projeção para o futuro do público real e presente tem como efeito perpetuar, ao menos na representação do escritor, a exclusão da maior parte dos homens; como, além disso, imaginar uma infinidade de leitores ainda por nascer equivale a prolongar o público efetivo por um público feito de homens apenas possíveis, a universalidade visada pela glória é parcial e abstrata. E como a escolha do público condiciona, em certa medida, a escolha do tema, a literatura que fez da glória sua meta e sua ideia reguladora também deve permanecer abstrata. Por universalidade concreta deve-se entender, ao contrário, a totalidade dos homens que vivem em determinada sociedade. Se o público do escritor pudesse se ampliar a ponto de abarcar essa totalidade, não resultaria daí que ele devesse necessariamente limitar ao tempo presente a ressonância de sua obra; mas à eternidade abstrata da glória, sonho impossível e oco de absoluto, ele oporia uma duração concreta e finita, determinada pela própria escolha de seus temas e que, longe de arrancá-lo da história, definiria sua situação no tempo social. De fato, todo projeto humano recorta certo futuro, por definição: se resolvo semear, projeto um ano inteiro de expectativa adiante de mim; se me caso, minha decisão subitamente faz ressaltar diante de mim minha vida inteira; se me lanço na política, hipoteco um futuro que se estenderá para além da minha morte. O mesmo ocorre com os escritos. A partir de hoje, sob a capa da imortalidade laureada que é de bom-tom almejar, descobrem-se pretensões mais modestas e mais concretas: *O silêncio do mar* induzia à recusa os franceses que o inimigo incitava a colaborar. Sua eficácia e, consequentemente, seu público em ato, não podiam estender-se para além do tempo da ocupação. Os livros de Richard Wright permanecerão vivos enquanto perdurar a questão negra nos Estados Unidos. É fora de questão, portanto, que o escritor renuncie à sobrevida; muito ao contrário, é ele que decide quanto a isso: enquanto agir, sobreviverá. Depois vem a honra ao mérito, a aposentadoria. Hoje, por querer escapar à história, ele começa a receber honrarias no dia seguinte ao da sua morte, às vezes até mesmo em vida.

Assim, o público concreto seria uma imensa interrogação feminina, a expectativa de uma sociedade inteira que o escritor teria de captar e satisfazer. Mas para isso seria preciso que esse público fosse livre para perguntar e o escritor fosse livre para responder. Isso significa que em caso algum as questões de um grupo ou de uma classe devem ocultar as dos outros meios; caso contrário, recairíamos no abstrato. Em suma, a literatura em ato só pode igualar-se à sua essência plena numa sociedade sem classes. Apenas nessa sociedade o escritor poderia perceber que não há diferença alguma entre seu *tema* e seu *público*. Pois o tema da literatura sempre foi o homem no mundo. Apenas ocorreu que, enquanto o público virtual permanecia como mar sombrio em torno da pequena praia luminosa do público real, o escritor corria o risco de confundir os interesses e as preocupações do homem com os de um pequeno grupo mais favorecido. Mas se o público se identificasse com o universal concreto, é realmente sobre a totalidade humana que o escritor deveria escrever. Não sobre o homem abstrato de todas as épocas e para um leitor sem data, mas sobre todo homem de sua época e para seus contemporâneos. Em consequência, a antinomia literária entre a subjetividade lírica e o testemunho objetivo ficaria superada. Engajado na mesma aventura que seus leitores e situado, como eles, numa coletividade sem divisões, o escritor, ao falar deles, falaria de si mesmo e, ao falar de si mesmo, falaria deles. Como não haveria mais nenhum orgulho aristocrático levando-o a negar que estivesse em situação, não procuraria mais pairar acima de seu tempo e dar testemunho dele perante a eternidade; mas como sua situação seria universal, ele exprimiria as esperanças e as cóleras de todos os homens e, assim, exprimiria a si mesmo por inteiro, isto é, não como criatura metafísica, à maneira do clérigo medieval, nem como animal psicológico, à moda dos nossos clássicos, nem mesmo como entidade social, mas como uma totalidade que emerge do mundo no vazio e encerra em si todas essas estruturas na unidade indissolúvel da condição humana; a literatura seria verdadeiramente antropológica, no sentido pleno do termo. Em tal sociedade, é evidente que não se encontraria nada que lembrasse, nem de longe, a separação entre o temporal e o espiritual. Vimos, com efeito, que essa divisão corresponde necessariamente a uma alienação do homem e, portanto, da literatura; nossas análises nos mostraram que a literatura sempre tende a opor às massas indiferenciadas um público de profissionais ou, ao menos, de amadores esclarecidos; ainda que reivindique o Bem e a Perfeição divina, o Belo e o Verdadeiro, o "intelectual" está sempre do lado dos opressores. Como cão de guarda ou bobo da corte: cabe a ele escolher. O Sr. Benda escolheu agitar os guizos; o Sr. Marcel, rastejar no canil; estavam em seu direito. Mas se a literatura, um dia, puder usufruir de sua essência, o escritor, sem classe, sem colégios, sem salões, sem excesso de honrarias, sem indignidade, será lançado no mundo, entre os homens, e a própria noção de "intelectualidade" parecerá inconcebível. O espiritual, aliás, sempre repousa sobre uma ideologia, e as ideologias são liberdade quando se fazem, opressão quando estão feitas: o escritor que chegou à plena consciência de si mesmo não se fará, portanto, conservador de nenhum herói espiritual, não conhecerá mais o movimento centrífugo pelo qual alguns de seus predecessores desviavam os olhos do mundo para contemplar no céu os valores estabelecidos: saberá que sua tarefa não é a adoração do espiritual, mas a espiritualização. Espiritualização, ou seja, resgate. E não há nada a espiritualizar, nada a resgatar, senão este mundo multicolorido e concreto, com seu peso, sua opacidade, suas zonas de generalidade e seu formigamento de histórias, esse Mal invencível que o corrói sem jamais conseguir aniquilá-lo. O escritor o resgatará tal qual é, totalmente cru, suado, fedido, cotidiano, para apresentá-lo a liberdades, sobre o fundamento de uma liberdade. A literatura, nessa sociedade sem classes, seria portanto o mundo presente para si mesmo, em suspenso num ato livre e se oferecendo ao livre julgamento de todos os homens, a presença para si reflexiva de uma sociedade sem classes; é pelo livro que os membros dessa sociedade poderiam, a cada momento, situar-se, enxergar-se e enxergar sua situação. Mas como o retrato compromete o modelo, como a simples apresentação já é princípio de mudança, como a obra de arte, tomada na totalidade de suas exigências, não é simples descrição do presente, mas julgamento desse presente em nome de um futuro, como todo livro, enfim, envolve um apelo, essa presença para si já é uma superação de si. O universo não é contestado em nome do simples consumo, mas em nome das esperanças e dos sofrimentos dos que o habitam. Assim, a literatura concreta será síntese da Negatividade, enquanto poder de afastamento em relação ao dado, com o Projeto, enquanto esboço de uma ordem futura; será a Festa, espelho de chamas a queimar tudo o que nele se reflete, e generosidade, isto é, a livre invenção, o dom. Mas se ela deve poder aliar esses dois aspectos complementares da liberdade, não basta conceder ao escritor a liberdade de dizer tudo: é preciso que ele escreva para um público que tenha a liberdade de mudar tudo, o que significa, além da supressão das classes, a abolição de toda ditadura, a permanente renovação dos quadros dirigentes, a contínua derrubada da ordem, que sempre tende a se imobilizar. Em suma, a literatura é, por essência, a subjetividade de uma sociedade em revolução permanente. Em tal sociedade ela superaria a antinomia entre palavra e ação. Decerto, em nenhum caso ela seria assimilável a um ato: é falso que o autor *aja* sobre os leitores, ele apenas faz um apelo à liberdade deles, e para que suas obras surtam algum efeito, é preciso que o público as assuma por meio de uma decisão incondicionada. Mas numa coletividade que se retoma sem cessar, que se julga e se metamorfoseia, a obra escrita pode ser condição essencial da ação, ou seja, o momento da consciência reflexiva.

Assim, numa sociedade sem classes, sem ditadura e sem estabilidade, a literatura completaria a tomada de consciência de si mesma: compreenderia que forma e fundo, público e tema são idênticos, que a liberdade formal de dizer e a liberdade material de fazer se completam, e que se deve utilizar uma para exigir a outra; compreenderia que a literatura manifesta tanto melhor a subjetividade do indivíduo quanto mais profundamente traduz as exigências coletivas, e reciprocamente; que sua função é exprimir o universal concreto para o universal concreto, e sua finalidade é apelar à liberdade dos homens para que realizem e mantenham o reino da liberdade humana. É claro que se trata de uma utopia: é possível conceber essa sociedade, mas não dispomos de nenhum meio prático para realizá-la. Mas a utopia nos permitiu vislumbrar em que condições a ideia de literatura poderia manifestar-se em sua plenitude e em sua pureza. Tais condições, sem dúvida, não são preenchidas hoje; e é hoje que é preciso escrever. Mas se a dialética da literatura foi desenvolvida até o ponto em que pudemos vislumbrar a essência da prosa e dos textos, talvez possamos tentar responder, agora, à única questão premente: Qual é a situação do escritor em 1947, qual é o seu público, quais são os seus mitos, sobre o que ele pode, quer e deve escrever?

# IV
# Situação do escritor
# em 1947

Falo do escritor francês, o único que se manteve burguês, o único que deve acomodar-se a uma língua que foi quebrada, vulgarizada, amolecida por cento e cinquenta anos de dominação burguesa, recheada de "burguesismos" que parecem pequenos suspiros de satisfação e abandono. O americano, antes de escrever livros, com frequência exerceu ofícios manuais, e retorna a eles; entre dois romances, sua vocação se manifesta no rancho, na oficina, nas ruas da cidade; não vê na literatura um meio de proclamar sua solidão, mas uma ocasião de escapar dela; escreve cegamente, movido por uma necessidade absurda de se livrar de seus medos e de suas cóleras, um pouco como uma fazendeira do Meio-Oeste escreve aos locutores de uma rádio nova-iorquina para explicar seu coração; aspira menos à glória do que à fraternidade; não é contra a tradição, mas pela falta de uma tradição que ele inventa seu modo, e suas audácias mais extremadas não passam, em certos aspectos, de ingenuidades. A seus olhos o mundo é novo, tudo está por dizer, ninguém antes dele falou do céu nem dos campos de trigo. Raramente aparece em Nova York e, se passa por lá, é às pressas, ou então, como Steinbeck, trancando-se três meses para escrever, e ei-lo quite por um ano; um ano que ele passará nas estradas, nas construções ou nos bares; é verdade que pertence a "grêmios" e "associações", mas apenas para defender seus interesses materiais: não tem solidariedade para com os outros escritores, muitas vezes está separado deles pelas dimensões do continente[1]; nada está mais distante dele do que a ideia de colegiado, ou de "intelectualidade"; festejam-no por algum tempo, depois o abandonam, esquecem-no; reaparece então com um novo livro para fazer um novo mergulho[2]; assim, ao sabor de vinte glórias efêmeras e vinte desaparições, flutua continuamente entre esse mundo operário, onde vai buscar suas aventuras, e seus leitores de classe média (não ouso chamá-los de burgueses, pois duvido que exista uma burguesia nos Estados Unidos), tão duros, tão brutais, tão jovens, tão perdidos, e que amanhã darão aquele mesmo mergulho. Na Inglaterra os intelectuais são menos integrados do que nós na coletividade; formam uma casta excêntrica e um pouco rabugenta, sem muito contato com o resto da população. É que não tiveram a mesma sorte que nós: visto que nossos longínquos predecessores, que nós já nem merecemos, prepararam a Revolução, a classe que hoje está no poder, depois de um século e meio, ainda nos dá a honra de nos temer um pouco (muito pouco); ela nos administra; nossos confrades de Londres, que não têm essas lembranças gloriosas, não metem medo em ninguém, são considerados perfeitamente inofensivos; além disso, a vida dos *clubs* não se presta tanto a difundir sua influência como a vida dos salões se prestou a difundir a nossa: entre eles, quando se respeitam, os homens falam de negócios, de política, de mulheres ou de cavalos, nunca de literatura, ao passo que nossas anfitriãs, que praticavam a leitura como arte recreativa, facilitaram, com suas recepções, a aproximação entre políticos, financistas, generais e literatos. Os escritores ingleses se ocupam em fazer da necessidade uma virtude, e exagerando a singularidade de seus hábitos, tentam assumir como opção livre o isolamento que lhes foi imposto pela estrutura de sua sociedade. Mesmo na Itália, onde a burguesia, que nunca foi muito levada em conta e está arruinada pelo fascismo e pela derrota, a condição do escritor, padecendo necessidades, mal pago, alojado em palácios desmantelados, demasiado vastos e grandiosos para que se possa aquecê-los ou mesmo mobiliá-los, às voltas com uma língua principesca, muito pomposa para ser manejável, está muito distante da nossa.

Somos, portanto, os escritores mais burgueses do mundo. Bem-alojados, decentemente vestidos, menos bem-alimentados, talvez: mas até isso é significativo, pois o burguês gasta proporcionalmente menos que o operário com a alimentação; muito mais com roupas e habitação. Todos nós, aliás, imbuídos da cultura burguesa: na França, onde o bacharelado é um diploma de burguesia, não se admite que alguém tenha o projeto de escrever sem ser ao menos bacharel. Noutros países, possessos de olhos vidrados agitam-se e refugam sob o domínio de uma ideia que os agarrou pelas costas e que nunca chegam a ver de frente; no fim, depois de tentar de tudo, procuram despejar sua obsessão no papel e deixá-la secar com a tinta. Mas nós, bem antes de começarmos nosso primeiro romance, já tínhamos o hábito da literatura; parecia-nos natural que os livros crescessem numa sociedade civilizada, como as árvores num jardim; foi por muito amar Racine e Verlaine que descobrimos em nós, aos quatorze anos, na sessão noturna de estudos ou no pátio do liceu, uma vocação de escritor; antes mesmo de nos envolvermos com alguma obra em execução, esse monstro tão sem graça, tão pegajoso com todos os nossos sumos, tão casual, estávamos nos alimentando da literatura já feita, e pensávamos ingenuamente que nossos futuros escritos sairiam de nossos espíritos no estado de acabamento em que encontrávamos os escritos alheios, com a chancela do reconhecimento coletivo e aquela pompa que vem da consagração secular; em suma, como bens nacionais. Para nós a última transformação de um poema, seu retoque derradeiro antes de ingressar na eternidade, era – depois de ter sido publicado em magníficas edições ilustradas, depois de acabar impresso em caracteres diminutos num volume encadernado com dorso de pano verde, cujo cheiro branco de serragem e tinta nos parecia o próprio perfume das Musas – comover os filhos sonhadores, com os dedos manchados de tinta, da burguesia futura. O próprio Breton, que queria atear fogo à cultura, levou seu primeiro choque literário na sala de aula, no dia em que seu professor leu-lhe Mallarmé; em suma, por muito tempo acreditamos que a finalidade derradeira das nossas obras era fornecer material para a "interpretação de texto" das aulas de francês em 1980. Em seguida, bastaram cinco anos, após nosso primeiro livro, para podermos apertar a mão de todos os nossos confrades. A centralização nos reuniu a todos em Paris; com um pouco de sorte, um americano apressado pode encontrar todos nós em vinte e quatro horas, conhecer em vinte e quatro horas nossas opiniões sobre a Unrra\*, a ONU, a Unesco, o caso Miller, a bomba atômica; em vinte e quatro horas um ciclista bem-treinado pode entregar a domicílio, de Aragon a Mauriac, de Vercors a Cocteau, passando por Breton em Montmartre, Queneau em Neuilly e Billy em Fontainebleau, levando em conta os escrúpulos e casos de consciência que fazem parte de nossas obrigações profissionais, um desses manifestos, abaixo-assinados ou protestos a favor ou contra a devolução de Trieste a Tito, a anexação do território do Sarre ou a utilização das V3 na futura guerra, pelos quais gostamos de marcar nossa posição como homens deste século; em vinte e quatro horas, sem precisar de ciclista, um mexerico percorre todo o nosso círculo de escritores e volta, amplificado, àquele que o lançou. Encontram-nos todos juntos – ou quase – em certos cafés, nos concertos da *Pléiade* e, em certas circunstâncias propriamente literárias, na embaixada da Inglaterra. De tempos em tempos um de nós, estafado, anuncia que vai partir para o campo; vamos todos despedir-nos, dizemos-lhe que essa é mesmo a melhor decisão, que é realmente impossível escrever em Paris, e o acompanhamos com nossa inveja e nossos melhores votos: quanto a nós, uma velha mãe, uma jovem amante, uma tarefa urgente nos prendem à cidade. Ele parte, com os repórteres do *Samedi-soir* que vão fotografar seu retiro, fica entediado e volta. "No fundo", diz ele, "só existe Paris". É em Paris que os escritores de província, quando bem-nascidos, se instalam para praticar o regionalismo; foi em Paris que os representantes qualificados da literatura norte-africana resolveram expressar sua nostalgia da Argélia. Nosso caminho está traçado; para o irlandês de Chicago, obsidiado, que de repente, e como último recurso, decide escrever, a vida nova que aborda é uma coisa intimidante e sem ponto de comparação, é um bloco de mármore escuro que levará muito tempo para desbastar; mas nós conhecemos desde a adolescência os traços memoráveis e edificantes das grandes existências; aprendemos desde o colégio, ainda que nosso pai não desaprovasse nossa vocação, como se responde aos pais recalcitrantes, qual o período de tempo razoável em que o autor de gênio deve permanecer desconhecido, em que idade é normal que seja coroado de glória, quantas mulheres deve ter e quantos amores infelizes, se é desejável que intervenha na política e em que momento: tudo está escrito nos livros, basta fazer bem as contas; desde o início do século, Romain Rolland já demonstrou em *Jean-Christophe* que se pode obter uma personagem bastante verossímil combinando características de alguns músicos célebres. Mas podemos traçar outros planos: não há mal em começar a vida como Rimbaud, iniciar lá pelos trinta anos um retorno goethiano à ordem, e aos cinquenta lançar-se, como Zola, num debate público. Depois disso pode-se escolher a morte de Nerval, a de Byron ou a de Shelley. Naturalmente, não se trata de *realizar* cada episódio com toda a sua violência, mas, antes, de *indicá-lo*, do mesmo modo como um costureiro sério indica a moda sem servilismo. Sei de muitos entre nós, e não dos menores, que tomaram assim a precaução de dar à sua vida uma aparência e um ar ao mesmo tempo típicos e exemplares, a fim de que seu gênio, caso ficasse duvidoso em seus livros, explodisse ao menos em seus hábitos. Graças a esses modelos, a essas receitas, a carreira de escritor nos apareceu desde a infância como um ofício magnífico, mas sem surpresas, no qual se avança em parte graças ao mérito, em parte graças à Antiguidade. Assim somos nós. Aliás, santos, heróis, místicos, aventureiros, descobridores de águas, feiticeiros, anjos, magos, carrascos, vítimas, como queiram. Mas acima de tudo burgueses: não há vergonha em confessá-lo. E diferimos uns dos outros somente pelo modo como cada um assume essa condição comum.

De fato, se se quisesse fazer um quadro da literatura contemporânea, não haveria mal em distinguir três gerações. A primeira é a dos autores que começaram a produzir antes da Guerra de 1914. Terminaram sua carreira nos dias de hoje e os livros que ainda venham a escrever, mesmo que sejam obras-primas, nada poderão acrescentar à sua glória; mas ainda vivem, pensam, julgam, e sua presença determina correntes literárias menores, que é preciso levar em conta. No essencial, parecem-me ter realizado, em suas pessoas e em suas obras, o esboço de uma reconciliação entre a literatura e o público burguês. Cabe observar que a maioria tirava seu sustento de fontes muito diferentes da venda de seus escritos. Gide e Mauriac possuem terras, Proust vivia de rendas, Maurois vem de uma família de industriais; outros chegaram à literatura através das profissões liberais: Duhamel era médico, Romains, professor universitário, Claudel e Giraudoux são diplomatas. É que a literatura, salvo no caso de um êxito suspeito, não dava sustento a ninguém na época em que começaram a escrever: assim como a política na Terceira República, ela só pode ser uma ocupação "marginal", ainda que acabe se tornando o principal interesse de quem a exerce. Assim, de modo geral, os literatos provêm do mesmo meio que os políticos; Jaurès e Péguy saíram da mesma escola, Blum e Proust escreviam nas mesmas revistas, Barrès administra ao mesmo tempo suas campanhas literárias e suas campanhas eleitorais. Em consequência, o escritor não pode mais considerar-se um puro consumidor; ele dirige a produção ou preside à repartição dos bens, ou ainda é funcionário, tem deveres para com o Estado; em suma, quase toda a sua pessoa está integrada à burguesia; seu comportamento, suas relações profissionais, suas obrigações, suas preocupações são burguesas; ele vende, compra, manda, obedece, entrou no círculo encantado da cortesia e das cerimônias. Certos escritores dessa época têm uma sólida reputação de avareza, desmentida pelos apelos à prodigalidade que lançavam em seus escritos. Não sei se essa reputação é justificada, mas ela prova, ao menos, que eles conheciam o valor do dinheiro: o divórcio que assinalamos entre o autor e seu público está, a essa altura, no próprio coração do escritor. Vinte anos depois do simbolismo, ele ainda não perdeu a consciência da gratuidade absoluta da arte; mas, ao mesmo tempo, engajou-se no ciclo utilitário dos meios-fins e dos fins-meios. Produtor e destruidor ao mesmo tempo. Dividido entre o espírito de seriedade que é bem necessário demonstrar em Cuverville, em Frontenac, em Elbeuf, ou ao representar a França na Casa Branca, e o espírito de contestação e de festa, que ele reencontra assim que se senta diante da página em branco; incapaz de abraçar sem reservas a ideologia burguesa, bem como de condenar sem apelação a classe a que pertence. O que vai socorrê-lo nesse embaraço é que a própria burguesia mudou: não é mais aquela feroz classe ascendente cuja única preocupação é a poupança e o acúmulo de bens. Os filhos e netos dos camponeses que subiram na vida, dos lojistas enriquecidos, já nasceram com fortuna, aprenderam a arte de gastar; a ideologia utilitarista, sem desaparecer em absoluto, é relegada à sombra; cem anos de reinado ininterrupto criaram tradições; a infância burguesa, passada na grande casa de campo, no castelo comprado de um nobre arruinado, ganhou profundidade poética; os *men of property*, satisfeitos, recorrem com menos frequência ao espírito de análise; por sua vez, esperam que o espírito de síntese fundamente seu direito de governar: um vínculo sintético – e portanto poético – se estabelece entre o proprietário e a coisa possuída. Barrès já demonstrou: o burguês e seus bens são uma coisa só; quando está no campo, em suas terras, algo se incorpora nele da suave ondulação dos vales, do tremular prateado dos álamos, da misteriosa e lenta fecundidade do solo, da agitação rápida e caprichosa dos céus: assimilando o mundo, ele lhe assimila a profundidade; sua alma, daí por diante, passa a ter subsolos, minas, jazidas auríferas, filões, lençóis subterrâneos de petróleo. Assim comprometido, o escritor tem seu caminho traçado: para salvar a si mesmo, salvará a burguesia, em profundidade. É certo que não servirá à ideologia utilitarista; será dela, se necessário, um crítico severo, mas descobrirá nos delicados desvãos da alma burguesa toda a gratuidade, toda a espiritualidade de que necessita para exercer sua arte com a consciência tranquila; a aristocracia simbólica, por ele conquistada no século XIX, ele irá estender a toda a burguesia, em lugar de reservá-la apenas para si e seus confrades. Por volta de 1850, um escritor americano mostra num romance um velho coronel sentado numa barcaça no Mississipi, tentado, por um momento, a interrogar-se sobre as profundezas mais recônditas da alma dos passageiros em seu redor. Mas afasta logo essa preocupação, dizendo-se mais ou menos o seguinte: "Não é bom que o homem penetre tão fundo em si mesmo". Essa foi a reação das primeiras gerações burguesas. Na França, por volta de 1900, o processo se inverteu: entendeu-se que é possível encontrar a marca de Deus nos corações, desde que se sonde com suficiente profundidade. Estaunié fala das vidas secretas: o carteiro, o mestre ferreiro, o engenheiro, o secretário do tesouro têm suas festas noturnas e solitárias, e em suas profundezas habitam paixões devoradoras, incêndios suntuosos; na esteira desse autor, e de uma centena de outros, aprenderemos a reconhecer na filatelia, na numismática toda a nostalgia do além, toda a insatisfação baudelairiana. Pois, pergunto eu, por que gastar tempo e dinheiro na aquisição de medalhas, se não se renunciou à amizade dos homens, ao amor das mulheres e ao poder? E o que pode haver de mais gratuito que uma coleção de selos? Nem todo mundo pode ser um Da Vinci ou um Michelangelo; mas esses selos inúteis colados na cartolina cor-de-rosa de um álbum são uma homenagem comovente às nove musas, são a própria essência do consumo destruidor. Outros distinguirão no amor burguês um apelo desesperado que se eleva a Deus: O que pode haver de mais desinteressado, de mais pungente que um adultério? E esse gosto de cinzas que se sente na boca depois do coito, não é a própria negatividade, a contestação de todos os prazeres? Outros irão ainda mais longe: não é nas fraquezas do burguês, mas sim nas suas virtudes, que se pode descobrir um grão divino de loucura. Na vida oprimida e sem esperança de uma mãe de família se revela uma obstinação tão absurda e tão altiva que, em comparação, todas as extravagâncias surrealistas parecerão mostras de bom-senso. Um jovem autor que sofria a influência desses mestres sem pertencer à mesma geração, e mais tarde mudou de ideia, se é que posso julgar por sua conduta, me disse um dia: "Que aposta mais insensata é a fidelidade conjugal! Pois não é desafiar o diabo e o próprio Deus? Você conhece alguma blasfêmia mais louca e mais magnífica?" Percebe-se a astúcia: derrotar os grandes destruidores em seu próprio terreno. Você me cita Don Juan, eu respondo com Orgon: há mais generosidade, mais cinismo e mais desespero em sustentar uma família do que em seduzir mil e uma mulheres. Você lembra Rimbaud, eu lhe devolvo Chrysale: há mais orgulho e satanismo em supor que a cadeira que se vê é uma cadeira do que em praticar o desregramento sistemático de todos os sentidos. E, sem dúvida, a cadeira que se oferece à nossa percepção é apenas provável; para afirmar que se trata de uma cadeira, é preciso dar um salto ao infinito e admitir uma infinidade de representações concordantes. Sem dúvida, também o juramento de amor conjugal implica um futuro virgem; o sofisma começa quando se apresentam essas induções necessárias e, por assim dizer, naturais, que o homem faz contra o tempo e para garantir sua tranquilidade, como se fossem os desafios mais audaciosos, as contestações mais desesperadas. Seja como for, é por aí que os escritores de que falo estabeleceram sua reputação. Dirigiram-se a uma nova geração e lhe explicaram que havia estrita equivalência entre a produção e o consumo, entre a construção e a destruição; demonstraram que a ordem era uma festa permanente, e a desordem, a mais tediosa monotonia; descobriram a poesia da vida cotidiana, tornaram atraente a virtude, até mesmo inquietante; pintaram a epopeia burguesa em longos romances cheios de sorrisos misteriosos e perturbadores. É tudo o que lhes pediam seus leitores: desde que se pratique a honestidade por interesse, a virtude por pusilanimidade e a fidelidade por hábito, é agradável ouvir dizer que nossa audácia supera a de um sedutor profissional ou a de um assaltante de estradas. Por volta de 1924, conheci um jovem de boa família, fanático por literatura e especialmente pelos autores contemporâneos. Foi bem desmiolado quando lhe convinha, empanturrou-se da poesia dos bares quando ela estava na moda, exibiu escandalosamente uma amante, até que, após a morte do pai, reassumiu comportadamente a fábrica da família e retomou o caminho do bem. Casou-se depois com uma rica herdeira e não a trai, a não ser em viagem e às pressas; em suma, é o mais fiel dos maridos. Quando estava para se casar, extraiu de suas leituras a fórmula que deveria justificar sua vida. "É preciso", escreveu-me um dia, "fazer como todo mundo e não ser como ninguém". Há muita profundidade nessa frase tão simples. Pode-se imaginar que eu a considero como a mais abjeta canalhice e a justificação de toda má-fé. Mas ela resume bem, creio, a moral que nossos autores venderam a seu público. Com ela, justificam em primeiro lugar a si próprios: é preciso fazer como todo mundo, ou seja, vender o tecido de Elbeuf ou o vinho de Bordeaux segundo as regras vigentes, casar-se com uma mulher que traga um bom dote, frequentar a casa dos pais, dos sogros, dos amigos dos sogros; por outro lado, é preciso não ser como ninguém, isto é, salvar a própria alma e a da família por meio de belos escritos, ao mesmo tempo destruidores e reverentes. Designarei o conjunto dessas obras como literatura de álibi. Ela suplantou rapidamente a dos escritores assalariados: desde antes da Primeira Guerra as classes dirigentes tinham mais necessidade de álibis do que de homenagens. O maravilhoso de Alain-Fournier era um álibi: toda uma linhagem de literatura mirabolante burguesa se originou dele; em cada caso tratava-se de conduzir, por aproximações, cada leitor até aquele ponto obscuro da alma mais burguesa, onde todos os sonhos se juntam e se fundem num desejo desesperado do impossível, onde todos os eventos da existência mais cotidiana são vividos como símbolos, onde o real é devorado pelo imaginário, onde o homem inteiro é apenas uma divina ausência. Já foi motivo de espanto que Arland tenha escrito *Terras estrangeiras* e também *A ordem*, mas não há razão: a insatisfação tão nobre de seus primeiros heróis só tem sentido quando experimentada no seio de uma ordem rigorosa; não se trata, em absoluto, de revoltar-se contra o casamento, as profissões, a disciplina social, mas sim de superar essas coisas sutilmente por uma nostalgia que nada pode saciar, pois no fundo não é desejo de nada. Assim, a ordem existe apenas para ser transcendida, mas é preciso que exista; ei-la justificada e solidamente restabelecida: certamente vale mais contestá-la por uma sonhadora melancolia do que subvertê-la pelas armas. Digo o mesmo a respeito da inquietude de Gide, que mais tarde se transformou em desavoramento; a respeito do pecado de Mauriac, lugar vazio de Deus: trata-se sempre de colocar a vida cotidiana entre parênteses e vivê-la minuciosamente, mas sem sujar as mãos; trata-se sempre de provar que o homem vale mais do que a vida que leva, que o amor é muito mais que amor, e o burguês muito mais que burguês. Nos grandes autores, sem dúvida, há outra coisa. Em Gide, em Claudel, em Proust, encontra-se uma experiência humana, mil caminhos. Mas minha intenção não foi pintar o quadro de toda uma época: o que tinha em mente era mostrar um clima e isolar um mito[3].

A segunda geração chegou à idade adulta depois de 1918. É claro que esta é uma classificação muito genérica, pois nela convém incluir Cocteau, que estreou antes da guerra, ao passo que Marcel Arland, cujo primeiro livro, que eu saiba, não é anterior ao armistício, tem fortes afinidades com os escritores de que acabamos de falar. O evidente absurdo de uma guerra cujas verdadeiras causas levamos trinta anos para descobrir traz o retorno do espírito de Negatividade. Não me alongarei sobre esse período, que Thibaudet tão acertadamente designou como "de descompressão". Foi uma queima de fogos; hoje que tudo já terminou, já se escreveu tanto sobre ela que temos a impressão de que sabemos tudo a seu respeito. É preciso notar que o mais magnífico desses rojões, o surrealismo, reata com as tradições destruidoras do escritor-consumidor. Esses jovens burgueses turbulentos querem arruinar a cultura porque nela foram cultivados; seu maior inimigo continua sendo o filisteu de Heine, o Prudhomme de Monnier, o burguês de Flaubert, em suma, o papai. Porém as violências dos anos anteriores os levaram ao radicalismo. Enquanto seus predecessores se limitavam a combater pelo consumo a ideologia utilitária da burguesia, os surrealistas identificam mais profundamente a busca do útil com o projeto humano, isto é, com a vida consciente e voluntária. A consciência é burguesa, o Eu é burguês: a Negatividade deve exercer-se em primeiro lugar sobre essa Natureza que não passa, como diz Pascal, de um primeiro hábito. Trata-se de aniquilar, antes de mais nada, as distinções herdadas entre a vida consciente e a inconsciente, entre o sonho e a vigília. Isso significa dissolver a subjetividade. De fato, existe o subjetivo quando reconhecemos que nossos pensamentos, nossas emoções, nossas vontades vêm de nós, no momento em que aparecem, e quando julgamos que é certo que elas nos pertencem e, ao mesmo tempo, apenas provável que o mundo exterior se regule por elas. O surrealista encheu-se de ódio por essa humilde certeza sobre a qual o estoico fundava sua moral. Ela lhe desagrada, ao mesmo tempo pelos limites que nos coloca e pelas responsabilidades que nos atribui. Todos os meios lhe parecem válidos para escapar à consciência de si mesmo e, em consequência, de sua situação no mundo. Adota a psicanálise porque esta apresenta a consciência como invadida por excrescências parasitárias cuja origem está noutro lugar: repele a "ideia burguesa" de trabalho porque o trabalho implica conjecturas, hipóteses e projetos, portanto um permanente recurso ao subjetivo; a escrita automática é, antes de mais nada, a destruição da subjetividade: quando a praticamos, somos atravessados espasmodicamente por coágulos que nos dilaceram, cuja proveniência ignoramos, que não chegamos a conhecer até que tenham tomado seu lugar no mundo dos objetos, que é preciso apreender, então, com olhos de estranho. Não se trata, pois, como já disse com demasiada frequência, de substituir a consciência pela subjetividade inconsciente, mas sim de mostrar o sujeito como engodo inconsistente em meio ao universo objetivo. Mas a segunda providência do surrealista é destruir também a objetividade. Trata-se de explodir o mundo, mas como não haveria dinamite suficiente, e como, por outro lado, uma destruição *real* da totalidade dos existentes é impossível, pois simplesmente faria passar essa totalidade de um estado *real* para outro estado *real*, é melhor concentrar esforços em desintegrar objetos particulares, isto é, anular, nesses objetos-testemunhas, a própria estrutura da objetividade. É uma operação que, evidentemente, não se pode tentar sobre os existentes *reais* e já dados, com sua essência indeformável. Assim, serão produzidos objetos imaginários, construídos de tal modo que sua objetividade se suprima a si mesma. O esquema elementar desse processo nos é dado por aqueles falsos torrões de açúcar que Duchamp esculpia em mármore, e que subitamente revelavam ter um peso insuspeitado. O visitante que os sopesava deveria sentir, numa iluminação fulgurante e instantânea, a destruição da essência objetiva do açúcar por si mesma; era preciso causar-lhe essa decepção do ser inteiro, esse mal-estar, essa sensação de desequilíbrio que dão, por exemplo, as brincadeiras "pega-trouxas", quando a colher se desmancha bruscamente na xícara de chá, quando o torrão de açúcar (simulacro inverso ao construído por Duchamp) volta à superfície e flutua. Graças a essa intuição, espera-se que o mundo inteiro se descobrirá como contradição radical. A pintura e a escultura surrealistas têm por único fim multiplicar essas explosões locais e imaginárias que são como ralos pelos quais o universo inteiro vai se escoar. O método paranoico-crítico de Dalí é apenas um aperfeiçoamento e uma complicação dessa técnica; por fim, esse método também se apresenta como esforço para "contribuir para o descrédito total do mundo da realidade". A literatura se empenhará em impor o mesmo destino à linguagem, destruindo-a pela imbricação de palavras. Assim, o açúcar remete ao mármore e o mármore ao açúcar, o relógio derretido contesta a si mesmo por sua moleza; o objetivo se destrói e remete de repente ao subjetivo, uma vez que se desqualifica a realidade e tem-se o prazer de "considerar as próprias imagens do mundo exterior como instáveis e transitórias" e "colocá-las a serviço da realidade do nosso espírito". Mas o subjetivo, por sua vez, também desmorona e deixa aparecer atrás de si uma misteriosa objetividade. Tudo isso sem que uma só destruição real tenha sido sequer iniciada. Bem ao contrário: por meio da anulação simbólica do Eu pelos sonhos e pela escrita automática, da anulação simbólica dos objetos pela produção de objetividades evanescentes, da anulação simbólica da linguagem pela produção de sentidos aberrantes, da destruição da pintura pela pintura e da literatura pela literatura, o surrealismo tenta alcançar esse curioso propósito de realizar o nada pelo excesso de ser. É sempre criando, isto é, acrescentando quadros aos quadros já existentes e livros aos livros já editados, que ele destrói. Daí a ambivalência de suas obras: cada uma pode passar por invenção bárbara e magnífica de uma forma, de um ser desconhecido, de uma frase inaudita e tornar-se, como tal, uma contribuição voluntária à cultura; e como cada uma delas é um projeto de anular todo o real, anulando-se com ele, o Nada cintila em sua superfície, um Nada que é apenas o borboletear sem fim dos contraditórios. E o *espírito* que os surrealistas querem atingir sobre as ruínas da subjetividade, esse espírito que só se pode vislumbrar sobre a acumulação de objetos autodestrutivos, também ele cintila e borboleteia na anulação recíproca e estática das coisas. Não é nem a Negatividade hegeliana, nem a Negação hipostasiada, nem mesmo o Nada, ainda que se aproxime dele: é melhor chamá-lo de *Impossível*, ou, se se preferir, de ponto imaginário onde se confundem o sonho e a vigília, o real e o fictício, o objetivo e o subjetivo. Confusão e não síntese, pois a síntese apareceria como existência articulada, dominando e governando suas contradições internas. Mas o surrealismo não deseja a aparição dessa novidade, que também seria necessário contestar. O que ele quer é manter-se na enervante tensão provocada pela procura de uma intuição irrealizável. Rimbaud, ao menos, queria ver um salão num lago. Já o surrealista quer estar permanentemente a ponto de ver o lago e o salão, mas se porventura os encontra, fica aborrecido ou então sente medo e vai deitar-se, venezianas fechadas. Para concluir, pinta muito e gasta muito papel, mas nunca destrói verdadeiramente coisa alguma. Aliás, Breton o reconheceu em 1925, quando escreveu: "A realidade imediata da revolução surrealista não consiste tanto em mudar o que quer que seja na ordem física e aparente das coisas, como em criar um movimento nos espíritos". A destruição do universo é objeto de um empreendimento subjetivo muito semelhante àquilo que sempre se chamou de conversão filosófica. Esse mundo, permanentemente anulado sem que se toque num só grão de seus trigais ou de suas areias, numa só pluma de seus pássaros, é simplesmente *colocado entre parênteses*. Ainda não se percebeu bem que as construções, os quadros, os poemas-objetos do surrealismo são a realização manual das aporias pelas quais os céticos do século III a.C. justificavam sua perpétua *epoché*. Depois do que, certos de não se comprometerem por uma adesão imprudente, Carneades e Fílon viviam como todo mundo. O mesmo acontece com os surrealistas: uma vez destruído o mundo, e milagrosamente conservado pela sua destruição, podem entregar-se sem nenhuma vergonha a seu imenso amor pelo mundo. Esse mundo, o mundo de todos os dias, com suas árvores e seus telhados, suas mulheres, suas conchas, suas flores, mas habitado pelo impossível e pelo nada, é o que se designa como o maravilhoso do surrealismo. Não posso impedir-me de pensar nesta outra colocação entre parênteses pela qual os escritores alinhados da geração precedente destruíam a vida burguesa e a conservavam com todos os seus matizes. Esse maravilhoso surrealista não será o mesmo de *O grande Meaulnes*, só que *radicalizado*? Sem dúvida a paixão aqui é sincera, bem como o ódio e a repulsa pela classe burguesa. O fato é que a situação não mudou: é preciso salvar-se sem fazer estrago – ou por meio de um estrago simbólico –, limpar-se da mácula original sem renunciar às vantagens de sua posição.

O fundo da questão é que é preciso, mais uma vez, encontrar para si um refúgio seguro. Os surrealistas, mais ambiciosos do que seus pais, contam com a destruição radical e metafísica que empreendem para conferir-lhes uma dignidade mil vezes superior à da aristocracia parasitária. Não se trata mais de evadir-se da classe burguesa: é preciso saltar fora da condição humana. O que esses filhos de boas famílias querem dilapidar não é o patrimônio familiar:

é o mundo. Voltaram ao parasitismo como a um mal menor, todos abandonando, de comum acordo, estudos e profissões, mas nunca lhes bastou serem parasitas da burguesia: ambicionaram ser parasitas da espécie humana. Por mais metafísica que tenha sido sua mudança de classe, é claro que foi feita em direção ao alto, e que suas preocupações lhes proibiam rigorosamente de encontrar um público na classe operária. Breton escreveu certa vez: "Transformar o mundo, disse Marx. Mudar a vida, disse Rimbaud. Essas duas palavras de ordem para nós são uma só". Isso bastaria para denunciar o intelectual burguês. Pois trata-se de saber qual das mudanças precede a outra. Para o militante marxista, não há dúvida de que só a transformação social pode permitir modificações radicais do sentimento e do pensamento. Se Breton acredita poder levar avante suas experiências interiores à margem da atividade revolucionária, e paralelamente a ela, está condenado de antemão; pois isso equivaleria a dizer que a libertação do espírito é concebível nos grilhões, ao menos para certas pessoas e, em consequência, para tornar a revolução menos urgente. É a própria traição que os revolucionários de todos os tempos censuraram em Epicteto e, ainda ontem, Politzer censurou em Bergson. E se alguém afirmar que Breton pretendia, nesse texto, anunciar uma metamorfose progressiva e conexa do estado social e da vida íntima, responderei citando esta outra passagem: "Tudo leva a crer que existe certo ponto do espírito de onde a vida e a morte, o real e o imaginário, o passado e o futuro, o comunicável e o incomunicável, o alto e o baixo deixam de ser percebidos contraditoriamente... É em vão que se procurará na atividade surrealista outro móvel que não a esperança de determinar esse ponto". Isso não é proclamar seu divórcio com o público operário, muito mais que com o público burguês? Pois o proletariado engajado na luta tem de distinguir a cada instante, para levar a bom termo seu empreendimento, o passado do futuro, o real do imaginário e a vida da morte. Não foi por acaso que Breton citou esses contrários: todos são categorias da ação; a ação revolucionária, mais que qualquer outra, tem necessidade delas. E o surrealismo, assim como radicalizou a negação do útil para transformá-la em recusa do projeto e da vida consciente, radicaliza a velha reivindicação literária da gratuidade para fazer dela uma recusa da ação pela destruição de suas categorias. Existe um quietismo surrealista. Quietismo e violência permanente: dois aspectos complementares da mesma posição. Como o surrealista se privou dos meios de organizar um empreendimento, sua atividade se reduz a impulsos no imediato. Reencontramos aqui, mais sombria e pesada, a moral gidiana com a instantaneidade do ato gratuito. Isso não nos surpreende: há um quietismo em todo parasitismo e o compasso favorito do consumo é o instante.

Entretanto, o surrealismo se declara revolucionário e estende a mão ao Partido Comunista. É a primeira vez, desde a Restauração, que uma escola literária se vale explicitamente de um movimento revolucionário organizado. As razões são claras: esses escritores, que também são jovens, querem sobretudo aniquilar sua família, o tio general, o primo padre, assim como em 1848 Baudelaire via na revolução de fevereiro a oportunidade de incendiar a casa do General Aupick; se nasceram pobres, também têm alguns complexos a liquidar, a inveja, o medo; além disso, revoltam-se também contra as coerções externas: a guerra que acaba de terminar, com sua censura, o serviço militar, os impostos, o quarto azul-horizonte, a lavagem cerebral; são todos anticlericais, nem mais nem menos que o velho Combes e o partido radical de antes da guerra, e sentem uma generosa repulsa pelo colonialismo e pela Guerra do Marrocos. Essas indignações, esses ódios são susceptíveis de se exprimirem abstratamente, por uma concepção da Negação radical que, *a fortiori*\*\*, implicará, sem que seja preciso fazê-lo objeto de uma vontade particular, a negação da classe burguesa. E, sendo a juventude a idade metafísica por excelência, como bem viu Auguste Comte, essa expressão metafísica e abstrata de sua revolta será, evidentemente, a que eles escolherão de preferência. Mas essa revolta é também a que deixa o mundo rigorosamente intacto. É verdade que acrescentam esporadicamente alguns atos de violência, mas essas manifestações dispersas só conseguem, no máximo, provocar escândalo. O que esses jovens podem esperar de melhor é se organizarem em alguma associação punitiva e clandestina, nos moldes da Ku-Klux-Klan. Chegam assim a desejar que outros se encarreguem, à margem de suas experiências espirituais, de realizar destruições concretas pela força. Em suma, gostariam de ser os "intelectuais" de uma sociedade ideal, cuja função temporal seria o exercício permanente da violência[4]. E é assim que, depois de ter elogiado os suicídios de Vaché e de Rigaut como atos exemplares, depois de ter apresentado o massacre gratuito ("descarregar o revólver contra a multidão") como o ato surrealista mais simples, chamaram em sua ajuda o perigo amarelo. Não enxergam a contradição profunda que há entre essas destruições brutais e parciais e o processo poético de aniquilamento que empreenderam. De fato, toda vez que é parcial, a destruição é um meio para atingir um fim positivo e mais geral. O surrealismo para nesse meio, faz dele um fim absoluto, recusa-se a seguir adiante. A abolição total com que sonha, ao contrário, não faz mal a ninguém, precisamente porque é total. É um absoluto situado fora da história, ficção poética. E que inclui, entre as realidades a abolir, aquele fim que justifica, aos olhos dos asiáticos ou dos revolucionários, os meios violentos aos quais são obrigados a recorrer. O Partido Comunista, por sua vez, acuado pela polícia burguesa, muito inferior em número ao Partido Socialista, sem nenhuma esperança de tomar o poder senão a longuíssimo prazo, muito novo, inseguro quanto às suas táticas, ainda está na fase negativa. Para ele, trata-se de ganhar as massas, boicotar os socialistas, incorporar a si os elementos que puder extrair da coletividade que o rechaça: a sua arma intelectual é a crítica. Não está longe, portanto, de ver no surrealismo um aliado provisório, que irá rejeitar quando não lhe for mais necessário; pois a negação, essência do surrealismo, não passa de uma etapa para o PC. Este não admite, nem por um instante, a escrita automática, os sonhos provocados e o acaso objetivo, senão na medida em que possam contribuir para a desagregação da classe burguesa. Parece, pois, que foi reencontrada aquela comunhão de interesses entre os intelectuais e as classes oprimidas, que foi a sorte dos autores do século XVIII. Mas isso não passa de aparência. A causa profunda do mal-entendido é que o surrealista pouco se preocupa com a ditadura do proletariado e vê na Revolução, como pura violência, o fim absoluto, ao passo que o comunismo se propõe como fim a tomada do poder, e justifica por este fim o sangue que irá derramar. Além disso, a ligação do surrealismo com o proletariado é indireta e abstrata. A força de um escritor reside em sua ação direta sobre o público, na cólera, no entusiasmo, na reflexão que provoca com seus escritos. Diderot, Rousseau, Voltaire estavam em perpétua ligação com a burguesia porque esta os lia. Mas os surrealistas não têm nenhum leitor no proletariado: mal e mal se comunicam do lado de fora com o partido, ou melhor, com os intelectuais do partido. Seu público está em outra parte, na burguesia culta, e isso o PC não ignora, empregando-os simplesmente para levar confusão aos meios dirigentes. Sendo assim, suas declarações revolucionárias se mantêm puramente teóricas, pois não alteram em nada sua atitude, não lhes conquistam um só leitor e não encontram nenhum eco junto aos operários; eles continuam parasitas da classe que insultam, sua revolta permanece à margem da revolução. O próprio Breton acabou por reconhecê-lo, e reassumiu sua independência de "intelectual". Ele escreve a Naville: "Não há ninguém entre nós que não deseje a passagem do poder das mãos da burguesia para as do proletariado. Enquanto se espera, não é menos necessário, em nossa opinião, que as experiências da vida interior continuem, e isso, bem-entendido, sem controle externo, nem mesmo marxista... Os dois problemas são essencialmente distintos".

A oposição ficará evidente quando a Rússia soviética e, por conseguinte, o Partido Comunista francês passam à fase da organização construtiva: o surrealismo, negativo por essência, irá afastar-se. Breton se aproximará então dos trotskistas precisamente porque estes, encurralados e minoritários, ainda estão no estágio da negação crítica. Os trotskistas, por sua vez, utilizarão os surrealistas como instrumento de desagregação: há uma carta de Trotski a Breton que não deixa dúvidas a respeito. Se a Quarta Internacional também tivesse conseguido passar à fase construtiva, é claro que essa teria sido a ocasião para uma ruptura.

Assim, a primeira tentativa do escritor burguês para se aproximar do proletariado permanece utópica e abstrata porque ele não procura um público, mas sim um aliado, porque conserva e reforça a divisão entre o temporal e o espiritual, e continua dentro dos limites de uma elite intelectual. O acordo de princípios entre o surrealismo e o PC contra a burguesia não vai além do formalismo; é a ideia formal da negatividade que os une. De fato, a negatividade do Partido Comunista é provisória, é um momento histórico necessário em sua grande tarefa de reorganização social; a negatividade surrealista, digam o que disserem, mantém-se fora da história: ao mesmo tempo no instante e no eterno; ela é o fim absoluto da vida e da arte. Em determinado texto, Breton afirma a identidade, ou ao menos o paralelismo, entre a simbolização recíproca do espírito em luta contra seus demônios e o proletariado em luta contra o capitalismo, o que equivale a afirmar a "missão sagrada" do proletariado. Mas, justamente, essa classe concebida como legião de anjos exterminadores, e que o PC defende como uma muralha contra qualquer aproximação surrealista, não passa para os autores de um mito quase religioso, que desempenha, para lhes tranquilizar a consciência, um papel análogo ao que desempenhava o Mito do Povo, em 1848, para os escritores de boa vontade. A originalidade do movimento surrealista reside em sua tentativa de se apropriar de tudo ao mesmo tempo: a elevação social, o parasitismo, a aristocracia, a metafísica do consumo e a aliança com as forças revolucionárias. A história dessa tentativa mostra que estava condenada ao fracasso. Mas, cinquenta anos antes, ela não seria sequer concebível: naquela época, a única relação possível entre o escritor e a classe operária era escrever para ela e a respeito dela. O que permitiu conceber, mesmo que por um instante, a realização de um pacto provisório entre uma aristocracia intelectual e as classes oprimidas foi o aparecimento de um fator novo: o partido como mediação entre as classes médias e o proletariado.

Entendo que o surrealismo, com seu aspecto ambíguo de grupo literário fechado, de colegiado espiritual, de igreja e de sociedade secreta[5] não passa de um produto do pós-guerra. Seria preciso falar de Morand, de Drieu la Rochelle, de tantos outros. Mas se as obras de Breton, Desnos, Péret, nos parecem as mais representativas, é que todas as outras contêm implicitamente os mesmos traços. Morand é o consumidor típico, o viajante, o passante. Anula as tradições nacionais pondo-as em contato umas com as outras, segundo a velha técnica dos céticos e de Montaigne; atira-as num cesto como caranguejos e, sem comentários, deixa que se destruam entre si; trata-se de atingir certo ponto *gama*, bem próximo do ponto gama dos surrealistas, a partir do qual as diferenças de costumes, de línguas, de interesses vão abolir-se numa indistinção total. A *velocidade* desempenha aqui o papel do método paranoico-crítico. A *Europa galante* é a anulação dos países pela ferrovia; *Nada a não ser a terra*, a anulação dos continentes pela aviação. Morand leva asiáticos a passear em Londres, americanos na Síria, turcos na Noruega; mostra nossos costumes por esses olhos, como fez Montesquieu pelos olhos dos persas, o que vem a ser o meio mais seguro de tirar-lhes toda a razão de ser. Mas, ao mesmo tempo, ajeita as coisas de modo que esses visitantes já tenham perdido muito de sua pureza primitiva, e sejam completos traidores de seus próprios costumes, sem chegarem a adotar inteiramente os nossos; nesse momento particular de sua transformação, cada um deles é um campo de batalha onde o pitoresco exótico e nosso maquinismo racionalista se destroem mutuamente. Mesmo repletos de brocados, de miçangas, de belos nomes estrangeiros, os livros de Morand são sinos que dobram pelo exotismo; situam-se na origem de toda uma literatura que visa a anular a cor local, seja mostrando que as cidades distantes com que sonhamos na infância são tão desesperadamente familiares e cotidianas, para os olhos e o coração de seus habitantes, como são a Gare Saint-Lazare e a Torre Eiffel para nosso coração e nossos olhos, seja deixando entrever a comédia, a falsidade, a ausência de fé por trás das cerimônias que os viajantes dos séculos passados nos descreviam com todo o respeito, seja nos revelando, sob a trama desgastada do pitoresco oriental ou africano, a universalidade do maquinismo e do racionalismo capitalista. No final resta apenas o mundo, igual e monótono em toda parte. Nunca senti com tanta intensidade o significado profundo desse método como num dia de verão de 1938, entre Mogador e Safi, ao ultrapassar de carro uma muçulmana coberta por um véu, que ia pedalando sua bicicleta. Uma maometana ciclista, eis um objeto autodestrutivo que poderia muito bem ser reivindicado pelos surrealistas ou por Morand. O mecanismo preciso da bicicleta contesta os lânguidos sonhos de harém que atribuímos de passagem a essa criatura coberta por um véu; mas, no mesmo momento, o que resta de trevas voluptuosas e mágicas entre essas sobrancelhas pintadas, atrás dessa testa estreita, contesta, por sua vez, o maquinismo; faz pressentir, por trás da uniformização capitalista, um além acorrentado, vencido e no entanto virulento e feiticeiro. Exotismo fantasma, impossível surrealista, insatisfação burguesa: nos três casos o real desmorona, e por trás dele tenta-se manter a tensão irritante do contraditório. No caso dos escritores-viajantes, o ardil é manifesto: eles suprimem o exotismo porque sempre se é exótico em relação a alguém, e eles não querem sê-lo; destroem as tradições e a história para fugir à sua *situação* histórica; querem esquecer que a consciência mais lúcida está sempre ancorada em algum lugar, a fim de operar uma libertação fictícia por meio de um internacionalismo abstrato, realizando pelo universalismo uma aristocracia de fachada.

Drieu la Rochelle, como Morand, utiliza às vezes a autodestruição por exotismo: num de seus romances, o Alhambra torna-se um jardim público de província, seco e árido sob um céu monótono. Mas, através da destruição literária do objeto, do amor, através de vinte anos de loucuras e amarguras, o que ele tentou alcançar foi a destruição de si mesmo: foi ele a mala vazia, o fumador de ópio e, por fim, a vertigem da morte o atirou na direção do nacional-socialismo. *Gilles*, o romance de sua vida, dourado e sórdido, demonstra claramente que ele era um irmão-inimigo dos surrealistas. Seu nazismo, que também não passava de um apetite de conflagração universal, se revela, na prática, tão ineficaz quanto o comunismo de Breton. Ambos são "intelectuais", ambos se aliam às coisas temporais com inocência e desinteresse. Mas os surrealistas são mais saudáveis: seu mito de destruição dissimula um enorme e magnífico apetite; querem aniquilar tudo, exceto a si mesmos, como prova o seu horror às doenças, aos vícios, às drogas. Drieu, espírito melancólico e mais autêntico, meditou sobre sua morte: é por odiar a si mesmo que odeia seu país e os homens. Todos partiram à procura do absoluto e, como estavam cercados por todos os lados pelo relativo, identificaram o absoluto com o *impossível*. Todos hesitaram entre dois papéis: arautos de um mundo novo, ou liquidadores do antigo. Mas, como na Europa do pós-guerra era mais fácil discernir os sinais da decadência do que os da renovação, todos escolheram a liquidação. E, para tranquilizar sua consciência, restabeleceram o prestígio do velho mito heraclitiano segundo o qual a vida nasce da morte. Todos foram obsedados por esse ponto imaginário *gama*, único imóvel num mundo em movimento, em que a destruição, por ser plena e sem esperança, se identifica com a construção absoluta. Todos ficaram fascinados pela violência, viesse de onde viesse; foi pela violência que quiseram libertar o homem de sua condição humana. Eis por que se aproximaram dos partidos extremistas, atribuindo-lhes gratuitamente intenções apocalípticas. Todos foram logrados: a Revolução não se fez, o nazismo foi derrotado. Viveram numa época confortável e pródiga, em que o desespero ainda era um luxo. Condenaram seu país porque este ainda estava em meio à insolência da vitória; denunciaram a guerra porque acreditavam que a paz seria duradoura. Todos foram vítimas do desastre de 1940: é que chegou o momento da ação e nenhum deles estava armado para ela. Uns se mataram, outros partiram para o exílio; os que voltaram continuam exilados entre nós. Foram os anunciadores da catástrofe no tempo das vacas gordas; no tempo das vacas magras, não têm mais nada a dizer[6].

\* \* \*

À margem desses filhos pródigos, alinhados, que encontram mais imprevisto e loucura na casa de seu pai do que nas veredas da montanha e nas trilhas do deserto; à margem dos grandes cantores do desespero, dos filhos pródigos mais jovens para os quais ainda não chegou a hora da volta ao lar, floresce um humanismo discreto. Prévost, Pierre Bost, Chamson, Aveline, Beucler têm aproximadamente a idade de Breton e de Drieu. Tiveram estreias brilhantes: Bost ainda estava na escola secundária quando Copeau encenou sua peça *O imbecil*; Prévost já era bem conhecido desde a Escola Normal. Mas em sua glória nascente permaneceram modestos; não desejam representar o papel de Ariéis do capitalismo, não pretendem ser malditos nem profetas. Prévost, quando lhe perguntaram por que escrevia, respondeu: "Para ganhar a vida". Na época, essa frase me chocou: é que na minha cabeça ainda persistiam fragmentos dos grandes mitos literários do século XIX. E, de resto, ele estava enganado: não se escreve para ganhar a vida. Mas aquilo que tomei por cinismo fácil era, na verdade, a vontade de pensar de uma maneira dura, lúcida e, se preciso, desagradável. Em plena reação contra o satanismo e o angelismo, esses autores não queriam ser santos nem bestas-feras: apenas homens. Foram talvez os primeiros, desde o Romantismo, que não se viam como aristocratas do consumo, mas como trabalhadores caseiros, do tipo dos encadernadores e das rendeiras. Não foi com o intuito de permitir-se vender sua mercadoria pela melhor oferta que consideraram a literatura como um ofício, mas, ao contrário, para se recolocarem, sem humildade nem orgulho, dentro de uma sociedade laboriosa. Um ofício se aprende e, além disso, quem o exerce não deve desprezar a clientela: assim, esboçavam também uma reconciliação com o público. Demasiado honestos para se julgarem geniais e exigirem os direitos que isso implica, fiavam-se mais no trabalho do que na inspiração. Faltou-lhes, talvez, aquela confiança absurda em sua boa estrela, aquele orgulho iníquo e cego que caracteriza os grandes homens[7]. Todos possuíam a sólida cultura interessada que a Terceira República concedia a seus futuros funcionários. E quase todos se tornaram funcionários públicos, fiscais do Senado ou da Câmara, professores, curadores de museus. Mas como a maioria deles provinha de meios modestos, não se preocupavam em empregar seu saber na defesa das tradições burguesas. Nunca desfrutaram dessa cultura como propriedade histórica; viram nela apenas um instrumento precioso para se tornarem homens. De resto, tinham em Alain um mentor que detestava a história. Convencidos, como ele, de que o problema moral é o mesmo em qualquer época, viam a sociedade num corte instantâneo. Tão hostis à psicologia quanto às ciências históricas, sensíveis às injustiças sociais, mas muito cartesianos para acreditarem na luta de classes, para eles a única tarefa era exercer seu ofício de homens, contra as paixões e os erros apaixonados, contra os mitos, pela utilização incansável da vontade e da razão. Amaram os humildes, os operários parisienses, artesãos, pequeno-burgueses, empregados, homens da estrada, e a preocupação que tinham de relatar esses destinos individuais os levou, por vezes, a cortejar o populismo. Mas, diferentemente dessa sequela do naturalismo, nunca admitiram que o determinismo social e psicológico formasse a trama das existências humildes; e, ao contrário do realismo socialista, não quiseram ver em seus heróis as vítimas sem esperança da opressão social. Em cada caso, esses moralistas se empenharam em salientar o papel da vontade, da paciência, do esforço, mostrando as falhas como erros e o sucesso como mérito. Raramente se ocuparam dos destinos excepcionais, mas quiseram mostrar que é possível ser homem mesmo na adversidade.

Hoje vários deles estão mortos, outros calaram-se ou produzem a longos intervalos. *Grosso modo*, pode-se dizer que esses autores, cuja decolagem foi tão brilhante e que, por volta de 1927, conseguiram formar um "Clube dos que têm menos de trinta anos", ficaram quase todos pelo caminho. É preciso levar em conta, naturalmente, os acidentes individuais, mas o fato é tão surpreendente que pede uma explicação mais geral. De fato, não lhes faltou talento nem fôlego e, do ponto de vista que nos interessa, devem ser considerados precursores: renunciaram à solidão orgulhosa do escritor, amaram seu público, não tentaram justificar os privilégios adquiridos, não meditaram sobre a morte ou sobre o impossível, mas quiseram dar-nos regras de vida. Foram muito lidos, bem mais, seguramente, do que os surrealistas. Contudo, quando se quer lembrar as principais tendências literárias do período entreguerras, é no surrealismo que se pensa. De onde vem o fracasso desses escritores?

Creio que ele se explica, por paradoxal que pareça, pelo público que escolheram. Por volta de 1900, por ocasião de seu triunfo no Caso Dreyfus, uma pequena burguesia laboriosa e liberal tomou consciência de si mesma. É anticlerical e republicana, antirracista, individualista, racionalista e progressista. Orgulhosa de suas instituições, aceita modificá-las, mas não subvertê-las. Não despreza o proletariado, mas se sente demasiado próxima deste para ter consciência de que o oprime. Vive mediocremente, às vezes até em más condições, mas não aspira tanto à fortuna, às grandezas inacessíveis, como a melhorar seu padrão de vida, dentro de limites bem estreitos. Acima de tudo, quer viver. E viver, para ela, significa: escolher seu ofício, exercê-lo com consciência e até paixão, manter no trabalho certa iniciativa, exercer controle eficaz sobre seus representantes políticos, exprimir-se livremente sobre os assuntos de Estado, criar seus filhos com dignidade.

Cartesiana por desconfiar das ascensões muito bruscas e por mais um fator: ao contrário dos românticos, que sempre esperavam que a felicidade fosse desabar sobre eles como uma catástrofe, pensa mais em vencer a si mesma do que em alterar os rumos do mundo. Essa classe, acertadamente batizada de "média", ensina a seus filhos que todo excesso é indesejável e que o melhor é inimigo do bem. É favorável às reivindicações operárias, desde que permaneçam no terreno estritamente profissional. Não tem história nem senso histórico, pois não possui nem passado nem tradições, ao contrário da grande burguesia; nem tampouco a imensa esperança de um futuro, ao contrário da classe operária. Como não crê em Deus, mas precisa de imperativos muito estritos para dar sentido às privações que suporta, uma de suas preocupações intelectuais foi fundar uma moral laica. A universidade, que pertence por inteiro a essa classe média, empenhou-se sem sucesso nesse propósito por vinte anos, através dos escritos de Durkheim, de Brunschvicg, de Alain. Ora, esses professores universitários, direta ou indiretamente, foram os mestres dos escritores que estamos considerando. Esses jovens, saídos da pequena burguesia, preparados por professores pequeno-burgueses, na Sorbonne ou nas grandes escolas, para exercer profissões pequeno-burguesas, voltaram à sua classe de origem quando começaram a escrever. Melhor dizendo, nunca a deixaram. Transportaram para seus romances e suas novelas, melhorada, transformada em casuística, essa moral cujos preceitos todo mundo conhecia, e cujos princípios ninguém encontrou. Insistiram nas belezas e nos riscos, na austera grandeza do *ofício*; não cantaram o amor louco, mas antes a amizade conjugal e esse empreendimento em comum que é o casamento. Fundaram seu humanismo sobre a profissão, a amizade, a solidariedade social e o esporte. Assim, a pequena burguesia, que já tinha seu partido, o radical-socialismo, sua associação de ajuda mútua, a Liga dos Direitos do Homem, sua sociedade secreta, a franco-maçonaria, seu jornal diário, *L'Oeuvre*, ganhou também seus escritores, e até sua revista literária semanal, que simbolicamente se chamou *Marianne*. Chamson, Bost, Prévost e seus amigos escreveram para um público de funcionários, professores universitários, empregados qualificados, médicos etc. Fizeram uma literatura radical-socialista.

Ora, o radicalismo é a grande vítima dessa guerra. Desde 1910, já realizara seu programa; viveu trinta anos com o impulso da velocidade adquirida. Quando encontrou seus escritores, já era um sobrevivente. Hoje desapareceu definitivamente. A política radical, uma vez obtido o remanejamento do pessoal administrativo e a separação entre a Igreja e o Estado, só podia tornar-se oportunismo e, para sobreviver momentaneamente, pressupunha a existência da paz social e da paz internacional. Duas guerras em vinte e cinco anos e a exasperação da luta de classes foram demais: o partido não resistiu. Porém, mais que o partido, o espírito radical é que foi vítima das circunstâncias. Esses escritores, que não fizeram a Primeira Guerra e não viram chegar a Segunda, que não quiseram acreditar na exploração do homem pelo homem, mas apostaram na possibilidade de viver honesta e modestamente na sociedade capitalista, cuja classe de origem, em seguida transformada em seu público, privou do senso da história, sem lhes dar em contrapartida a noção de um absoluto metafísico, não tiveram o senso do trágico na época mais trágica de todas, nem o senso da morte quando a morte ameaçava a Europa inteira, nem o senso do Mal, quando um momento tão breve os separava da mais cínica tentativa de aviltamento. Limitaram-se, por probidade, a relatar-nos vidas medíocres e sem grandeza, enquanto as circunstâncias forjavam destinos excepcionais, tanto no Mal como no Bem; na véspera de uma renovação poética – mais aparente que real, diga-se a bem da verdade –, sua lucidez dissipou neles essa má-fé que é uma das fontes da poesia; sua moral, que conseguia amparar os corações na vida cotidiana, que talvez os tivesse amparado durante a Primeira Guerra Mundial, revelou-se insuficiente para as grandes catástrofes. Nessas épocas o homem se volta para Epicuro ou para o estoicismo, e esses autores não eram nem estoicos nem epicuristas[8], ou então pede socorro às forças irracionais, e eles haviam decidido não lançar o olhar para além de sua razão. Assim, a história roubou-lhes o público, tal como roubou os eleitores ao partido radical. Calaram-se, imagino, de desgosto, incapazes de adaptar sua sabedoria comportada às loucuras da Europa. Como, após vinte anos de profissão, não encontraram nada para nos dizer no momento de nossas piores agruras, seu trabalho foi em vão.

\* \* \*

Resta, então, a terceira geração, a nossa, que começou a escrever depois da derrota, ou um pouco antes da guerra. Não quero falar dela antes de mostrar o clima em que se deu sua aparição. Para começar, o clima literário: os alinhados, os extremistas e os radicais povoavam nosso céu. Cada uma dessas estrelas exercia, à sua maneira, influência sobre a terra, e todas essas influências combinadas compunham para nós a ideia mais estranha, mais irracional, mais contraditória de literatura. Essa ideia, que chamarei de *objetiva*, pois pertence ao espírito objetivo da época, nós a respiramos junto com o próprio ar do nosso tempo. De fato, qualquer que tenha sido o cuidado desses escritores em se distinguirem uns dos outros, suas obras, no espírito dos leitores, onde coexistiam, contaminaram-se reciprocamente. Além disso, se as diferenças são profundas e nítidas, não faltam os traços comuns. Para começar, é surpreendente que nem os radicais nem os extremistas tivessem preocupação com a história, se bem que aqueles se alinhassem com a esquerda progressista, e estes, com a esquerda revolucionária: os primeiros situam-se no nível da repetição kierkegaardiana, e os segundos, no nível do instante, isto é, da síntese aberrante entre a eternidade e o presente infinitesimal. Nessa época em que a opressão histórica nos esmagava, apenas a literatura dos alinhados oferecia algum gosto pela história e algum senso histórico. Mas como se tratava de justificar os privilégios, consideravam no desenvolvimento das sociedades apenas a ação do passado sobre o presente. Hoje sabemos as razões dessa recusa, que são sociais: os surrealistas são "intelectuais", a pequena burguesia não tem tradições nem futuro; a grande burguesia saiu da fase da conquista e procura preservar-se. Porém essas atitudes diversas se integraram, produzindo um mito objetivo segundo o qual a literatura deveria escolher temas eternos, ou ao menos inatuais. Além disso, nossos predecessores só dispunham de uma única técnica romanesca: a que herdaram do século XIX francês. Ora, como vimos acima, nada pode haver de mais hostil a uma visão histórica da sociedade.

Alinhados e radicais utilizaram a técnica tradicional: estes, porque eram moralistas e intelectualistas, e queriam compreender a partir das causas; aqueles, porque a técnica servia a seus propósitos: por sua negação sistemática da mudança, a técnica tradicional ressaltava melhor a perenidade das virtudes burguesas; por trás dos vãos tumultos abolidos, deixava entrever essa ordem fixa e misteriosa, essa poesia imóvel que desejavam desvendar em suas obras; graças a ela, esses novos eleatas escreviam contra o tempo, contra a mudança, desencorajavam os agitadores e os revolucionários, mostrando-lhes seus empreendimentos já no passado, antes mesmo de serem iniciados. Foi lendo esses livros que apreendemos essa técnica, que foi inicialmente nosso único meio de expressão. Espíritos privilegiados calcularam, no momento em que começávamos a escrever, o "tempo ótimo" ao fim do qual um evento histórico pode tornar-se objeto de um romance. Cinquenta anos é demais, ao que parece: não se entra mais no clima. Dez, não é o bastante: falta o recuo necessário. Assim nos inclinavam suavemente a ver na literatura o reino das considerações intempestivas.

Aliás, esses grupos inimigos articulavam alianças entre si; os radicais por vezes se aproximavam dos alinhados: afinal, todos tinham a ambição comum de se reconciliar com o leitor e de suprir-lhe honestamente as necessidades: sem dúvida, as duas clientelas diferiam sensivelmente, mas passava-se continuamente de uma a outra, de modo que a esquerda do público dos alinhados formava a direita do público radical. Em contrapartida, se os escritores radicais percorreram, por vezes, um trecho do caminho junto com a esquerda política; se, quando o partido radical-socialista aderiu à Frente Popular, decidiram todos juntos colaborar no *Vendredi*, nunca se aliaram à extrema esquerda literária, isto é, aos surrealistas. Os extremistas, ao contrário, têm traços comuns com os alinhados, mesmo a contragosto: uns e outros afirmam que a literatura tem por objeto um determinado além inefável, que se pode apenas sugerir, e que ela é, por essência, a realização imaginária do irrealizável. Este é um dado particularmente sensível quando se trata da poesia: enquanto os radicais a expulsam, por assim dizer, da literatura, os alinhados impregnam de poesia seus romances. Este fato já foi observado muitas vezes, pois é um dos mais importantes da história literária contemporânea; mas ainda não se descobriu sua razão: é que os escritores burgueses se empenhavam em demonstrar que não existe vida, por mais burguesa e cotidiana que seja, que não tenha seu *além* poético, e eles se consideravam os catalisadores da poesia burguesa. Ao mesmo tempo, os extremistas identificavam à poesia, isto é, ao além inconcebível da destruição, todas as formas de atividade artística. Objetivamente essa tendência se traduziu, no momento em que começávamos a escrever, numa confusão de gêneros e no desconhecimento da essência romanesca; e não é raro, ainda hoje, que os críticos recriminem uma obra em prosa pela falta de poesia.

Toda essa literatura é de tese, pois esses autores, ainda que protestem veementemente o contrário, sempre defendem ideologias. Extremistas e alinhados afirmam detestar a metafísica, mas como qualificar essas declarações reiteradas ao fim das quais o homem é grande demais para si mesmo e, por toda uma dimensão de seu ser, escapa às determinações psicológicas e sociais? Quanto aos radicais, mesmo proclamando que a literatura não se faz com bons sentimentos, seu interesse principal é moralizador. Tudo isso se traduz, no espírito objetivo, em oscilações maciças do conceito de literatura: ela é pura gratuidade; ela é ensino; só existe negando a si mesma e renascendo das próprias cinzas; ela é o impossível, o inefável para além da linguagem; é um ofício austero que se dirige a uma clientela determinada, trata de esclarecê-la sobre suas necessidades e se esforça para satisfazê-las; ela é terror; ela é retórica. Nisso intervêm os críticos e tentam, para sua própria comodidade, unificar as concepções opostas: inventam a noção de mensagem, de que falamos acima. Entenda-se, tudo é mensagem: há uma mensagem de Gide, de Chamson, de Breton, que vem a ser, naturalmente, aquilo que eles não quiserem dizer, aquilo que a crítica os faz dizer contra sua vontade. Surge daí uma nova teoria que se agrega às precedentes: nessas obras delicadas, que se destroem a si mesmas, em que a palavra é só um guia hesitante que se detém a meio-caminho e deixa o leitor continuar sozinho, e cuja verdade está muito além da linguagem, num silêncio indiferenciado, é sempre a contribuição involuntária do escritor que tem mais importância. Uma obra só é bela quando, de alguma forma, escapa a seu autor. Se ele retrata a si mesmo sem ter para isso um projeto, se as suas personagens escapam a seu controle e lhe impõem seus caprichos, se as palavras sob sua pena mantêm uma espécie de independência, então o escritor produz sua melhor obra. Boileau ficaria assombrado se lesse esses conceitos, que se encontram com frequência nos artigos de nossos críticos: "o autor sabe bem demais o que quer dizer, é lúcido demais, as palavras lhe vêm com demasiada facilidade, ele faz da pena o que quer, não é dominado pelo seu tema". Nesse ponto, infelizmente, todos estão de acordo: para os alinhados, a essência da obra é a poesia, portanto, o além, e, por um deslizamento imperceptível, aquilo que escapa ao próprio autor, a parte do diabo; para os surrealistas, a única norma válida de escrita é o automatismo, e até mesmo os alinhados, seguindo Alain, insistem em que uma obra só pode ser considerada concluída depois que se torna representação coletiva, e em que ela comporta então, por tudo o que gerações de leitores nela introduziram, infinitamente mais do que no momento de sua concepção. Essa ideia, aliás justa, põe em evidência o papel do leitor na constituição da obra; mas, na época, contribuiu para aumentar a confusão. Em poucas palavras, o mito objetivo inspirado nessas contradições é que toda obra duradoura tem seu segredo. Isso ainda seria aceitável se se tratasse de um segredo de fabricação: mas não, o segredo começa onde se detêm a técnica e a vontade; ali alguma coisa se reflete do alto na obra de arte e nela se quebra como o sol nas ondas. Em suma, da poesia pura à escrita automática, o clima literário tende ao platonismo. Nessa época mística sem fé, ou melhor, mística de má-fé, uma corrente predominante da literatura leva o escritor a demitir-se em face de sua obra, assim como uma corrente política o leva a demitir-se em face do partido. Diz-se que Fra Angélico pintava de joelhos; se for verdade, muitos escritores se assemelham a ele, mas vão ainda mais longe: acreditam que basta escrever de joelhos para escrever bem.

Quando ainda estávamos nos bancos do liceu ou nos anfiteatros da Sorbonne, a sombra espessa do além se estendia sobre a literatura. Ali conhecemos o gosto amargo e frustrante do impossível, o gosto da pureza, da impossível pureza; sentimo-nos, alternadamente, insatisfeitos ou Ariéis do consumo; acreditamos que se podia salvar a vida pela arte e depois, no trimestre seguinte, que nunca se salvava nada e que a arte era o balanço lúcido e desesperado da nossa perdição; oscilamos entre o terror e a retórica, entre a literatura-martírio e a literatura-ofício: se alguém se pusesse a ler com atenção nossos escritos, encontraria aí, sem dúvida, como cicatrizes, os traços dessas várias tentações, mas precisaria ter tempo para perder: tudo aquilo já está muito distante de nós. Acontece que, como é escrevendo que o autor forja suas ideias sobre a arte de escrever, a coletividade vive das concepções literárias da geração precedente e os críticos, que as compreenderam com vinte anos de atraso, exultam em servir-se delas como pedras de toque para julgar as obras contemporâneas. De resto, a literatura do período entre as duas guerras sobrevive a duras penas: as glosas de Georges Bataille sobre o impossível não valem o menor achado surrealista, sua teoria do dispêndio não passa de eco enfraquecido das grandes festas passadas; o letrismo é um sucedâneo, uma imitação insípida e conscienciosa da exuberância dadaísta. Mas falta entusiasmo; sente-se a aplicação, a pressa de aparecer; nem André Dhôtel, nem Marius Grout se equiparam a Alain-Fournier; muitos dos antigos surrealistas entraram no PC como os saint-simonianos que, por volta de 1880, ingressaram nos conselhos de administração da grande indústria; nem Cocteau, nem Mauriac, nem Green encontram quem os desafie; Giraudoux encontrou mais de cem, mas todos medíocres; a maior parte dos radicais se calaram. É que a distância se manifestou, não entre o autor e seu público – o que, afinal, estaria dentro da grande tradição literária do século XIX –, mas entre o mito literário e a realidade histórica.

Essa distância, nós a sentimos bem antes de publicar nossos primeiros livros, já a partir de 1930[9]. Foi nessa época que a maioria dos franceses descobriu, com estupor, sua historicidade. É verdade que tinham aprendido na escola que o homem joga, ganha ou perde, no seio da história universal, mas não tinham aplicado esse princípio a seu próprio caso: pensavam obscuramente que era bom para os mortos serem históricos. O que chama a atenção nas vidas passadas é que elas se desenrolam sempre *às vésperas* de grandes eventos que ultrapassam as previsões, frustram as expectativas, subvertem os projetos e lançam luz nova sobre os anos decorridos. Trata-se de logro, escamoteação permanente, como se os homens fossem todos como Charles Bovary, que, ao descobrir, depois da morte da mulher, as cartas que ela recebia dos amantes, vê ruir atrás de si, de repente, vinte anos *já vividos* de felicidade conjugal. No século do avião e da eletricidade, não pensávamos estar sujeitos a essas surpresas, não nos parecia que estivéssemos *às vésperas* de nada; ao contrário, tínhamos o vago orgulho de nos sentir *no dia seguinte* à última convulsão histórica. Ainda que às vezes nos inquietássemos com o rearmamento da Alemanha, acreditávamos estar engajados numa longa estrada retilínea, tínhamos a certeza de que nossas vidas seriam urdidas tão somente pelas circunstâncias individuais e balizadas por descobertas científicas e reformas auspiciosas. A partir de 1930, a crise mundial, o surgimento do nazismo, os acontecimentos na China, a guerra civil espanhola nos abriram os olhos; pareceu-nos que o chão ia faltar debaixo de nossos pés e, de súbito, *para nós também* começou a grande escamoteação histórica: esses primeiros anos da grande Paz mundial de repente tinham de ser considerados como os últimos do período entre as duas guerras; em cada promessa que havíamos saudado era preciso ver uma ameaça; cada dia que tínhamos vivido revelava sua verdadeira face: a ele nos havíamos abandonado sem desconfiança, e eis que ele nos encaminhava em direção a uma nova guerra, com uma rapidez secreta, com um rigor oculto sob um ar despreocupado; nossa vida de indivíduos, que parecera depender de nossos esforços, de nossas virtudes e falhas, de nossa boa ou má fortuna, da boa ou má vontade de um punhado de pessoas, de repente nos pareceu governada, até os mínimos detalhes, por forças obscuras e coletivas, e suas circunstâncias mais íntimas refletiam o estado do mundo inteiro. De repente nos sentimos bruscamente *situados*: sobrevoar os fatos, como gostavam de fazer nossos predecessores, tornou-se impossível; havia uma aventura coletiva que se desenhava no porvir e era a nossa aventura, a que permitiria mais tarde datar nossa geração, com seus Ariéis e seus Calibãs; algo nos aguardava nas sombras do futuro, algo que nos revelaria a nós mesmos, talvez na iluminação de um derradeiro instante antes de nos aniquilar; o segredo de nossos gestos e de nossas determinações mais íntimas estava diante de nós, na catástrofe a que nossos nomes iriam se vincular. A historicidade refluiu sobre nós; em tudo o que tocávamos, no ar que respirávamos, na página que líamos, naquela que escrevíamos, no próprio amor, descobríamos algo como um gosto de história, isto é, uma mistura amarga e ambígua de absoluto e transitório. Que necessidade tínhamos de construir pacientemente objetos autodestrutivos, se cada momento de nossas vidas nos era sutilmente escamoteado no instante em que o desfrutávamos, se cada *presente* que vivíamos com entusiasmo, como um absoluto, era atingido por uma morte secreta, seu sentido nos parecia estar fora dele, para outros olhos que ainda não tinham visto a luz do dia, e de certa forma parecia ser já *passado* em sua própria presença. De resto, em que nos importava a destruição surrealista que deixa tudo como está, quando uma destruição a ferro e fogo ameaçava tudo, inclusive o surrealismo? Foi Miró, creio, que pintou uma *Destruição da pintura*. Mas as bombas incendiárias podiam destruir ao mesmo tempo a pintura e sua destruição. Nem tampouco teríamos sonhado em exaltar as refinadas virtudes da burguesia: para fazê-lo, teria sido preciso acreditar que elas eram eternas, mas acaso sabíamos nós se, no dia seguinte, a burguesia francesa ainda existiria? Tampouco cogitávamos em ensinar, como haviam feito os radicais, a melhor maneira de levar, em meio à paz, uma vida de homem de bem, pois nossa maior preocupação era saber se seria possível continuar sendo homem em meio à guerra. A pressão da história nos revelava subitamente a interdependência das nações – um incidente em Xangai era uma cutilada em nosso destino –, mas, ao mesmo tempo, nos recolocava, a despeito de nós mesmos, na coletividade nacional: foi preciso reconhecer que as viagens da geração anterior, seu exotismo suntuoso e todo o cerimonial do turismo de luxo não passavam de aparência: esses viajantes levavam consigo a França por toda parte, viajavam porque a França ganhara a guerra e o câmbio lhes era favorável: acompanhavam o franco; tinham, como ele, mais acesso a Sevilha ou Palermo do que a Zurique ou Amsterdã. Quanto a nós, quando chegamos à idade de dar nossa volta ao mundo, a autonomia já matara os romances do turismo de luxo; e, de resto, nem tínhamos mais vontade de viajar. Eles se entretinham em encontrar por toda parte a marca do capitalismo, por um gosto perverso de uniformizar o mundo, ao passo que nós teríamos encontrado facilmente uma uniformidade bem mais ostensiva: canhões por toda parte. Além disso, viajantes ou não, diante do conflito que ameaçava nosso país, compreendemos que não éramos cidadãos do mundo, pois não havia jeito de nos transformarmos em suíços, suecos ou portugueses. O próprio destino de nossas obras estava ligado ao destino da França em perigo: nossos antecessores escreviam para almas desocupadas, mas, para o público a que nos iríamos dirigir, as férias tinham terminado: era um público formado de homens da nossa espécie que, como nós, aguardavam a guerra e a morte.

A esses leitores sem horas de lazer, incessantemente absorvidos por uma só preocupação, um único assunto podia interessar: era sobre a sua guerra, sobre a sua morte que tínhamos de escrever. Brutalmente reintegrados à história, éramos acuados a fazer uma literatura de historicidade,

Mas o que faz a originalidade de nossa posição, creio eu, é que a guerra e a ocupação, precipitando-nos num mundo em ebulição, forçaram-nos também a redescobrir o absoluto no interior da própria relatividade. Para nossos predecessores, a regra do jogo era salvar a todos porque a dor redime, porque ninguém é perverso voluntariamente, porque não se pode sondar o coração do homem, porque a graça divina é distribuída equitativamente; isso significa que a literatura – exceto a extrema-esquerda surrealista que simplesmente badernava o jogo – tendia a estabelecer uma espécie de relativismo moral. Os cristãos não acreditavam mais no inferno; o pecado era o vazio de Deus, o amor carnal era o amor de Deus extraviado. Como a democracia tolerava todas as opiniões, mesmo as que visavam expressamente a destruí-la, o humanismo republicano, que se ensinava nas escolas, fazia da tolerância a primeira de suas virtudes: tolerava-se tudo, até a intolerância; nas ideias mais tolas, nos sentimentos mais vis, era preciso reconhecer verdades escondidas. Para o filósofo do regime, Léon Brunschvicg, que durante toda a vida assimilou, unificou, integrou, e formou três gerações, o mal e o erro não passavam de falsas aparências, frutos da separação, da limitação, da finitude; eles se aniquilavam desde que fossem destruídas as barreiras que compartimentalizavam os sistemas e as coletividades. Os radicais seguiam Auguste Comte ao entenderem o progresso como desenvolvimento da ordem; assim, a ordem já existe em potencial, como o boné do caçador no jogo da figura escondida; falta apenas descobri-la. Assim eles passavam o tempo, era seu exercício espiritual; a partir daí justificavam tudo, a começar por si mesmos. Os marxistas ao menos reconheciam a realidade da opressão e do imperialismo capitalista, da luta de classes e da miséria: mas a dialética materialista, como já demonstrei em outra oportunidade, resulta no desaparecimento conjunto do Bem e do Mal; resta apenas o processo histórico. Além disso, o comunismo estalinista não atribui tanta importância ao indivíduo: o sofrimento e a própria morte podem ser redimidos se contribuírem para apressar a hora da tomada do poder. A noção de Mal, abandonada, caiu nas mãos de alguns maniqueístas – antissemitas, fascistas, anarquistas de direita –, que se serviam dela para justificar seu azedume, sua inveja, sua incompreensão da história. Isso bastava para desacreditá-la. Para o realismo político, assim como para o idealismo filosófico, o Mal não era para ser levado a sério.

Ensinaram-nos a levá-lo a sério: não é nossa culpa nem nosso mérito termos vivido num tempo em que a tortura era um fato cotidiano. Châteaubriant, Oradour, a Rue des Saussaies, Tulle, Dachau, Auschwitz, tudo nos demonstrava que o Mal não é aparência, que o conhecimento pelas causas não o dissipa, que ele não se opõe ao Bem como uma ideia confusa se opõe a uma ideia clara, que ele não é o efeito de paixões que se poderiam curar, de um medo que se poderia superar, de um extravio passageiro que se poderia perdoar, de uma ignorância que se poderia esclarecer; que ele não pode de forma alguma ser mudado, retomado, reduzido, assimilado ao humanismo idealista, como aquela sombra que, segundo Leibniz, é necessária ao brilho do dia. Satã, afirmou um dia Maritain, é puro. Puro, isto é, sem mistura e sem remissão. Aprendemos a conhecer essa horrível, essa irredutível pureza: ela eclode na relação estreita e quase sexual do carrasco com sua vítima. Pois a tortura é em primeiro lugar uma tarefa de aviltamento: quaisquer que sejam os tormentos infligidos, é a vítima que decide, em última instância, qual o momento em que eles se tornam insuportáveis e em que é preciso falar; a suprema ironia dos suplícios é que o paciente, quando acaba por delatar, aplica sua vontade humana em negar que é homem, faz-se cúmplice de seus carrascos e se precipita, por um movimento próprio, na abjeção. O carrasco sabe disso, estreita esse momento de fraqueza, não só porque extrairá daí a informação que deseja, mas porque essa fraqueza lhe provará, uma vez mais, que ele tem razão em empregar a tortura, e que o homem é um animal que se deve levar na chibata; assim ele tenta aniquilar a humanidade em seu próximo. E em si mesmo também, indiretamente: essa criatura gemente, suada e emporcalhada, que implora misericórdia e se abandona com um consentimento desfalecido, com estertores de fêmea amorosa, e confessa tudo e exagera suas traições com fervor arrebatado, porque a consciência que tem de estar agindo mal é como uma pedra amarrada a seu pescoço, que a puxa cada vez mais para baixo, ele sabe que ela é feita à sua imagem e enfurecer-se contra ela é enfurecer-se contra si mesmo; se quiser escapar por sua conta dessa degradação total, tem como único recurso afirmar sua fé cega numa ordem de ferro, que contém como um espartilho nossas fraquezas imundas. Em suma, não tem outro recurso senão colocar o destino do homem nas mãos de potências desumanas. Chega um momento em que torturador e torturado estão de acordo: aquele, porque saciou numa só vítima, simbolicamente, seu ódio pela humanidade inteira; este, porque só consegue suportar sua culpa levando-a ao extremo, e só consegue tolerar o ódio que sente por si mesmo odiando também a todos os outros homens. Mais tarde o carrasco talvez seja enforcado; a vítima, caso escape, talvez se reabilite – mas quem esquecerá essa missa em que duas liberdades comungaram na destruição do humano? Sabemos que ela era celebrada por toda parte em Paris, enquanto comíamos, enquanto dormíamos, enquanto fazíamos amor; ouvimos ruas inteiras gritando e compreendemos que o Mal, fruto de uma vontade livre e soberana, é absoluto como o Bem. Dia virá, talvez, em que uma época feliz, debruçando-se sobre o passado, verá nesses sofrimentos e nessas vergonhas um dos caminhos que conduziram à sua Paz. Mas nós não estávamos do lado da história feita; estávamos, como já disse, *situados* de tal forma que cada minuto vivido nos aparecia como irredutível. Chegamos então, a despeito de nós mesmos, a esta conclusão, que parecerá chocante às almas delicadas: o Mal não pode ser redimido.

Mas, por outro lado, mesmo surrados, queimados, cegados, arrebentados, a maior parte dos resistentes não falaram; romperam o círculo do Mal e reafirmaram o humano, por si mesmos, por nós, até por seus torturadores. Fizeram-no sem testemunhas, sem socorro, sem esperança, muitas vezes até sem fé. Não se tratava, para eles, de crer no homem, mas de querê-lo. Tudo conspirava para desanimá-los: tantos sinais em seu redor, os rostos debruçados sobre eles, essa dor dentro deles, tudo concorria para fazê-los crer que não eram mais que insetos, que o homem é o sonho impossível de baratas e percevejos, e que ao despertar seriam vermes como todo mundo. Esse homem, era preciso inventá-lo, com sua carne martirizada, seus pensamentos encurralados, que já o traíam, a partir de nada, por nada, na absoluta gratuidade, pois é no interior do humano que se podem distinguir meios e fins, valores, preferências, mas eles ainda estavam na criação do mundo e só precisavam decidir soberanamente se dentro haveria algo mais que o reino animal. Eles se calavam e o homem nascia do seu silêncio. Nós o sabíamos, sabíamos que a cada instante do dia, nos quatro cantos de Paris, o homem era cem vezes destruído e reafirmado. Obcecados por esses suplícios, não passava semana sem que nos perguntássemos: "Se me torturassem, o que eu faria?" E essa questão nos levava necessariamente às fronteiras de nós mesmos e do humano, fazia-nos oscilar entre a *no man's land* onde a humanidade se renega, e renega o deserto estéril de onde ela surge e se cria. Os que nos precederam imediatamente no mundo, que nos legaram sua cultura, sua sabedoria, seus costumes e seus provérbios, que construíram as casas onde morávamos e pontilharam os caminhos com estátuas de seus grandes homens, praticavam virtudes modestas e se confinavam nas regiões temperadas; suas culpas não os faziam cair tão baixo que não descobrissem, mais abaixo ainda, culpados maiores, nem seus méritos os levavam tão alto que não percebessem, mais acima, almas ainda mais meritórias; a perder de vista, seu olhar encontrava homens, os próprios ditados de que se serviam e que nos ensinaram – "um tolo sempre encontra um mais tolo que o admire", "sempre se precisa de alguém menor que a gente" –, sua própria maneira de se consolar na aflição, lembrando, qualquer que fosse a desgraça, que havia desgraças piores, tudo indica que eles consideravam a humanidade como um meio natural e infinito, do qual não se pode jamais sair nem atingir os limites; morriam com a consciência tranquila e sem jamais ter explorado a própria condição. Por isso, seus escritores lhes ofereciam uma literatura de *situações medianas*. Mas nós não podíamos mais achar *natural* ser homens quando nossos melhores amigos, se presos, só podiam escolher entre a abjeção e o heroísmo, isto é, entre os dois extremos da condição humana, para além das quais não há nada. Se covardes e traidores, tinham acima de si todos os homens; se heroicos, todos os homens abaixo de si. Neste último caso, que foi o mais frequente, não sentiam mais a humanidade como um meio ilimitado, era neles uma débil chama, que tentavam manter acesa sozinhos, concentrava-se toda no silêncio que opunham a seus carrascos; em volta deles só havia a grande noite polar do inumano e do não saber, que eles nem sequer *viam*, que adivinhavam no frio glacial que os atravessava. Nossos pais sempre dispuseram de testemunhas e de exemplos. Para esses homens torturados, não havia testemunha nem exemplo. Foi Saint-Exupéry quem afirmou, durante uma missão perigosa: sou minha própria testemunha. O mesmo se passava com eles: para um homem começa a angústia, o desamparo e o suor de sangue, quando só tem a si mesmo como testemunha; é então que ele bebe o cálice até as fezes, isto é, experimenta até o fim sua condição humana. É certo que estamos bem longe de ter sofrido, todos nós, essa angústia, mas ela nos perseguiu a todos como uma ameaça e uma promessa; por cinco anos, vivemos fascinados e, como não encarávamos nosso ofício de escritor com leviandade, essa fascinação se reflete em nossos escritos: tencionamos fazer uma literatura de situações extremas. Não pretendo, em absoluto, que nisso sejamos superiores a nossos antecessores. Muito pelo contrário, Bloch-Michel, que pagou pelo direito de falar, dizia em *Tempos Modernos* que é preciso menos virtude nas grandes circunstâncias do que nas pequenas; não cabe a mim decidir se ele tem razão, nem se é melhor ser jansenista do que jesuíta. Penso, antes, que é preciso um pouco de tudo e que um homem não pode ser uma coisa e outra ao mesmo tempo. Somos, portanto, jansenistas, porque nossa época nos fez assim e, como ela nos levou a atingir nossos limites, direi que somos todos escritores metafísicos. Penso que muitos dentre nós recusariam essa denominação ou não a aceitariam sem reservas, mas isso decorre de um mal-entendido: a metafísica não é uma discussão estéril sobre noções abstratas que escapam à experiência, mas esforço vivo para abranger, a partir de dentro, a condição humana em sua totalidade. Obrigados pelas circunstâncias a descobrir a pressão da história, como fez Torricelli com a pressão atmosférica, lançados pela dureza dos tempos nesse desamparo de onde se pode avistar até os extremos, até o absurdo, até a noite do não saber, nossa condição de homem, temos uma tarefa para a qual talvez não sejamos suficientemente fortes (não é a primeira vez que uma época, por falta de talento, falhou em sua arte e em sua filosofia). Essa tarefa consiste em criar uma literatura capaz de reunir e reconciliar o absoluto metafísico e a relatividade do fato histórico, e que designarei, à falta de outro nome, como literatura das grandes circunstâncias[10]. Não se trata, para nós, nem de nos evadirmos no eterno, nem de abdicar diante daquilo que o inefável Sr. Zaslavski chama, no *Pravda*, de "processo histórico". As questões que o nosso tempo nos coloca e que permanecerão como nossas questões são de outra ordem: Como é possível fazer-se homem na história, pela história e para a história? Haverá uma síntese possível entre nossa consciência única, irredutível, e nossa relatividade, ou seja, entre um humanismo dogmático e um perspectivismo? Qual é a relação entre a moral e a política? Como assumir, para além de nossas intenções profundas, as consequências objetivas de nossos atos?

A rigor, pode-se enfrentar esses problemas no

plano abstrato, pela reflexão filosófica. Mas nós, que pretendemos vivenciá-los, isto é, sustentar nossos pensamentos pelas experiências fictícias e concretas que são os romances, de saída já dispomos da técnica que analisei acima, cujos fins são radicalmente opostos a nossos desígnios. Especialmente elaborada para relatar os eventos de uma vida individual no seio de uma sociedade estabilizada, essa técnica permitia registrar, descrever e explicar as flexões, os vetores, as involuções, a lenta desorganização de um sistema particular em meio a um universo em repouso; ora, a partir de 1940 ficamos no centro de um ciclone; quando tentávamos nos orientar, logo nos víamos às voltas com um problema de uma ordem de complexidade mais elevada, exatamente como a equação de segundo grau é mais complexa do que a de primeiro. Tratava-se de descrever as relações entre diferentes sistemas parciais e o sistema total que os contém, quando tanto aqueles como este se encontram em movimento e os movimentos se condicionam reciprocamente. No mundo estável do romance francês do pré-guerra, o autor, situado num ponto *gama* que representava o repouso absoluto, dispunha de parâmetros fixos para determinar os movimentos de suas personagens. Mas nós, embarcados num sistema em plena evolução, só podíamos conhecer movimentos relativos; enquanto nossos predecessores acreditavam localizar-se fora da história, alçados num bater de asas a cumes de onde julgavam os eventos em verdade, as circunstâncias nos fizeram mergulhar em nosso tempo: estando dentro dele, como poderíamos divisar-lhe o conjunto? Uma vez *situados*, os únicos romances que poderíamos escrever eram romances de *situação*, sem narradores internos nem testemunhas oniscientes; em suma, se quiséssemos dar conta de nossa época, devíamos fazer passar a técnica romanesca da mecânica newtoniana para a relatividade generalizada, povoar nossos livros de consciências semilúcidas e semiobscuras, dentre as quais talvez considerássemos algumas com mais simpatia do que outras, mas nenhuma teria um ponto de vista privilegiado sobre os acontecimentos, nem sobre si mesma, apresentar criaturas cuja realidade seria o tecido confuso e contraditório das apreciações que cada uma faria a respeito de todas – inclusive de si mesma – e todas a respeito de cada uma. Nenhuma dessas criaturas seria capaz de saber, de dentro, se as mudanças em seu destino resultavam de seus esforços, de seus erros, ou do curso do universo; devíamos, enfim, disseminar dúvidas, expectativas e incompletude, forçando o leitor a fazer suas próprias conjecturas, inspirando-lhe a sensação de que sua visão da intriga e das personagens era apenas uma opinião entre muitas outras, sem nunca conduzi-lo nem deixar que ele adivinhasse nossos sentimentos.

Mas, por outro lado, como acabo de frisar, nossa própria historicidade – já que a vivíamos no dia a dia – nos restituía esse absoluto que de início ela parecia nos ter tirado. Se nossos projetos, nossas paixões, nossos atos eram explicáveis e relativos do ponto de vista da história feita, nesse desamparo eles retomavam a incerteza e os riscos do presente, sua densidade irredutível. Não ignorávamos que uma época viria em que os historiadores poderiam percorrer em largas passadas esse período que vivíamos fervorosamente, minuto a minuto, esclarecendo nosso passado com aquilo que teria sido nosso porvir, decidindo quanto ao valor de nossos empreendimentos por seus resultados, quanto à sinceridade das nossas intenções por seu êxito; mas a irreversibilidade do nosso tempo só pertencia a nós; era preciso salvar-nos ou perder-nos, às apalpadelas, nesse tempo, irreversível; os eventos desabavam sobre nós como salteadores e era preciso realizar nosso ofício de homens em face do incompreensível e do insustentável, apostar, conjecturar sem provas, empreender na incerteza e perseverar sem esperança; nossa época poderá ser explicada, mas isso não impede que, para nós, ela tenha sido inexplicável, isso não tirará de nós seu gosto amargo, esse gosto que ela terá tido só para nós e que desaparecerá conosco. Os romances de nossos antecessores relatavam os eventos no passado e a sucessão cronológica deixava entrever as relações lógicas e universais, as verdades eternas; as menores mudanças já estavam incluídas; o momento vivido nos era entregue já repensado. Dentro de dois séculos, essa técnica talvez convenha a um autor que decida escrever um romance histórico sobre a Guerra de 1940. Mas nós, se viéssemos a refletir sobre nossos escritos futuros, ficávamos persuadidos de que nenhuma arte seria verdadeiramente nossa se não restituísse aos fatos seu frescor brutal, sua ambiguidade, sua imprevisibilidade; ao tempo, seu curso; ao mundo, sua opacidade ameaçadora; ao homem, sua longa paciência. Não desejávamos deleitar nosso público, falando-lhe de sua superioridade sobre o mundo morto; queríamos agarrá-lo pelo pescoço: que cada personagem seja uma armadilha; que nela o leitor caia, e que seja lançado de uma consciência a outra, como de um universo absoluto e irremediável a outro universo igualmente absoluto; que o leitor se sinta incerto até quanto à incerteza dos heróis, inquieto quanto às inquietudes deles, ultrapassado pelo presente das personagens e vergado sob o peso de seu futuro, investido pelas percepções e sentimentos delas como se fossem altas falésias intransponíveis; que o leitor sinta, enfim, que cada variação de humor das personagens, cada movimento de seus espíritos compreende a humanidade inteira e constitui, em seu tempo e lugar, no seio da história e a despeito da permanente escamoteação do presente pelo porvir, uma descida irrecorrível na direção do Mal ou uma escalada na direção do Bem, que nenhum futuro poderá contestar. É isso que explica o sucesso que obtiveram entre nós as obras de Kafka e os romancistas norte-americanos. De Kafka já se disse tudo: que queria descrever a burocracia, a progressão da doença, a condição dos judeus na Europa Oriental, a busca da inacessível transcendência, o mundo da graça quando a graça falta. Tudo isso é verdadeiro, eu diria que quis descrever a condição humana. Mas o que nos tocava especialmente é que, nesse processo perpetuamente em curso, que termina bruscamente e mal, cujos juízes são desconhecidos e inacessíveis, nos vãos esforços dos acusados para saber de que são acusados, nessa defesa pacientemente arquitetada, que acaba por se voltar contra o defensor e figurar entre as provas da acusação, nesse presente absurdo que as personagens vivem aplicadamente e cujas chaves estão ausentes, nisso tudo reconhecíamos a história, e a nós mesmos na história. Estávamos longe de Flaubert e de Mauriac: havia ali, ao menos, um procedimento inédito para apresentar destinos logrados, solapados na base, e minuciosamente, engenhosamente, modestamente vividos, para expressar a verdade irredutível das aparências e fazer pressentir, adiante delas, outra verdade, que sempre nos será recusada. Não se imita Kafka, não se refaz Kafka: era preciso extrair de seus livros um encorajamento precioso e ir procurar outra coisa. Quanto aos norte-americanos, não foi por sua crueza nem por seu pessimismo que nos tocaram: reconhecemos neles homens ultrapassados pelos acontecimentos, perdidos num continente grande demais, assim como nós estávamos perdidos na história, e que tentavam, sem tradições, com os parcos meios disponíveis, expressar seu estupor e seu abandono, em meio a acontecimentos incompreensíveis. O sucesso de Faulkner, de Hemingway, de Dos Passos não foi fruto de esnobismo, pelo menos não de início: foi o reflexo defensivo de uma literatura que, sentindo-se ameaçada porque suas técnicas e seus mitos não mais lhe permitiam fazer frente à situação histórica, recorreu a métodos estrangeiros para poder cumprir sua função em novas conjecturas. Assim, no momento em que enfrentávamos o público, as circunstâncias nos forçavam a romper com nossos predecessores: eles haviam optado pelo idealismo literário e nos apresentavam os acontecimentos através de uma subjetividade privilegiada; para nós, o relativismo histórico, afirmando a equivalência *a priori* de todas as subjetividades[11], devolvia ao acontecimento vivo todo o seu valor e nos reconduzia, em literatura, pelo subjetivismo absoluto, ao realismo dogmático. Eles julgavam conferir à louca tarefa de narrar uma justificação ao menos aparente, lembrando a todo instante, em seus relatos, explícita ou alusivamente, a existência de um autor; nós desejávamos que nossos livros pairassem sozinhos no ar e que as palavras, em lugar de apontar para trás, para aquele que as traçara, esquecidas, solitárias, despercebidas, fossem como tobogãs a despejar os leitores no meio de um universo sem testemunhas; em suma, que nossos livros existissem da mesma maneira que as coisas, as plantas, os fatos, e não em primeiro lugar como produtos do homem. Queríamos banir de nossas obras a Providência, tal como a havíamos banido do nosso mundo. A beleza, creio, não a definiríamos mais pela forma, nem mesmo pela matéria, mas pela densidade do ser[12].

Já demonstrei como a literatura "retrospectiva" traduz, em seus autores, uma tomada de posição extrínseca ao conjunto da sociedade e como aqueles que optam por narrar do ponto de vista da história já feita procuram negar seu próprio corpo, sua historicidade e a irreversibilidade do tempo. Esse salto no eterno é efeito direto do divórcio que assinalei entre o escritor e seu público. Inversamente, compreende-se sem dificuldade que nossa decisão de reintegrar o absoluto na história se faz acompanhar de um esforço para efetivar a reconciliação entre autor e leitor que os radicais e os alinhados já haviam iniciado. Quando pensa ter janelas para o eterno, o escritor perde contato com seus iguais, sente-se beneficiado por luzes que não pode comunicar à turba ignara que fervilha abaixo dele; mas, se já concluiu que não se escapa da própria classe pelos bons sentimentos, que não existe consciência privilegiada em lugar algum, e que as belas-letras não constituem atestado de nobreza; chegou-se a compreender que o melhor meio de ser atropelado por sua época é voltar-lhe as costas ou pretender elevar-se acima dela, e que não se chega a transcendê-la fugindo dela, mas sim assumindo-a para transformá-la, isto é, ultrapassando-a na direção do porvir mais próximo, então ele escreve por todos e com todos, porque o problema que procura resolver com seus meios próprios é o problema de todos. Aliás, aqueles dos nossos, que colaboraram em panfletos clandestinos, dirigiam-se em seus artigos à comunidade inteira. Não estávamos preparados para isso e não nos mostramos muito hábeis: a literatura de resistência não chegou a produzir grande coisa. Mas essa experiência nos levou a pressentir o que poderia ser uma literatura do universal concreto.

Nesses artigos anônimos, em geral só exercitávamos o espírito da pura negatividade. Em face de uma opressão manifesta e dos mitos que ela forjava dia a dia para se manter, a espiritualidade era uma recusa. Tratava-se, na maior parte do tempo, de criticar uma política, denunciar uma medida arbitrária, alertar contra um homem ou contra uma propaganda e, quando acontecia de glorificarmos um deportado ou um fuzilado, era por ele ter tido a coragem de dizer não. Contra as noções vagas e sintéticas que nos recitavam dia e noite – a Europa, a Raça, o Judeu, a cruzada antibolchevique –, tínhamos de reavivar o velho espírito de análise, único capaz de fazê-las em pedaços. Assim, nossa função parecia um humilde eco daquela que os escritores do século XVIII haviam cumprido tão brilhantemente. Mas, diferentemente de Diderot e Voltaire, só podíamos dirigir-nos aos opressores por ficção literária, ainda que fosse para dar-lhes vergonha de sua opressão, mesmo porque nunca convivíamos com eles. Sendo assim, não tínhamos a ilusão, que aqueles autores alimentaram, de poder escapar, pelo exercício de nosso ofício, à nossa condição de oprimidos; pelo contrário, situados em meio à opressão, representávamos a coletividade oprimida de que fazíamos parte, suas cóleras e suas esperanças. Com um pouco mais de sorte, mais virtude, mais talento, mais coesão, mais tarimba, teríamos escrito o monólogo interior da França ocupada. E, aliás, se tivéssemos conseguido, não teríamos nada de que nos orgulhar exageradamente: a Frente Nacional agrupava seus membros por profissão; aqueles dentre nós que trabalhavam pela Resistência em sua especialidade não podiam ignorar que os médicos, os engenheiros, os ferroviários prestavam uma contribuição bem mais importante.

De qualquer modo, essa atitude, fácil para nós, em virtude da antiga tradição da negatividade literária, corria o risco, após a libertação, de se transformar em negação sistemática e efetuar, mais uma vez, o divórcio entre o escritor e o público. Havíamos glorificado todas as formas de destruição: deserções, recusa à obediência, descarrilamentos provocados, incêndio voluntário das colheitas, atentados, porque estávamos em guerra. Terminada a guerra, perseverar seria unir-se ao grupo surrealista e a todos aqueles que fazem da arte uma forma permanente e radical de consumação. Mas 1945 não se assemelha a 1918. Era belo invocar o dilúvio sobre uma França vitoriosa e saciada, que acreditava dominar a Europa. O dilúvio chegou: O que resta por destruir? A grande consumação metafísica do outro pós-guerra se fez na alegria, na explosão descompressora; hoje a guerra ainda é uma ameaça, assim como a fome e a ditadura: ainda estamos comprimidos. Em 1918 era a festa, podia-se fazer uma fogueira de euforia com vinte séculos de cultura e poupança. Hoje, o fogo se extinguiria por si mesmo, ou se recusaria a pegar; o tempo das festas não está próximo de retornar. Nesta época de vacas magras, a literatura se recusa a ligar seu destino ao do consumo, demasiado precário. Numa rica sociedade de opressão, ainda é possível tomar a arte por um luxo supremo, porque o luxo parece ser a marca da civilização. Mas hoje o luxo perdeu seu caráter sagrado: o mercado negro fez dele um fenômeno de desintegração social, o luxo perdeu esse aspecto de *conspicuous consumption* que constituía a metade de seu encanto: hoje, para consumir é preciso esconder-se, isolar-se, não se está mais no cume da hierarquia social, mas à margem: uma arte de puro consumo se perderia no ar, não se apoiaria mais nas sólidas volúpias culinárias ou do bem-vestir, mal forneceria a alguns privilegiados uma ou outra evasão solitária, fruições onanísticas, e a oportunidade de sentir saudade da alegria de viver. Quando a Europa inteira se preocupa, antes de mais nada, em reconstruir, quando as nações se privam do necessário para exportar, a literatura que, como a Igreja, se acomoda a qualquer situação e procura salvar-se de qualquer maneira, revela sua outra face: escrever não é viver, nem tampouco afastar-se da vida para contemplar, num mundo em repouso, as essências platônicas e o arquétipo da beleza, nem deixar-se lacerar, como se se tratasse de espadas, por palavras desconhecidas, incompreendidas, vindas de trás de nós: é exercer um ofício. Um ofício que exige aprendizado, trabalho continuado, consciência profissional e senso de responsabilidade. Não fomos nós que descobrimos essa responsabilidade, ao contrário: há cem anos o escritor sonha entregar-se à sua arte numa espécie de inocência, para além do Bem e do Mal e, por assim dizer, antes do pecado. É a sociedade que nos impõe nossos encargos e deveres. É preciso admitir que ela nos considera muito temíveis, pois condenou à morte aqueles dentre nós que colaboraram com o inimigo, mas deixou em liberdade os industriais culpados do mesmo crime. Hoje se diz que era melhor construir a Muralha do Atlântico do que falar dela. Isso não chega propriamente a escandalizar-me. Certamente, é porque somos puros consumidores que a coletividade se mostra tão impiedosa conosco; um autor fuzilado é uma boca a menos a alimentar, o mais humilde produtor faria muito mais falta à nação[13]. E não digo que isso seja justo; ao contrário, é a porta aberta a todos os abusos, à censura, à perseguição. Mas devemos alegrar-nos pelo fato de que nossa profissão comporta alguns perigos: quando escrevíamos na clandestinidade, os riscos para nós eram mínimos, porém consideráveis para o tipógrafo.

Muitas vezes me envergonhei disso: a situação ao menos nos ensinou a praticar uma espécie de deflação verbal. Quando cada palavra pode custar uma vida é preciso economizar palavras, não se deve perder tempo fazendo gemer os violinos: vai-se direto ao ponto, sem rodeios. A Guerra de 1914 precipitou a crise da linguagem; eu estaria inclinado a dizer que a de 1940 a revalorizou. Mas é de se desejar que, retomando nossos nomes, assumamos os riscos por nossa própria conta: afinal, um pedreiro que trabalha no telhado sempre correrá riscos muito maiores.

Numa sociedade que insiste na produção e reduz o consumo ao estritamente necessário, a obra literária permanece evidentemente gratuita. Mesmo que o escritor ressalte o trabalho que ela lhe custa, mesmo que observe, com razão, que esse trabalho, considerado em si mesmo, põe em jogo as mesmas faculdades empregadas por um engenheiro ou um médico, continua evidente que o objeto criado não é, de forma alguma, comparável a um *bem*. Essa gratuidade, longe de nos afligir, é nosso orgulho, e sabemos que ela é a imagem da liberdade. A obra de arte é gratuita porque é fim absoluto e se propõe ao espectador como imperativo categórico. Além disso, ainda que não possa nem queira ser produção por si mesma, deseja representar a livre consciência de uma sociedade de produção, isto é, fazer refletir a produção sobre o produtor, em termos de liberdade, como fez outrora Hesíodo. Não se trata, é claro, de retomar o fio dessa enfadonha literatura do trabalho, da qual Pierre Hamp foi o mais nefasto e mais soporífero representante; mas, como esse tipo de reflexão é ao mesmo tempo apelo e superação, ao mostrar aos homens deste tempo seus trabalhos e seus dias, seria preciso também esclarecer para eles os princípios, os objetivos e a constituição interior de sua atividade produtiva. Se a negatividade é um dos aspectos da liberdade, a construção é o outro.

Ora, o paradoxo de nossa época é que jamais a liberdade construtiva esteve tão perto de tomar consciência de si mesma e talvez nunca foi tão profundamente alienada. Nunca o trabalho manifestou com tanta força sua produtividade e nunca seus produtos e sua significação foram tão inteiramente escamoteados aos trabalhadores, jamais o *homo faber* compreendeu com tanta clareza que ele faz a história e jamais se sentiu tão impotente diante dela. Nosso papel está definido: enquanto negatividade, a literatura contestará a alienação do trabalho; enquanto criação e superação, apresentará o homem como *ação criadora* e o acompanhará em seus esforços para superar a alienação presente, rumo a uma situação melhor. Se é verdade que ter, fazer e ser são as categorias cardeais da realidade humana, pode-se dizer que a literatura de consumo se limita ao estudo das relações que unem o *ser* ao *ter*: a sensação é representada como fruição, o que é filosoficamente falso, e aquele que melhor sabe usufruir é apresentado como aquele que mais existe; de *A cultura do eu* até *A posse do mundo*, passando por *Os frutos da terra* e por *O diário de Barnabooth*, ser é apropriar-se. Nascida de tais deleites, a obra de arte também pretende ser fruição, ou promessa de fruição; assim, o círculo se fecha. Nós, ao contrário, fomos levados pelas circunstâncias a examinar as relações entre o *ser* e o *fazer*, segundo a perspectiva de nossa situação histórica. *Somos* aquilo que *fazemos*? O que fazemos a nós mesmos? E ocorre isso na sociedade atual, em que o trabalho é alienado? *Que* fazer, que finalidade escolher, *hoje*? E *como* fazer, por quais meios? Quais são as relações entre o fim e os meios numa sociedade baseada na violência? As obras inspiradas em tais preocupações não podem aspirar primeiramente a agradar: elas irritam e inquietam, colocam-se como tarefas a cumprir, convidam a buscas sem conclusão, mostram experiências cujo resultado é incerto. Fruto de tormentos e perguntas, não podem ser gozo para o leitor, mas sim perguntas e tormentos. Quando nos é dado realizá-las bem, não serão entretenimento, mas obsessão. Não oferecerão o mundo "para ser visto", mas para ser mudado. Com isso ele não perderá nada, ao contrário, esse velho mundo usado, explorado, desgastado. Desde Schopenhauer, admite-se que os objetos se revelam em sua plena dignidade quando o homem faz silenciar em seu coração a vontade de poder: é ao consumidor ocioso que as coisas entregam seus segredos; só é permitido *escrever* a respeito delas quando não se tem nada a *fazer* com elas. Essas fastidiosas descrições do século XIX são uma recusa da utilização: o universo não é para ser tocado, é para ser engolido cru, pelos olhos; o escritor, por oposição à ideologia burguesa, escolhe, para nos falar das coisas, aquele minuto privilegiado em que foram rompidas todas as relações concretas que o uniam a elas, exceto o fio tênue do olhar, o momento em que as coisas se desfazem sob sua vista, feixes desatados de sensações refinadas. É a época das impressões: impressões da Itália, da Espanha, do Oriente. Essas paisagens que ele absorve conscienciosamente, o literato as descreve no instante ambíguo que une o fim da ingestão e o início da digestão, em que o subjetivo vem impregnar o objetivo, antes que seus ácidos tenham começado a corroê-lo, em que os campos e os bosques são campos e bosques ainda, mas já são também um estado de alma. Um mundo frio, envernizado, habita os livros burgueses, um mundo para o veraneio, que nos devolve apenas uma alegria decente ou uma melancolia distinta. Nós o vemos da janela, não estamos dentro dele. Quando o romancista aí instala camponeses, eles destoam da sombra das montanhas, do filete prateado dos riachos; enquanto revolvem a terra com suas enxadas, em pleno trabalho, somos levados a vê-los com seus trajes domingueiros. Esses trabalhadores perdidos nesse universo de sétimo dia lembram o acadêmico de Jean Effel que Pruvost introduziu numa de suas caricaturas e que se desculpava dizendo: "Eu me enganei de desenho". Ou então é que eles também foram transformados em objetos – em objetos e em estados de alma.

Para nós, o *fazer* é revelador do ser, cada gesto desenha novas figuras sobre a terra, cada técnica, cada instrumento é um sentido aberto para o mundo; as coisas têm tantas faces quantas são as maneiras de nos servirmos delas. Não estamos mais com aqueles que querem possuir o mundo, mas com os que querem mudá-lo, e é no próprio projeto de mudá-lo que o mundo revela os segredos de seu ser. Do martelo, diz Heidegger, temos o conhecimento mais íntimo quando nos servimos dele para martelar. E do prego, quando o cravamos na parede, e da parede quando nela cravamos o prego. Saint-Exupéry nos abriu o caminho: mostrou que o avião, para o piloto, é um órgão de percepção[14]; uma cadeia de montanhas, a 600 quilômetros por hora, e segundo a nova perspectiva do voo, é um ninho de serpentes: negras, elas se amontoam, projetam contra o céu suas cabeças duras e calcinadas, querem agredir, arremeter; a velocidade, com seu poder adstringente, ajunta e comprime em torno delas as dobras do manto terrestre; Santiago surge nos arredores de Paris; a quatorze mil pés de altura, as atrações obscuras que puxam San Antonio para Nova York cintilam como trilhos. Depois dele, depois de Hemingway, como poderíamos pensar em descrever? É preciso que mergulhemos as coisas na ação: sua densidade de ser será medida pelo leitor pela multiplicidade de relações práticas que elas entretêm com as personagens. Faça a montanha ser escalada pelo contrabandista, pelo fiscal de alfândega, pelo *partisan*; faça com que o aviador a sobrevoe[15], e a montanha surgirá de repente dessas ações conexas, saltará para fora do livro, como um boneco de mola que pula fora da caixa. Assim, o mundo e os homens se revelam pelos *empreendimentos*. E todos os empreendimentos de que podemos falar se reduzem a um só: *fazer a história*. Eis-nos levados pela mão até o momento em que é preciso abandonar a literatura da *exis\*\*\** para inaugurar a da *praxis*.

A *praxis* como ação na história e sobre a história, isto é, como síntese entre a relatividade histórica e o absoluto moral e metafísico, com esse mundo hostil e amigável, terrível e irrisório que ela nos revela: eis o nosso tema. Não afirmo que tenhamos escolhido esses caminhos austeros, e seguramente há entre nós os que trazem em si algum romance de amor cheio de encanto e desolação que nunca verá a luz do dia. Que fazer? Não se trata de escolher sua época, mas de se escolher nela.

A literatura da produção, que agora se anuncia, não fará esquecer a do consumo, que é a sua antítese; não deve pretender superá-la e talvez nunca chegue a igualar-se a ela; ninguém ousa afirmar que ela nos leva ao limite extremo e a realizar a essência da arte de escrever. É possível até que venha a desaparecer bem cedo: a geração que nos sucede parece hesitante, muitos de seus romances são festas tristes e furtivas, semelhantes àquelas festas-surpresa da ocupação, em que os jovens dançavam entre dois alarmes, bebendo vinho de Hérault, ao som de discos de antes da guerra. Nesse caso, será uma revolução falhada. E mesmo que consiga vingar, essa literatura da *praxis* passará, como a anterior, da *exis*; será preciso voltar à da *exis* e talvez a história das próximas décadas registre a alternância entre as duas. Isso significará que os homens terão definitivamente fracassado em outra revolução, de uma importância infinitamente mais considerável. De fato, é só numa coletividade socialista que a literatura, tendo enfim compreendido sua essência e realizado a síntese entre a *praxis* e a *exis*, entre a negatividade e a construção, entre o fazer, o ter e o ser, poderia merecer o nome de *literatura total*. Enquanto esperamos, cultivemos nossa horta: temos muito que fazer.

Não basta, na verdade, reconhecer a literatura como liberdade, substituir o dispêndio pelo dom, renunciar à velha mentira aristocrática de nossos antecessores e querer lançar, através de todas as nossas obras, um apelo democrático ao conjunto da sociedade: é preciso ainda saber quem nos lê, e se a conjuntura presente não relega ao rol das utopias nosso desejo de escrever para o "universal concreto". Se nossos anseios pudessem realizar-se, o escritor do século XX ocuparia, entre as classes oprimidas e as opressoras, uma posição análoga àquela que os autores do século XVIII ocuparam entre os burgueses e a aristocracia, ou à posição de Richard Wright entre os negros e os brancos: lido ao mesmo tempo pelo oprimido e pelo opressor, testemunhando pelo oprimido contra o opressor, fornecendo ao opressor sua própria imagem, vista de dentro e de fora, tomando, com e pelo oprimido, consciência da opressão, contribuindo para formar uma ideologia construtiva e revolucionária. Infelizmente são esperanças anacrônicas: o que era possível ao tempo de Proudhon e de Marx já não é mais. Portanto, retomemos a questão inicial e façamos, sem preconceitos, o recenseamento de nosso público. Quanto a isso, a situação do escritor jamais foi tão paradoxal; parece feita dos traços mais contraditórios. No ativo, brilhantes aparências, vastas possibilidades, um padrão de vida invejável; no passivo, somente isto: a literatura está morrendo. Não que lhe faltem talentos nem homens de boa vontade; é que a literatura não tem mais o que fazer na sociedade contemporânea. No momento em que estamos descobrindo a importância da *praxis*, no momento em que vislumbramos o que poderia ser uma literatura *total*, nosso público se desmancha e desaparece; não sabemos mais, literalmente, para quem escrever.

À primeira vista, decerto, parece que os escritores do passado, se pudessem ver-nos, deveriam invejar nossa sorte[16]. Dizia Malraux: "Nós nos aproveitamos dos sofrimentos de Baudelaire". Não creio que isso seja inteiramente verdadeiro, mas é verdade que Baudelaire morreu sem público, e nós, sem termos demonstrado nossa capacidade, sem nem saber se o faremos um dia, temos leitores no mundo inteiro. Seríamos tentados a enrubescer, mas afinal a culpa não é nossa: tudo é questão de circunstância. As autonomias de antes da guerra e em seguida a própria guerra privaram os públicos nacionais de seu contingente anual de obras estrangeiras; hoje nos apressamos, tiramos o atraso; quanto a esse único ponto, há uma descompressão. Os Estados tomam parte nisso: já mostrei em outra ocasião que, há algum tempo, os países vencidos ou arruinados começaram a considerar a literatura como artigo de exportação. Esse mercado literário se ampliou e se regularizou depois que as coletividades passaram a ocupar-se dele; encontram-se aí os procedimentos comuns: o *dumping* (por exemplo, as edições norte-americanas *overseas*), o protecionismo (no Canadá, em certos países da Europa Central), acordos internacionais; os países se inundam reciprocamente com *Digests*, isto é, como o nome diz, literatura já digerida, quimo literário. Em suma, as belas-letras, assim como o cinema, estão a caminho de se tornarem uma arte industrializada. Sem dúvida, nós nos beneficiamos com isso: as peças de Cocteau, de Salacrou, de Anouilh são encenadas em toda parte; eu poderia citar muitas obras que foram traduzidas para seis ou sete idiomas menos de três meses depois da sua publicação. No entanto, tudo isso é só brilho de superfície: talvez sejamos lidos em Nova York e em Tel Aviv, mas a escassez de papel limitou nossas tiragens em Paris: assim, o público na verdade se espalhou, mais do que cresceu; talvez dez mil pessoas nos leiam em quatro ou cinco países estrangeiros e mais dez mil em nosso país: vinte mil leitores era um sucesso modesto antes da guerra. Essa reputação mundial é muito menos sólida do que a reputação nacional de nossos predecessores. Estou sabendo: o papel está de volta, mas ao mesmo tempo o movimento editorial europeu entra em crise: o volume de vendas se mantém constante.

Fôssemos célebres fora da França e não haveria nenhum motivo de regozijo, seria uma glória ineficaz. Muito mais do que por mares e montanhas, as nações hoje em dia estão separadas por diferenças de potencial econômico e militar. Uma ideia pode *descer* de um país elevado a um país de potencial baixo – por exemplo, dos Estados Unidos para a França –, mas não pode *subir*. É verdade que nos Estados Unidos há tantos periódicos, tantos contatos internacionais, que os americanos acabam por ouvir falar das teorias literárias ou sociais professadas na Europa; entretanto, essas doutrinas se esgotam em sua ascensão: virulentas num país de potencial fraco, esmorecem quando atingem o cume: sabe-se que nos Estados Unidos os intelectuais reúnem as ideias europeias num buquê, aspiram seu perfume por um momento e logo o rejeitam, pois os buquês fenecem mais depressa lá do que em outros climas. Quanto à Rússia, ela colhe daqui e dali, toma aquilo que pode converter facilmente em sua própria substância. A Europa está vencida, arruinada, seu destino lhe escapa, e é por isso que suas ideias não podem mais ser exportadas; o único circuito concreto para o intercâmbio de ideias passa hoje pela Inglaterra, pela França, pelos países nórdicos e pela Itália.

É verdade que somos muito mais conhecidos do que nossos livros são lidos. Atingimos as pessoas, mesmo sem querer, através de novos meios com novos ângulos de incidência. Sem dúvida, o livro ainda é a infantaria pesada que limpa e ocupa o terreno. Mas a literatura dispõe de aviões, de bombas VI e V2, que vão longe, inquietam e afligem, sem levar a uma decisão. A imprensa primeiro. Um autor escrevia para dez mil leitores; se lhe oferecem uma coluna num semanário, ele terá trezentos mil, mesmo que seus artigos não valham nada. Em seguida, a rádio: *Entre quatro paredes*\*\*\*\*, uma de minhas peças, proibida na Inglaterra pela censura teatral, foi ao ar em quatro transmissões pela BBC. Encenada em Londres, não conseguiria, mesmo na hipótese improvável de sucesso, vinte ou trinta mil espectadores. O programa teatral da BBC deu-me automaticamente meio milhão. Por fim o cinema: quatro milhões de pessoas frequentam as salas francesas. Se nos lembrarmos de que, no início do século XX, Paul Souday recriminava Gide por publicar suas obras em tiragens reduzidas, o sucesso de *A sinfonia pastoral* permitirá avaliar o caminho percorrido.

Acontece que dos trezentos mil leitores do articulista, no máximo alguns milhares terão a curiosidade de comprar seus livros, onde ele pôs o melhor do seu talento; os outros memorizarão seu nome de tanto vê-lo na segunda página do jornal, como o do depurativo que veem todos os dias na página doze. Os ingleses que teriam ido ver *Entre quatro paredes* no teatro o teriam feito com conhecimento de causa, fiando-se na imprensa e na crítica falada, com intenção de julgar. Mas os ouvintes da BBC, no momento em que giraram o botão do rádio, ignoravam a peça e até mesmo a minha existência: só queriam ouvir, por força do hábito, o programa dramático das quintas-feiras; uma vez terminado, esqueceram-no, como aos precedentes. Nas salas de cinema, o público é atraído pelo nome das estrelas, em seguida pelo do diretor, e um último lugar pelo do escritor. Em certas cabeças, o nome de André Gide há pouco entrou à força: mas está curiosamente associado, tenho certeza, ao belo rosto de Michèle Morgan. É possível que o filme tenha estimulado a venda de alguns milhares de exemplares do livro, mas, aos olhos de seus novos leitores, este não passa de um comentário mais ou menos fiel à película. À medida que atinge um público mais amplo, o autor o toca menos profundamente, reconhece-se menos na influência que exerce, seus pensamentos lhe escapam, são distorcidos e vulgarizados, passam a ser recebidos com mais indiferença e ceticismo por almas entediadas, oprimidas, que, como ninguém lhes fala em sua "língua natal", ainda consideram a literatura como divertimento. Restam apenas fórmulas ligadas a nomes. E, uma vez que nossa reputação alcança mais longe do que nossos livros, isto é, do que nossos méritos, sejam grandes ou pequenos, não se deve ver nas boas graças passageiras com que nos brindam o sinal de um primeiro despertar do universal concreto, mas simplesmente o indício de inflação literária.

      Isso não seria motivo de preocupação: bastaria manter-nos vigilantes; depende de nós, afinal, que a literatura não se industrialize. Mas o pior é que temos leitores, mas não temos público[17]. Em 1780 a classe opressora era a única a possuir uma ideologia e organizações políticas; a burguesia não tinha nem partido nem consciência de si mesma, o escritor trabalhava diretamente para ela, criticando os velhos mitos da monarquia e da religião, apresentando-lhe algumas noções elementares de conteúdo principalmente negativo, como as de liberdade, igualdade política e *habeas-corpus*. Em 1850, em face de uma burguesia consciente e munida de uma ideologia sistemática, o proletariado continuava informe e obscuro para si mesmo, atravessado por cóleras vãs e desesperadas; a Primeira Internacional só o tocou superficialmente; tudo estava por fazer, o escritor teria podido dirigir-se diretamente aos operários. Já vimos que ele perdeu essa oportunidade. De qualquer modo, serviu aos interesses da classe oprimida, sem querer e até mesmo sem saber, exercendo sua negatividade sobre os valores burgueses. Assim, nos dois casos, as circunstâncias lhe permitiram testemunhar pelo oprimido diante do opressor, ajudando o primeiro a tomar consciência de si mesmo; a essência da literatura estava em sintonia com as exigências da situação histórica. Mas hoje tudo está revirado: a classe opressora perdeu sua ideologia, sua autoconsciência vacila, seus limites já não são claramente definíveis, ela se abre, chama o escritor em seu socorro. A classe oprimida, enfiada num partido, abotoada numa ideologia rigorosa, torna-se uma sociedade fechada; não é mais possível comunicar-se com ela sem intermediários.

A sorte da burguesia estava ligada à supremacia europeia e ao colonialismo. Ela perde suas colônias no momento em que a Europa perde o governo de seu destino; não se trata mais de fazer guerras no estilo dos reizinhos de outrora, por causa do petróleo da Romênia ou da ferrovia de Bagdá: o próximo conflito necessitará de um equipamento industrial que nem o Velho Mundo inteiro é capaz de fornecer; duas potências mundiais, que não são burguesas nem europeias, disputam a posse do universo; o triunfo de uma seria o advento do estatismo e da burocracia internacional; da outra, o advento do capitalismo abstrato. Todos funcionários do Estado? De uma empresa? Quando muito, a burguesia pode manter a ilusão de escolher o molho com que será comida. Hoje ela sabe que representou um momento da história da Europa, um estágio do desenvolvimento das técnicas e das ferramentas, e que nunca atingiu a escala mundial. De resto, o sentimento que nutria a respeito de sua essência e de sua missão se obscureceu: as crises econômicas a sacudiram, minaram, erodiram, provocando fendas, deslizamentos, desmoronamentos internos; em certos países, ela se mostra como a fachada de um imóvel cujo interior foi devastado por uma bomba; em outros, ela desabou em grandes blocos dentro do proletariado; já não se pode defini-la nem pela posse dos bens, que lhe escapam cada dia mais, nem pelo poder político, que ela divide, em quase toda parte, com homens novos, saídos diretamente do proletariado; é a burguesia, agora, que tomou o aspecto amorfo e gelatinoso que caracteriza as classes oprimidas antes que elas tomem consciência de seu estado. Na França, descobriu-se que ela está atrasada cinquenta anos em termos de equipamento e organização da grande indústria: daí nossa crise de natalidade, indício inegável de regressão. Além disso, o mercado negro e a ocupação fizeram passar 40% de suas riquezas às mãos de uma nova burguesia, que não tem nem os hábitos, nem os princípios, nem os objetivos da antiga. Arruinada, mas ainda opressora, a burguesia europeia governa de dia para dia, com recursos do varejo miúdo: na Itália, mantém os trabalhadores em xeque porque se apoia na coalizão entre a Igreja e a miséria; em outros países, torna-se indispensável porque fornece os quadros técnicos e o pessoal administrativo; em outros, ainda, emprega a tática de dividir para governar e, além disso, o que é mais importante, a era das revoluções nacionais terminou: os partidos revolucionários não querem remexer nessa carcaça carcomida, fazem até o que podem para evitar que ela desmorone de vez: o primeiro estalido atrairia a intervenção estrangeira e talvez o conflito mundial, para o qual a Rússia ainda não está preparada. Alvo de todas as solicitudes, dopada pelos Estados Unidos, pela Igreja e até mesmo pela URSS, à mercê das flutuações do jogo diplomático, a burguesia não pode nem conservar nem perder seu poder sem o concurso de forças estrangeiras: é o "doente" da Europa contemporânea e sua agonia pode prolongar-se por muito tempo.

Em consequência, sua ideologia desaba: ela justificava a propriedade pelo trabalho e também por aquela lenta osmose que transfere para a alma do possuidor as virtudes da coisa possuída; a seus olhos, a posse de bens era um mérito e a mais refinada cultura do eu. Ora, a propriedade se tornou simbólica e coletiva, não se possuem mais as coisas, mas sim os seus signos, ou os signos de seus signos; o argumento do "trabalho-mérito" e o da "fruição-cultura" se deterioraram. Por ódio aos trustes e à consciência pesada que vem da propriedade abstrata, muitos se voltaram para o fascismo. Invocado por eles, o fascismo chegou e substituiu os trustes pelo dirigismo; depois desapareceu, mas o dirigismo continuou: os burgueses não ganharam nada com isso. Se ainda mantêm a condição de possuidores, isso se dá de modo ávido, mas sem alegria; pouco falta para que, por enfado, considerem a riqueza um estado de fato injustificável: eles perderam a fé. Não conservam tampouco muita confiança nesse regime democrático que já foi seu orgulho e que ruiu ao primeiro golpe; mas, como o nacional-socialismo também ruiu, no momento em que iam aderir a ele, os burgueses não creem mais nem na República nem na ditadura. Nem no progresso: este era bom no momento em que aquela classe ascendia; agora que está em declínio, não têm mais o que fazer com ele; e seria um grande desgosto saber que outros homens e outras classes irão apoderar-se dele. Tal como ocorria antes, seu trabalho não lhes proporciona um contato direto com a matéria, porém duas guerras os levaram a descobrir o cansaço, o sangue e as lágrimas, a violência, o mal. As bombas não destruíram apenas suas fábricas: racharam também seu idealismo. O utilitarismo era a filosofia da poupança; perde todo o sentido quando a poupança se vê comprometida pela inflação e pelas ameaças de bancarrota. "O mundo", é o que mais ou menos diz Heidegger, "desvenda-se no horizonte dos utensílios avariados". Quando nos servimos de um instrumento, é para produzir determinada modificação, que também é um meio de obter outra, mais importante, e assim sucessivamente. Assim estamos engrenados num encadeamento de meios e fins, cujos termos nos escapam, e demasiado absorvidos em nossa ação de detalhe para questionar seus fins últimos. Quando o instrumento se quebra, a ação é suspensa e a cadeia inteira nos salta aos olhos. O mesmo se dá com o burguês: seus instrumentos estão avariados, ele vê a cadeia e conhece a gratuidade dos seus fins; enquanto acreditava neles sem vê-los, enquanto trabalhava, de cabeça baixa, nos elos mais próximos, os fins o justificavam; agora que os fins lhe saltam aos olhos, descobre que ele próprio é injustificável; o mundo inteiro se desvenda, assim como seu desamparo no mundo: nasce a angústia[18]. E a vergonha também; mesmo para os que julgam a burguesia em nome dos princípios que ela própria sustenta, é inegável que ela traiu três vezes: em Munique, em maio de 1940, e no governo de Vichy. É certo que se recuperou: muitos defensores de Vichy da primeira hora se tornaram resistentes já em 1942; compreenderam que deviam lutar contra o ocupante em nome do nacionalismo burguês, contra o nazismo em nome da democracia burguesa. Também é verdade que o Partido Comunista hesitou por mais de um ano, e que a Igreja hesitou até a libertação: mas ambos possuem força suficiente, unidade e disciplina para exigir de seus adeptos que esqueçam, a pedidos, os erros do passado. A burguesia não esqueceu nada: carrega ainda a mágoa que lhe causou um de seus filhos, de quem ela mais se orgulhava; condenando Pétain à prisão perpétua, parece-lhe que ela se encarcerou a si mesma; poderia adotar a resposta de Paul Chack, oficial católico e burguês que, por ter seguido cegamente as ordens de um marechal francês, católico e burguês, foi entregue a um tribunal burguês, sob o governo de um general católico e burguês, e que, estupefato com esse embuste tão hábil, resmungava sem cessar durante o processo: "Não compreendo". Dilacerada, sem futuro, sem garantias, sem justificação, a burguesia, objetivamente transformada em *doente*, entrou subjetivamente na fase da consciência infeliz. Muitos de seus membros se extraviaram, oscilam entre a cólera e o medo, essas duas fugas; os melhores ainda tentam defender, se não os seus bens, que em geral viraram fumaça, ao menos as verdadeiras conquistas burguesas: a universalidade das leis, a liberdade de expressão, o *habeas-corpus*. Esses constituem o nosso público. Nosso *único* público. Lendo os velhos livros, compreenderam que a literatura se alinhava, por essência, com as liberdades democráticas. Agora se voltam para ela, suplicam-lhe que lhes dê razões de viver e de ter esperança, uma nova ideologia; jamais, talvez, desde o século XVIII, se esperou tanto do escritor.

Não temos nada a lhes dizer. A despeito deles mesmos, pertencem a uma classe opressora. Vítimas, sem dúvida, e inocentes, e no entanto ainda tiranos e culpados. Tudo o que podemos fazer é refletir em nossos espelhos sua consciência infeliz, isto é, levar um pouco avante a decomposição de seus princípios; temos essa tarefa ingrata de lhes recriminar os erros quando eles se tornaram maldições. Nós próprios, também burgueses, conhecemos a angústia burguesa, também tivemos a alma despedaçada, mas uma vez que é próprio da consciência infeliz querer livrar-se do estado de infelicidade, não podemos permanecer tranquilamente no seio de nossa classe e, como não nos é mais possível sair dela por um passe de mágica, assumindo as aparências de uma aristocracia parasitária, é preciso que sejamos seus coveiros, mesmo correndo o risco de nos enterrar com ela.

Voltamo-nos para a classe operária, que poderia hoje, como sucedeu com a burguesia de 1780, constituir para o escritor um público revolucionário. Público virtual, ainda, mas singularmente presente. O operário de 1947 tem uma cultura social e profissional, lê publicações técnicas, sindicais e políticas, tomou consciência de si mesmo, de sua posição no mundo e tem muito a nos ensinar; viveu todas as aventuras do nosso tempo, em Moscou, Budapeste, Munique, Madri, Stalingrado, na resistência clandestina; no momento em que descobrimos, na arte de escrever, a liberdade, com seus dois aspectos, a negatividade e a superação criadora, o operário procura libertar-se e ao mesmo tempo libertar todos os homens, para sempre, da opressão. Sendo oprimido, a literatura como negatividade poderia refletir-lhe o objeto de suas cóleras; produtor e revolucionário, ele é o tema por excelência de uma literatura da *praxis*. Temos em comum com ele o dever de contestar e de construir; ele reivindica o direito de fazer a história, no momento em que descobrimos nossa própria historicidade. Ainda não estamos familiarizados com sua linguagem, nem ele com a nossa, mas já conhecemos o meio de atingi-lo: é preciso – tratarei disso mais adiante – conquistar os *mass media*, e isso não é tão difícil. Sabemos também que na Rússia o operário discute com o próprio escritor e que lá surgiu uma nova relação entre público e autor, que não é nem a espera passiva e fêmea, nem a crítica especializada do "intelectual". Não creio na "Missão" do proletariado, nem que ele se beneficie de uma graça de estado: ele é feito de homens, justos e injustos, que podem se extraviar e são muitas vezes mistificados. Mas não se deve hesitar em dizer que a sorte da literatura está ligada à da classe operária.

Infelizmente, em nosso país, uma cortina de ferro nos separa desses homens a quem *devemos* falar: eles não entenderão uma palavra do que lhes dissermos. A maioria do proletariado, tolhida num partido único, cercada por uma propaganda que o isola, forma uma sociedade fechada, sem portas nem janelas. Com uma só via de acesso, assaz estreita, o PC. É de se desejar que o escritor se engaje no partido? Se o fizer por convicção de cidadão e por desgosto com a literatura, está muito bem, ele escolheu. Mas é possível tornar-se comunista continuando a ser escritor?

O PC alinha sua política com a da Rússia soviética porque é somente nesse país que se encontra o esboço de uma organização socialista. Mas, se é verdade que a Rússia começou a Revolução Social, também é verdade que não a terminou. O atraso de sua indústria, a falta de quadros habilitados e a incultura das massas a impedem de realizar sozinha o socialismo, e até mesmo de impô-lo a outros países pelo contágio do exemplo; se o movimento revolucionário que partia de Moscou tivesse podido estender-se a outras nações, não teria cessado de evoluir na própria Rússia, à medida que ganhasse terreno; contido entre as fronteiras soviéticas, o socialismo sedimentou-se num nacionalismo defensivo e conservador, porque era preciso salvar a qualquer preço os resultados obtidos. No momento em que se tornava a Meca das classes operárias, a Rússia constatava que lhe era tão impossível assumir sua missão histórica como renegá-la; o país precisou voltar-se para si próprio, dedicar-se a formar seus quadros, recuperar o atraso de seus equipamentos, perpetuar-se mediante um regime autoritário, sob a forma de uma Revolução em pane. Como os partidos europeus empenhados no socialismo e que preparavam o advento do proletariado não eram em país algum fortes o bastante para passar à ofensiva, a Rússia foi obrigada a utilizar-se deles como bastiões avançados de sua defesa. Mas como estes só podiam servi-la, junto às massas, fazendo uma política revolucionária, e como ela nunca perdeu a esperança de assumir a liderança do proletariado europeu, caso algum dia as circunstâncias se mostrassem mais favoráveis, deixou a cada um sua bandeira vermelha e sua fé. Com isso, as forças da Revolução mundial foram desviadas para que se mantivesse uma revolução em hibernação. Quanto ao PC, é preciso ainda reconhecer que, enquanto acreditou de boa-fé na possibilidade, mesmo remota, de uma tomada do poder pela insurreição, e enquanto se tratou, para ele, de enfraquecer a burguesia e solapar a S.F.I.O.*****, o partido exerceu sobre as instituições e os regimes capitalistas uma crítica negativa que mantinha as aparências de liberdade. Antes de 1939, tudo lhe servia: panfletos, sátiras, romances sobre o submundo, violências surrealistas, testemunhos arrasadores sobre nossos métodos coloniais. Depois de 1944, tudo se agravou: o declínio da Europa simplificou a situação. Duas potências permanecem de pé, a URSS e os Estados Unidos; cada uma amedronta a outra. Do medo nasce a cólera, como se sabe, e da cólera, os golpes. Ora, a URSS é a mais fraca: mal saíra de uma guerra que temia há vinte anos e precisava ainda contemporizar, retomar a corrida armamentista, reforçar a ditadura em seu interior, e no exterior conseguir aliados, vassalos, posições.

A tática revolucionária se transforma em diplomacia: é preciso manter a Europa como aliada. Portanto, apaziguar a burguesia, adormecê-la com fábulas, impedir a todo custo que o pavor a lance para o lado dos anglo-saxões. Foi-se o tempo em que *L'Humanité* podia dizer: "Todo burguês que encontra um operário deve ter medo". Nunca os comunistas foram tão poderosos na Europa e, no entanto, nunca foram menores as chances de uma revolução: se em algum lugar o partido planejasse tomar o poder por um golpe de força, a tentativa seria sufocada no nascedouro: os anglo-saxões dispõem de mil recursos para aniquilá-la, sem nem precisar recorrer às armas, e os soviéticos não a veriam com bons olhos. Se por acaso a insurreição fosse bem-sucedida, ficaria vegetando no mesmo lugar, sem se difundir. E se por milagre se tornasse, enfim, contagiosa, correria o risco de transformar-se no estopim da terceira guerra mundial. Não é mais, pois, o advento do proletariado que os comunistas preparam no seu país de origem, mas a guerra, somente a guerra. Vitoriosa, a URSS estende seu regime à Europa, as nações caem como frutos maduros; vencida, caem com ela os partidos comunistas. Tranquilizar a burguesia sem perder a confiança das massas, permitir-lhe governar, mas conservando as aparências da ofensiva, ocupar postos de comando sem se deixar comprometer: eis a política do PC. Fomos testemunhas e vítimas, entre 1939 e 1940, da putrefação de uma guerra; assistimos agora à putrefação de uma situação revolucionária.

Caso se pergunte hoje se o escritor deve, para atingir as massas, oferecer seus serviços ao Partido Comunista, respondo que não; a política do comunismo estalinista é incompatível com o exercício honesto do ofício literário: um partido que planeja a revolução não deveria ter nada a perder; ora, para o PC, há alguma coisa a perder e alguma coisa a poupar: como seu objetivo imediato não é mais estabelecer pela força a ditadura do proletariado, mas salvaguardar a Rússia em perigo, o partido apresenta hoje um aspecto ambíguo: progressista e revolucionário na doutrina e nos fins professados, tornou-se conservador nos meios; antes mesmo de tomar o poder, adota a postura de espírito, os raciocínios e artifícios daqueles que, já estando há muito tempo no poder, sentem que este lhes escapa e querem conservá-lo. Há algo em comum, e não é o talento, entre Joseph de Maistre e Garaudy. E, de modo geral, basta folhear um escrito comunista para pinçar, ao acaso, dezenas de procedimentos conservadores: persuade-se pela repetição, pela intimidação, pelas ameaças veladas, pela força desdenhosa da afirmação, por alusões enigmáticas a demonstrações que não são feitas, mostrando uma convicção tão sólida, tão soberba, que de saída já se coloca acima de qualquer debate, fascina e acaba por se tornar contagiosa. Nunca se responde ao adversário; a tática é desacreditá-lo: ele é da polícia, é do *Intelligence Service*, é um fascista. Quanto às provas, nunca são dadas, pois são terríveis e envolvem muita gente. Se você insiste em conhecê-las, eles lhe pedem que pare e acredite na acusação sob palavra: "Não nos force a dizer, isso iria complicar sua vida". Em suma, o intelectual comunista retoma a atitude do estado-maior que condenou Dreyfus com base em provas secretas. É evidente que isso representa também uma volta ao maniqueísmo dos reacionários, só que dividindo o mundo segundo outros princípios. Um trotskista para um estalinista, assim como um judeu para Maurras, é a encarnação do mal, tudo o que vem dele é necessariamente mau. Em contrapartida, a posse de certos títulos funciona como graça de estado. Compare esta frase de Joseph de Maistre: "A mulher casada é necessariamente casta" com esta outra de um correspondente de *L'Action*: "O comunista é o herói *permanente* do nosso tempo". Que há heróis no Partido Comunista, sou o primeiro a reconhecer. Mas então a mulher casada jamais demonstra fraqueza? "Nunca, pois ela se casou diante de Deus." E basta entrar no partido para se tornar herói? "Sim, porque o PC é o partido dos heróis." E se por acaso se mencionar o nome de um comunista que alguma vez falhou? "É porque não era um verdadeiro comunista."

No século XIX era preciso dar muitas garantias morais e levar uma vida exemplar para se purificar, aos olhos dos burgueses, do pecado de escrever, pois a literatura, por essência, é heresia. A situação não mudou, exceto pelo fato de que agora são os comunistas, isto é, os representantes qualificados do proletariado, que por princípio consideram o escritor como suspeito. Mesmo que irrepreensível em seu comportamento, o intelectual comunista carrega consigo uma tara original: entrou *livremente* no partido. Sua leitura refletida de *O capital*, o exame crítico da situação histórica, o senso agudo de justiça, a generosidade, o gosto pela solidariedade – foram estes os fatores que o levaram a tomar a decisão: tudo isso demonstra uma independência que não cheira bem. Entrou no partido por livre escolha, logo, também pode optar por sair[19]. Entrou por ter criticado a política de sua classe de origem; logo, também poderá criticar a dos representantes de sua classe de adoção. Assim, na própria ação pela qual inaugura uma vida nova, há uma maldição que pesará sobre ele durante toda a vida. Desde o instante da ordenação, começa para ele um longo processo semelhante àquele descrito por Kafka, em que os juízes são desconhecidos e os dossiês secretos, em que as únicas sentenças definitivas são as condenações. Não que seus acusadores invisíveis se incumbam, como é hábito na justiça, de apresentar as provas de seu crime: a ele, sim, cabe provar sua inocência. Como tudo o que escreve pode ser usado contra ele, e sabe disso, cada obra sua apresenta a característica ambígua de ser, ao mesmo tempo, um apelo público em nome do PC e um velado discurso de defesa em causa própria. Visto de fora, tudo aquilo que aos leitores aparenta ser uma cadeia de afirmações peremptórias, de dentro do partido, aos olhos dos juízes parece uma humilde e canhestra tentativa de autojustificação. Quando se mostra para nós mais brilhante e mais eficaz, é então que se revela mais culpado. Por vezes nos parece – e também ele talvez assim acredite – que subiu na hierarquia do partido e que se tornou seu porta-voz, mas trata-se de uma prova, ou de um logro: os degraus foram falseados; quando se crê por cima, percebe que continua no chão. Leia cem vezes seus escritos; você nunca conseguirá definir sua verdadeira importância: quando Nizan, encarregado de política internacional no *Ce Soir*, se esforçava, de boa-fé, para provar que nossa única chance de salvação consistia num pacto franco-russo, seus juízes secretos, que lhe permitiam afirmar isso, já tinham conhecimento das negociações entre Ribbentrop e Molotov. E se pensa que conseguirá safar-se por meio de uma obediência de cadáver, está enganado. Exige-se dele que demonstre espírito, mordacidade, lucidez, criatividade. Mas, ao mesmo tempo em que são exigidas dele, essas virtudes são condenadas, pois representam propensão ao crime. Como, então, preservar o espaço do espírito crítico? Assim, o erro está alojado nele como o bicho na fruta. Não pode agradar nem a seus leitores, nem a seus juízes, nem a si mesmo. Aos olhos de todos, e mesmo a seus próprios olhos, não passa de uma subjetividade culpada, que deforma a ciência ao refleti-la em suas águas turvas. Essa deformação pode ser útil: como os leitores não distinguem o que vem do autor daquilo que lhe foi ditado pelo "processo histórico", sempre será possível contrapor-lhe um desmentido. Entende-se que ele se compromete inteiramente com seu trabalho e, como sua missão é exprimir dia a dia a política do PC, seus artigos permanecem muito tempo depois de essa política haver mudado. É a estes que os adversários do estalinismo se referem quando querem mostrar as contradições ou a versatilidade dessa política; com isso, o escritor não é apenas *culpado presumível*, mas aquele sobre quem recaem todas as falhas passadas, pois seu nome fica ligado aos erros do partido e ele é o bode expiatório de todos os expurgos políticos.

Não é impossível, porém, que ele resista muito tempo, caso aprenda a reprimir suas qualidades, e a puxar as rédeas quando elas ameaçam levá-lo longe demais. Não deve, porém, usar de cinismo, vício tão grave quanto a boa vontade. É preciso que saiba ignorar; que veja o que não deve ver e esqueça o que viu, de modo a nunca escrever a respeito; e que ao mesmo tempo se lembre do que viu, o bastante para poder, no futuro, evitar encará-lo de frente; que leve sua crítica longe o bastante para determinar o ponto em que convém deter-se, isto é, que ultrapasse esse ponto para poder, no futuro, fugir à tentação de ultrapassá-lo, mas que saiba romper os laços de solidariedade com essa crítica prospectiva, colocá-la entre parênteses e considerar nulos seus resultados: em suma, que considere sempre que o espírito é finito, limitado por todos os lados por fronteiras mágicas, por nevoeiros, como os primitivos que só sabem contar até vinte e são misteriosamente privados do poder de ir mais além: essa bruma artificial, que ele deve estar sempre pronto a interpor entre si mesmo e as evidências escabrosas, nós a chamaremos simplesmente de má-fé. Mas isso ainda não basta: é preciso que ele evite falar muito sobre os dogmas; não é bom mostrá-los em plena luz do dia: as obras de Marx, como a Bíblia dos católicos, são perigosas para quem as aborde sem um bom diretor de consciência: em cada célula do partido há um deles, e se surgem dúvidas, escrúpulos, só a ele se deve confessá-los. Também não convém colocar muitos comunistas nos romances ou no palco: quando têm defeitos, correm o risco de desagradar; se são demasiado perfeitos, entediam. O político estalinista não deseja, de maneira alguma, encontrar sua própria imagem na literatura, pois sabe que um retrato já é uma contestação. Para escapar desse dilema, o escritor vai retratando o "herói permanente" num perfil incompleto, fazendo com que apareça no final da história para tirar a conclusão, ou insinuando sua presença por toda parte, mas sem mostrá-la, como fez Daudet com *A arlesiana*. Evitar também, na medida do possível, lembrar a Revolução: isso caiu de moda. Tanto quanto a burguesia, o proletariado europeu não governa seu próprio destino: a história se escreve em outra parte. É preciso desacostumá-lo aos poucos de seus velhos sonhos e ir substituindo, bem devagar, a perspectiva da insurreição pela da guerra. Se um escritor se conforma a todas essas prescrições, nem por isso será amado. É uma boca inútil; não trabalha com as mãos. Ele sabe disso, e sofre de complexo de inferioridade, quase tem vergonha de seu ofício e faz questão de se inclinar diante dos operários, assim como Jules Lemaitre se inclinava diante dos generais, por volta de 1900.

Enquanto isso, a doutrina marxista, intacta, seca no pé: por falta de controvérsias interiores, ela se degradou em determinismo estúpido. Marx, Engels, Lenin disseram mil vezes que a explicação pelas causas devia ceder o passo ao processo dialético, mas a dialética não se deixa confinar em fórmulas de catecismo. Difunde-se por toda parte um cientificismo primário, explica-se a história por uma justaposição de séries causais e lineares. O último dos grandes espíritos do comunismo francês, Politzer, foi obrigado a ensinar, um pouco antes da guerra, que "o pensamento é uma secreção do cérebro", assim como os hormônios são secreções das glândulas endócrinas; hoje em dia, quando procura interpretar a história ou as condutas humanas, o intelectual comunista toma de empréstimo à ideologia burguesa a psicologia determinista fundada na lei do interesse e no mecanicismo.

Mas há pior: o conservadorismo do PC é acompanhado hoje de um oportunismo que o contradiz. Não se trata apenas de salvaguardar a

URSS, é preciso poupar a burguesia. Deve-se, pois, falar sua linguagem: família, pátria, religião, moralidade; e como nem por isso se renunciou ao propósito de enfraquecê-la, vai-se tentar batê-la em seu próprio terreno, insistindo em seus próprios princípios. Essa tática traz como resultado superpor dois conservadorismos contraditórios: a escolástica materialista e o moralismo cristão. A bem dizer, não é tão difícil, desde que se abandone toda lógica, passar de um a outro, pois ambos pressupõem a mesma atitude sentimental: trata-se de se agarrar a posições ameaçadas, recusar a discussão, dissimular o medo por trás da cólera. Mas, justamente, o intelectual deve, por definição, *também* usar a lógica. Pede-se então que disfarce suas contradições por meio de truques de prestidigitação; é preciso que se esforce por conciliar o inconciliável, que reúna à força ideias que se repelem, que disfarce os remendos com camadas reluzentes de belo estilo; isso sem falar da tarefa que lhe cabe há pouco: roubar a história da França à burguesia, anexar o grande Ferré, o pequeno Bara, São Vicente de Paulo, Descartes. Pobres intelectuais comunistas: fugiram da ideologia de sua classe de origem para reencontrá-la em sua classe de opção. Desta vez, acabou a brincadeira; trabalho, família, pátria: eles têm de cantar. Imagino que muitas vezes tenham vontade de morder, mas estão acorrentados: só lhes permitem uivar contra fantasmas ou contra alguns escritores que permaneceram livres e não representam nada.

Agora me apontarão autores ilustres. Decerto, reconheço que muitos tiveram talento. Será mera casualidade não o terem mais? Demonstrei acima que a obra de arte como fim absoluto se opõe, por essência, ao utilitarismo burguês. Será que ela poderia acomodar-se ao utilitarismo comunista? Num partido autenticamente revolucionário, a arte encontraria o clima propício à sua eclosão, porque a libertação do homem e o advento da sociedade sem classes são, como ela, fins absolutos, exigências incondicionadas, que ela pode refletir em sua exigência, mas o PC entrou hoje na ronda infernal dos meios; é preciso tomar e manter posições-chave, isto é, meios de adquirir outros meios. Quando os fins se distanciam, quando os meios se multiplicam a perder de vista, como insetos, a obra de arte também se torna meio, integra a cadeia, seus fins e princípios se tornam exteriores a ela; passa a ser comandada de fora, não exige mais nada, prende o homem pelo estômago ou pelo sexo; o escritor conserva a aparência do talento, ou seja, a arte de encontrar palavras que brilhem, mas lá dentro alguma coisa morreu, a literatura se transformou em propaganda[20]. No entanto, é alguém como o Sr. Garaudy, comunista e propagandista, que me acusa de ser um coveiro. Eu poderia devolver-lhe o insulto, mas prefiro assumir minha culpa: se tivesse poder para isso, enterraria a literatura com minhas próprias mãos, para que ela não servisse aos fins para os quais ele a utiliza. Ora, os coveiros são pessoas honestas, certamente sindicalizados, talvez comunistas. Prefiro ser coveiro a ser lacaio.

Enquanto ainda formos livres, não iremos juntar-nos aos cães de guarda do PC; não depende de nós termos talento, mas, como escolhemos o ofício de escrever, cada um de nós é responsável pela literatura e depende de nós que ela caia ou não na alienação. Afirma-se às vezes que nossos livros refletem as hesitações da pequena burguesia, que não se decide pelo proletariado nem pelo capitalismo. Isso é falso; nossa opção está feita. A isso respondem que nossa escolha é ineficaz e abstrata, que é um jogo de intelectuais, caso não seja seguida por nossa adesão a um partido revolucionário: não o nego, mas não é nossa culpa se o PC não é mais um partido revolucionário. É verdade que hoje, na França, não se pode mais atingir as classes trabalhadoras senão por meio dele; mas é só por desatenção que se identificaria sua causa à delas. Ainda que, como cidadãos e em circunstâncias rigorosamente determinadas, possamos apoiar sua política com nossos votos, isso não quer dizer que nossa pena lhe deva ser subserviente. Se, de fato, os dois termos da alternativa são a burguesia e o PC, então a escolha é impossível. Pois não temos o direito de escrever *apenas* para a classe opressora, nem de nos solidarizar com um partido que nos pede que trabalhemos com a consciência pesada e na má-fé. Na medida em que o Partido Comunista canaliza, quase contra sua vontade, as aspirações de toda uma classe oprimida que o leva inevitavelmente a pleitear, por pavor de ser "ultrapassado pela esquerda", medidas como a paz com o Vietnã ou o aumento de salários, que toda a sua política tende a evitar, estamos com esse partido, contra a burguesia; na medida em que alguns meios burgueses de boa vontade reconhecem que a espiritualidade deve ser, simultaneamente, livre negatividade e livre construção, estamos com esses burgueses, contra o PC; na medida em que uma ideologia esclerosada, oportunista, conservadora e determinista entra em contradição com a própria essência da literatura, estamos ao mesmo tempo contra o PC e contra a burguesia. Isso significa claramente que escrevemos contra todos, que temos leitores, mas não público. Burgueses em ruptura com sua classe, mas ainda conservando hábitos burgueses, separados do proletariado pelo biombo comunista, libertos da ilusão aristocrática, ficamos no ar; nossa boa vontade não serve a ninguém, nem sequer a nós mesmos; entramos na época do público inencontrável. Pior ainda, escrevemos na contracorrente. Os autores do século XVIII contribuíram para fazer a história porque a perspectiva histórica do momento era a revolução, e um escritor pode e deve alinhar-se com a revolução se ficar provado que não há outro meio de fazer cessar uma opressão. Mas o escritor de hoje não pode, em caso algum, aprovar uma guerra, porque a estrutura social da guerra é a ditadura, porque os resultados da guerra são sempre incertos e, de todo modo, seus custos são infinitamente superiores a seus benefícios; enfim, porque nela se aliena a literatura, fazendo-a contribuir para a lavagem cerebral. Como nossa perspectiva histórica é a guerra, como temos de escolher entre o bloco anglo-saxônico e o bloco soviético, mas nos recusamos a preparar a guerra, seja com um ou com outro, caímos fora da história e falamos no deserto. Não nos resta sequer a ilusão de ganhar nosso processo por apelação: não haverá apelação e sabemos que o destino póstumo de nossas obras não dependerá nem de nosso talento nem de nossos esforços, mas dos resultados desse conflito futuro: na hipótese de uma vitória soviética, seremos ignorados, até sermos mortos uma segunda vez; na hipótese de uma vitória norte-americana, colocarão os melhores dentre nós em redomas na história literária, e nunca mais os tirarão de lá.

Uma visão lúcida da situação mais sombria já é, em si, um ato de otimismo. Ela implica que essa situação seja *pensável*, isto é, não estamos perdidos nela como numa floresta escura; ao contrário, podemos sair dali, ao menos pelo espírito, mantê-la sob nosso olhar e, portanto, superá-la e tomar nossas decisões em face dela, mesmo que sejam decisões desesperadas. No momento em que todas as igrejas nos expulsam e nos excomungam, em que a arte de escrever, encurralada entre as propagandas, parece ter perdido sua eficácia própria, nosso engajamento deve começar. Não se trata de aumentar as exigências com relação à literatura, mas simplesmente de atender a todas elas, ainda que sem esperança.

1º) De início, é preciso recensear nossos leitores *virtuais*, isto é, as categorias sociais que não nos leem, mas podem vir a fazê-lo. Não creio que tenhamos boa penetração junto aos professores primários, e é uma pena, pois já aconteceu de eles servirem de intermediários entre a literatura e as massas[21]. Hoje em dia, muitos deles já escolheram: fornecem a seus alunos a ideologia cristã ou a ideologia estalinista, segundo o partido que tomaram. Mas há outros que hesitam: é a esses que cabe atingir. Sobre a pequena burguesia, desconfiada e sempre mistificada, sempre pronta, por estar perdida, a seguir os agitadores fascistas, já se escreveu muito. Mas não creio que se tenha escrito o suficiente *para ela*[22], exceto panfletos de propaganda política. Porém ela é acessível através de alguns de seus integrantes. Mais distantes, difíceis de distinguir, mais difíceis ainda de atingir, há enfim aquelas facções populares que não aderiram ao comunismo ou se afastam dele, e correm o risco de cair na indiferença resignada ou no descontentamento informe. Fora disso, nada: os camponeses praticamente não leem – um pouco mais, porém, do que em 1914 –, e a classe operária está aferrolhada. São esses os dados do problema: nada animadores, mas é preciso adaptar-se a eles.

2º) Como acrescentar ao nosso público de fato alguns desses leitores em potencial? O livro é inerte; age sobre quem o abre, mas não se abre por si. Não seria o caso de "vulgarizar": seria uma atitude simplória e, para salvar a literatura do risco da propaganda ideológica, a lançaríamos diretamente em seus braços. É preciso, portanto, recorrer a novos meios, e eles já existem; os americanos já os enfeitaram com o nome de *mass media*; são os verdadeiros recursos de que dispomos para conquistar o público virtual: jornal, rádio, cinema. Naturalmente, é preciso calar nossos escrúpulos: com certeza o livro é a forma mais nobre, a mais antiga; não há dúvida de que sempre será preciso voltar a ele, mas existe uma arte *literária* do rádio e do filme, do editorial e da reportagem. Não há absolutamente necessidade de vulgarizar: o cinema, por essência, fala às multidões; fala-lhes sobre as multidões e seu destino; o rádio surpreende as pessoas à mesa ou na cama, no momento em que oferecem um mínimo de defesa, no abandono quase orgânico da solidão; hoje ele se aproveita disso para enganá-las, mas seria também o melhor momento de apelar para sua boa-fé: elas ainda não desempenham ou já não estão mais desempenhando seus papéis. Já temos um espaço garantido; falta aprender a falar por imagens, a transpor as ideias de nossos livros para essas novas linguagens. Não se trata, em absoluto, de autorizar a adaptação de nossas obras para a tela ou para as emissões de rádio; é preciso escrever diretamente para o cinema, para o rádio. As dificuldades mencionadas provêm do fato de que o cinema e o rádio são máquinas: como põem em jogo capitais vultosos, é inevitável que estejam hoje nas mãos do Estado ou de sociedades anônimas e conservadoras. É só por um mal-entendido que se apela ao escritor: ele acredita que lhe pedem seu trabalho, que não lhes serve para nada, quando, na realidade, só querem é sua assinatura, que rende. E, como ele tem tão pouco senso prático que, e em geral, não se pode convencê-lo a vender uma coisa sem a outra, procura-se ao menos conseguir que ele agrade, que garanta o devido retorno aos acionistas, ou que persuada e sirva à política do Estado. Nos dois casos, demonstram-lhe, por estatísticas, que as más produções têm mais sucesso que as boas e, depois de o informarem sobre o mau gosto do público, pedem-lhe que se submeta. Quando a obra está concluída, para se ter plena certeza de que está no nível mais baixo possível, entregam-na a medíocres que cortam o que for além disso. Mas é precisamente sobre esse ponto que nossa luta deve incidir. Não convém rebaixar-se para agradar, mas, ao contrário, revelar ao público suas exigências próprias e elevá-lo, pouco a pouco, até que ele venha a sentir *necessidade de ler*. É preciso ceder na aparência e tornar-nos indispensáveis; consolidar nossas posições, se for o caso, por meio de sucessos fáceis; em seguida, aproveitar a desordem dos serviços governamentais e a incompetência de certos produtores para voltar essas armas contra eles. O escritor se lançará então no desconhecido: falará, no escuro, a pessoas que desconhece, a quem nunca ninguém falou, a não ser para mentir-lhes; emprestará sua voz às cóleras e inquietações dessa gente; através dele, homens que nunca se viram refletidos em espelho algum, e que aprenderam a sorrir e a chorar como cegos, sem se ver, encontrar-se-ão de súbito em face da própria imagem. Quem ousaria supor que a literatura perderá com isso? Creio, ao contrário, que só tem a ganhar: os números inteiros e fracionários, que outrora constituíam toda a aritmética, só representam hoje um pequeno setor da ciência dos números. O mesmo ocorre com o livro: a "literatura total", caso um dia venha à luz, terá sua álgebra, seus números irracionais e imaginários. Que não se diga que essas indústrias não têm nada a ver com a arte: afinal, a imprensa também é uma indústria, que os escritores antigos conquistaram para nós; não creio que cheguemos a utilizar inteiramente os *mass media*, mas seria belo começar já sua conquista, em benefício de nossos sucessores. Em todo caso, é certo que se não nos servirmos deles, deveremos resignar-nos a escrever apenas para burgueses.

3º) Burgueses de boa vontade, intelectuais, professores, trabalhadores não comunistas: admitindo-se que possamos atingir simultaneamente esses elementos díspares, como fazer deles um público, isto é, uma unidade orgânica de leitores, de ouvintes e de espectadores?

Lembremo-nos de que o homem que lê se despoja, de certa forma, de sua personalidade empírica, escapa a seus ressentimentos, seus medos, seus desejos, para elevar-se ao mais alto de sua liberdade; essa liberdade toma a obra literária como fim absoluto e, através dela, toda a humanidade: a obra constitui-se em exigência incondicionada em relação a si mesma, ao autor e aos leitores possíveis: pode, portanto, identificar-se com a *boa vontade* kantiana que, em qualquer circunstância, trata o homem como fim e não como meio. Com isso o leitor, por suas próprias exigências, tem acesso a esse concerto de boas vontades que Kant chamou de Cidade dos Fins, que em cada canto da terra, a cada momento, milhares de leitores que ignoram uns aos outros ajudam a manter. Mas, para que se torne uma sociedade concreta, é preciso que esse concerto ideal preencha dois requisitos: primeiro, que os leitores substituam o conhecimento de princípio que têm uns dos outros, enquanto exemplos singulares da humanidade, por uma intuição, ou ao menos um pressentimento, de sua presença carnal neste mundo; segundo, que essas boas vontades abstratas, em lugar de continuarem solitárias e lançarem no vazio apelos sobre a condição humana em geral, que não comovem ninguém, estabeleçam entre si relações reais, por ocasião de acontecimentos verdadeiros; em outras palavras, que essas boas vontades intemporais se *historializem*, conservando sua pureza, e transformem suas exigências formais em reivindicações materiais e datadas. Sem isso, a Cidade dos Fins só dura, para cada um de nós, o tempo da leitura; passando da vida imaginária para a vida real, esquecemos essa comunidade abstrata, implícita, que não se apoia em lugar algum. Daí provém o que designarei como as duas mistificações essenciais da leitura.

Quando um jovem comunista, lendo *Aurélia*, ou um estudante cristão, lendo *O refém*, vivem um momento de alegria estética, seu sentimento envolve uma exigência universal, e a Cidade dos Fins os rodeia com suas muralhas-fantasma; mas, ao mesmo tempo, essas obras são amparadas por uma coletividade concreta – aqui, o Partido Comunista; lá, a comunidade dos fiéis – que as sanciona e manifesta sua presença nas entrelinhas; um padre falou delas no sermão, *L'Humanité* as recomendou; o estudante nunca se sente só quando lê, o livro se reveste de um caráter sagrado, é um acessório do culto; a leitura torna-se um rito ou, precisamente, uma comunhão; em contrapartida, quando um Nathanaël abre *Os frutos da terra* e lança, empolgado, o mesmo apelo impotente à boa vontade dos homens, a Cidade dos Fins, magicamente evocada, não se recusa a aparecer. Entretanto, seu entusiasmo permanece essencialmente solitário: a leitura, aqui, é *separadora*; ela o atira contra sua família, contra a sociedade que o cerca; corta-o do passado e do futuro, para reduzi-lo à sua presença nua no momento presente; ensina-lhe a descer fundo em si mesmo, para reconhecer e enumerar seus desejos mais íntimos. Ainda que haja, em qualquer lugar do mundo, outro Nathanaël, mergulhado no mesmo instante na mesma leitura e arrebatado pelos mesmos transportes, nosso Nathanaël não se preocupa com isso: a mensagem se dirige só a ele e decifrá-la é um ato de vida interior, uma tentativa de solidão; no fim das contas, ele é convidado a rejeitar o livro, a romper o pacto de exigências mútuas que o unia ao autor, pois nada encontrou senão a si mesmo. A si mesmo como entidade separada. Diríamos, para falar como Durkheim, que a solidariedade dos leitores de Claudel é orgânica e a dos leitores de Gide é mecânica.

Nos dois casos, a literatura corre os mais graves perigos. Quando o livro é sagrado, não extrai sua virtude religiosa de suas intenções ou de sua beleza, mas recebe-as de fora, como uma chancela; e como o momento essencial da leitura é, neste caso, a comunhão, isto é, a integração simbólica com a comunidade, a obra escrita resvala para o *inessencial*, ou seja, torna-se na verdade um *acessório* da cerimônia. É o que demonstra claramente o exemplo de Nizan: quando comunista, os comunistas o liam com fervor; quando apóstata, morto, nenhum estalinista teria a ideia de retomar seus livros, pois estes só mostram, a seus olhos prevenidos, a própria imagem da traição. Mas como o leitor de *O cavalo de Troia* e de *A conspiração* lançava, em 1939, um apelo incondicionado e intemporal à adesão de todos os homens livres; como, por outro lado, o caráter sagrado dessas obras era, ao contrário, condicional e temporário e implicava a possibilidade de que fossem rejeitadas como hóstias profanadas, em caso de excomunhão do autor, ou de que fossem simplesmente esquecidas, caso o PC mudasse sua política, essas duas implicações contraditórias destroem até o sentido da leitura[23]. E não há nada de surpreendente nisso, pois já vimos o autor comunista arruinar, por sua vez, o próprio sentido da escrita: fecha-se o círculo. Será preciso, então, acomodar-se à possibilidade de ser lido em segredo, quase às escondidas, aceitar que a obra de arte amadureça como um belo vício dourado, nas profundezas das almas solitárias? Creio discernir aqui também uma contradição: na obra de arte descobrimos a presença da humanidade inteira; a leitura é comércio do leitor com o autor, com os outros leitores: Como poderia, pois, induzir à segregação?

Não queremos que nosso público, por mais numeroso que possa ser, se reduza à justaposição de leitores individuais, nem que sua unidade lhe seja conferida pela ação transcendente de um partido ou de uma igreja. A leitura não deve ser comunhão mística, tampouco masturbação, mas companheirismo. Contudo, reconhecemos que recorrer de maneira puramente formal às boas vontades abstratas deixa cada um em seu isolamento original. Mas é daí que é preciso partir: se se perde o fio condutor, é fácil extraviar-se no emaranhado da propaganda ideológica ou nas voluptuosidades egoístas de um estilo tido como "o preferido". Cabe-nos, pois, converter a Cidade dos Fins em sociedade concreta e aberta – e fazê-lo pelo próprio conteúdo de nossas obras.

Se a Cidade dos Fins for só pálida abstração, é que não é realizável sem uma modificação objetiva da situação histórica. Kant o viu com muita clareza, creio, mas ora contava com uma transformação puramente subjetiva do sujeito moral, ora se desesperava de um dia encontrar boa vontade neste mundo. De fato, a contemplação da beleza bem pode suscitar em nós a intenção puramente formal de tratar os homens como fins, mas essa intenção se mostraria inútil na prática, pois as estruturas fundamentais da nossa sociedade ainda são opressivas. Tal é o paradoxo atual da moral: se eu me dedico a tratar como fins absolutos algumas pessoas escolhidas, minha mulher, meus filhos, meus amigos, os necessitados que encontre em meu caminho; se me obstino em cumprir todos os meus deveres em relação a eles, consumirei nisso minha vida inteira, permitirei que *passem em silêncio* as injustiças do meu tempo, luta de classes, colonialismo, antissemitismo etc., e finalmente serei levado a *tirar proveito da opressão para fazer o bem*. E como a opressão se encontrará também nas relações de pessoa a pessoa e, mais sutilmente, em minhas próprias intenções, o bem que eu tente praticar estará viciado na base, tornar-se-á um mal radical. Mas, reciprocamente, se me lançar à empresa revolucionária, correrei o risco de não ter mais tempo para as relações pessoais ou, pior ainda, de ser levado pela lógica da ação a tratar a maior parte dos homens e meus próprios camaradas como meios. Mas se partirmos da exigência moral que envolve, sem saber, o sentimento estético, teremos um bom começo: é preciso *historializar* a boa vontade do leitor, ou seja, provocar, se possível, pela organização formal de nossa obra, sua intenção de tratar o homem, em qualquer caso, como fim absoluto, e dirigir, pelo tema de nosso escrito, essa intenção a seus vizinhos, isto é, aos oprimidos deste mundo. Mas não teremos feito nada se não lhe mostrarmos também, e na própria trama de nosso escrito, que, precisamente, é impossível tratar os homens concretos como fins na sociedade contemporânea. Assim o levaremos pela mão até fazê-lo perceber que o que ele de fato quer é abolir a exploração do homem pelo homem, e que a Cidade dos Fins, que ele baseou por completo na intuição estética, não passa de um ideal de que só nos aproximaremos ao cabo de uma longa evolução histórica. Em outros termos, devemos transformar sua boa vontade formal numa vontade concreta e material de mudar *este mundo*, através de determinados meios, a fim de contribuir para o advento futuro da sociedade concreta dos fins.

Pois na época presente uma boa vontade não é

possível, ou melhor, ela é apenas, e não pode deixar de ser, o desejo de tornar possível a boa vontade. Daí uma tensão particular que deve manifestar-se em nossas obras, e que lembra de longe aquela que mencionei a propósito de Richard Wright. Pois toda uma parte do público que pretendemos ganhar ainda esgota sua boa vontade nas relações de pessoa a pessoa; e toda uma outra parte, que pertence às massas oprimidas, assumiu a tarefa de obter, por todos os meios, uma melhora material de suas condições. É preciso, portanto, ensinar simultaneamente a uns que o reino dos fins não pode realizar-se sem a Revolução, e aos outros que a Revolução só é concebível se preparar o reino dos fins. É essa permanente tensão, se formos capazes de nos manter nela, que realizará a unidade de nosso público. Em suma, em nossos escritos devemos militar em favor da liberdade da pessoa e da revolução socialista. Afirmou-se muitas vezes que as duas não são conciliáveis: é nossa tarefa mostrar infatigavelmente que uma implica a outra.

Nascemos da burguesia e essa classe nos ensinou o valor de suas conquistas: liberdades políticas, *habeas corpus* etc.; continuamos burgueses por nossa cultura, nosso modo de vida e nosso público atual. Mas, ao mesmo tempo, a situação histórica nos incita a nos unirmos ao proletariado para construir uma sociedade sem classes. Não há dúvida de que, no momento, o proletariado pouco se preocupa com a liberdade de pensamento: tem outros problemas a resolver. A burguesia, por outro lado, finge nem sequer compreender o que significa a expressão "liberdades materiais". Assim, cada classe pode conservar sua paz de consciência, pelo menos a esse respeito, pois ignora um dos termos da antinomia. Nós, porém, por não termos atualmente nada em que meditar, estamos numa situação de mediadores, divididos entre duas classes que nos puxam com violência, cada uma para seu lado; estamos condenados a suportar essa dupla exigência como uma paixão. É nosso problema pessoal, tanto quanto o drama da nossa época. Naturalmente, dirão que essa antinomia que nos dilacera vem tão somente do fato de que ainda restam em nós vestígios de uma ideologia burguesa de que não soubemos nos desfazer; por outro lado, dirão também que alimentamos o esnobismo revolucionário e queremos que a literatura sirva a fins a que ela não se destina. Isso não seria nada, mas, em alguns de nós, que têm a consciência infeliz, aquelas vozes encontram ecos variados. Por isso convém compenetrar-nos desta verdade: talvez seja tentador abandonar as liberdades formais para renegar mais completamente nossas origens burguesas, mas isso bastaria para desacreditar fundamentalmente o projeto de escrever; talvez fosse mais simples nos desinteressarmos das reivindicações materiais e fazer "literatura pura", com a consciência serena, mas assim renunciaríamos à possibilidade de escolher nossos leitores fora da classe opressora. Portanto, é também por nós mesmos e em nós mesmos que é preciso superar a oposição. Convençamo-nos primeiro de que ela é superável: a própria literatura nos fornece a prova, pois é obra de uma liberdade total dirigindo-se a liberdades plenas, e assim manifesta à sua maneira, como livre produto de uma atividade criadora, a totalidade da condição humana. E se, por outro lado, conceber uma solução de conjunto excede as forças da maior parte de nós, é nosso dever superar a oposição em mil sínteses de detalhe. A cada dia é preciso tomar partido, em nossa vida de escritor, em nossos artigos, em nossos livros. Que isso se faça sempre conservando como princípio diretor os direitos da liberdade total, como síntese efetiva das liberdades formais e materiais. Que essa liberdade se manifeste em nossos romances, nossos ensaios, nossas peças de teatro. E como nossas personagens ainda não podem usufruí-la, pois são homens do nosso tempo, saibamos ao menos mostrar o que lhes custa sua falta. Não basta mais denunciar, com belo estilo, os abusos e as injustiças, nem descrever com brilhantismo e negatividade a psicologia da classe burguesa, nem mesmo colocar nossa pena a serviço dos partidos sociais: para salvar a literatura é preciso tomar posição *na nossa literatura*, pois a literatura é por essência tomada de posição. Devemos rechaçar em todos os domínios as soluções que não se inspirem rigorosamente em princípios socialistas, mas ao mesmo tempo nos afastar de todas as doutrinas e movimentos que considerem o socialismo como um fim absoluto. A nossos olhos o socialismo não deve representar o fim último, mas o fim do começo ou, se se preferir, o último meio antes do fim, que é colocar a pessoa humana na posse de sua liberdade. Assim, nossas obras devem apresentar-se ao público sob um duplo aspecto de negatividade e de construção.

Primeiro, a negatividade. É bem conhecida a grande tradição de literatura crítica que remonta ao fim do século XVII: trata-se de separar, pela análise, em cada noção, o que lhe é próprio e o que a tradição ou as mistificações do opressor agregaram a ela. Escritores como Voltaire ou os enciclopedistas consideravam o exercício dessa crítica como uma de suas tarefas essenciais. Como a linguagem é o material e o utensílio do escritor, é normal que caiba aos autores limpar seu instrumento. Essa função negativa da literatura foi abandonada, a bem dizer, no século XVIII, provavelmente porque a classe no poder se servia de conceitos fixados em seu favor pelos grandes escritores do passado e porque havia então certo equilíbrio inicial entre suas instituições, seus propósitos, o gênero de opressão que ela exercia e o sentido que atribuía às palavras que utilizava. Por exemplo, é claro que a palavra "liberdade" nunca designou, no século XIX, mais do que a liberdade política, reservando-se as palavras "desordem" ou "licença" para todas as outras formas de liberdade. Do mesmo modo, a palavra "revolução" se referia necessariamente a uma grande Revolução histórica, a de 1789. E, como a burguesia negligenciava, por uma convenção geral, o aspecto *econômico* dessa Revolução, mal fazendo menção, em sua história, a Gracchus Babeuf, do ponto de vista de Robespierre e de Marat, atribuindo valor oficial a Desmoulins e aos girondinos, resultou daí designar-se por "revolução" uma insurreição política vitoriosa, podendo-se aplicar a mesma denominação aos eventos de 1830 e 1848, que no fundo só produziram uma simples mudança da cúpula dirigente. Essa estreiteza de vocabulário excluía, evidentemente, certos aspectos da realidade histórica, psicológica ou filosófica; mas como esses aspectos não eram manifestos por si mesmos, pois correspondiam a certas inquietações latentes na consciência das massas ou do indivíduo, mais do que a fatores efetivos da vida social ou pessoal, impressiona mais a seca transparência dos vocábulos, a clareza imutável das significações, do que sua insuficiência. No século XVIII, produzir um dicionário filosófico era minar na surdina a classe no poder. No século XIX, Littré e Larousse são burgueses positivistas e conservadores: seus dicionários visam apenas a recensear e fixar. A crise da linguagem, que marca a literatura entre as duas guerras, vem de que os aspectos negligenciados da realidade histórica e psicológica, depois de amadurecerem em silêncio, passam bruscamente ao primeiro plano. No entanto, nós só dispomos, para nomeá-los, do mesmo aparato verbal. Isso talvez não fosse tão grave, pois na maioria dos casos trata-se apenas de aprofundar conceitos e modificar definições: se se conseguir, por exemplo, rejuvenescer o sentido da palavra "revolução", fazendo constar que se deve designar por esse vocábulo um fenômeno histórico que implica, ao mesmo tempo, a mudança do regime de propriedade, a mudança dos quadros políticos e o recurso à insurreição, ter-se-á realizado, sem grandes esforços, o rejuvenescimento de um setor da língua francesa, e a palavra, impregnada de vida nova, terá novo deslanche. Cabe apenas assinalar que o trabalho de base a se exercer sobre a linguagem é de natureza sintética, e não analítica como no século de Voltaire: é preciso alargar, aprofundar, abrir as portas e deixar entrar, controlando, na passagem, o rebanho das ideias novas. Para ser exato, trata-se de praticar o antiacademicismo. Infelizmente, o que complica ao extremo nossa tarefa é que vivemos num século de propaganda. Em 1941, os dois campos adversários só disputavam a Deus, o que não era tão grave. Hoje há cinco ou seis campos inimigos que querem apossar-se das noções-chave, pois são as que exercem mais influência sobre as massas. Ainda nos lembramos de como os alemães, conservando o aspecto exterior, os títulos, a ordenação dos artigos e até os caracteres tipográficos dos jornais franceses de antes da guerra, os empregavam para difundir ideias inteiramente opostas àquelas que estávamos habituados a encontrar neles; esperavam que não notássemos a diferença nas pílulas, já que o dourado era igual. O mesmo ocorre com as palavras: cada partido as empurra adiante, como cavalos de Troia, e nós as deixamos entrar porque se faz com que elas rebrilhem a nossos olhos com o sentido que tinham no século XIX. Uma vez na praça, elas se abrem, e significações estranhas, inauditas, se propagam em nós como exércitos, e a fortaleza é tomada antes que nos ponhamos em guarda. A partir daí, tanto a conversa como a disputa se tornam impossíveis; Brice-Parain notou bem: se você utiliza a palavra liberdade diante de mim, diz ele aproximadamente, eu me inflamo, eu aprovo ou reprovo; mas não entendo por liberdade a mesma coisa que você, e assim discorremos no vazio. É verdade, mas é um mal moderno. No século XIX, o dicionário de Littré nos teria feito concordar; antes da Segunda Guerra, podíamos recorrer ao vocabulário de Lalande. Hoje não há mais árbitro. De resto, somos todos cúmplices, pois essas noções escorregadias servem à nossa má-fé. E não é só isso: os linguistas já observaram que nos períodos turbulentos as palavras conservam os traços das grandes migrações humanas: um exército bárbaro atravessa a Gália, os soldados se divertem com a língua local, ei-la adulterada por muito tempo. Nossa língua ainda carrega as marcas da invasão nazista. A palavra "judeu" designava outrora certo tipo de homem; talvez o antissemitismo francês lhe tenha atribuído um ligeiro sentido pejorativo, mas que era fácil expurgar; hoje, receia-se usar a palavra, ela soa como ameaça, insulto ou provocação. A palavra "Europa" referia-se à unidade geográfica, econômica e histórica do Velho Continente. Hoje ela traz um mofo de germanismo e de servidão. E não foi só o inocente e abstrato vocábulo "colaboração" que ganhou má fama. De outro lado, como a Rússia soviética está em pane, também entraram em pane as palavras que os comunistas empregavam antes da guerra. Elas param a meio-caminho de seu sentido, assim como os intelectuais estalinistas param a meio-caminho do pensamento, quando não se perdem em atalhos laterais. A esse respeito, os avatares da palavra "revolução" são bem significativos. Em certo artigo, citei esta frase de um jornalista colaboracionista: "Manter, esta é a divisa da Revolução Nacional". Acrescento hoje esta outra, que vem de um intelectual comunista: "Produzir, eis a verdadeira Revolução". As coisas foram tão longe que há pouco se lia na França, em cartazes eleitorais: "Votar no Partido Comunista é votar pela defesa da propriedade"[24]. Inversamente, quem não é socialista hoje em dia? Lembro-me de uma reunião de escritores – todos de esquerda – que se recusaram a utilizar num manifesto a palavra socialismo, "porque estava muito desacreditada". E a realidade linguística é hoje tão complicada que já nem sei se esses autores recusaram a palavra pela razão alegada ou porque, mesmo muito gasta, ela lhes dava medo. Sabe-se, aliás, que o termo *comunista* designa nos Estados Unidos o cidadão americano que não vota nos republicanos; já *fascista*, na Europa, é qualquer cidadão europeu que não vota nos comunistas. Para confundir ainda mais o jogo, é preciso acrescentar que os conservadores franceses declaram que o regime soviético – que no entanto não se inspira nem numa teoria racial, nem numa teoria do antissemitismo, nem numa teoria da guerra – é um nacional-socialismo; ao passo que a esquerda declara que os Estados Unidos, que são uma democracia capitalista, com uma ditadura difusa da opinião pública, pendem para o fascismo.

A função do escritor é chamar o gato de gato. Se as palavras estão doentes, cabe a nós curá-las. Em vez disso, muitos vivem dessa doença. A literatura moderna, em muitos casos, é um câncer das palavras. Admito que se escreva "cavalo de manteiga", mas, de certo modo, isso é a mesma coisa que falar dos

Estados Unidos fascistas, ou do nacional-socialismo estalinista. Particularmente, nada é mais nefasto que o exercício literário que se chama, creio, prosa poética, que consiste em usar palavras pelos obscuros acordes harmônicos que fazem ressoar, em torno delas, sentidos vagos, em contraposição ao significado claro.

Eu sei: o propósito de muitos autores foi destruir as palavras, como o dos surrealistas foi destruir ao mesmo tempo o sujeito e o objeto: foi o ponto extremo da literatura de consumo. Mas hoje, como já demonstrei, é preciso construir. Se não deplorarmos, como Brice-Parain, a inadequação da linguagem à realidade, nos tornaremos cúmplices do inimigo, isto é, da propaganda. Nosso primeiro dever de escritor é, pois, restabelecer a linguagem em sua dignidade. Afinal, é com palavras que pensamos. Teríamos de ser muito pretensiosos para acreditar que contemos dentro de nós belezas inefáveis que a palavra não é digna de exprimir. Além disso, desconfio dos incomunicáveis: são a fonte de toda violência. Quando as certezas de que usufruímos nos parecem impossíveis de compartilhar, então só resta bater, queimar ou enforcar. Não, não valemos mais do que nossa vida e é por nossa vida que é preciso julgar-nos; nosso pensamento não vale mais do que nossa linguagem e deve-se julgá-lo pela forma com que a utiliza. Se queremos restituir às palavras suas respectivas virtudes, é preciso uma dupla operação: de um lado, uma limpeza analítica que as desembarace dos sentidos adventícios; de outro, um alargamento sintético que as adapte à situação histórica. Se um autor quisesse dedicar-se inteiramente a essa tarefa, toda a sua vida seria pouco. Se nos empenharmos nisso todos juntos, havemos de levá-la a bom termo sem tanto sacrifício. Não é só isso: vivemos na época das mistificações. Algumas, fundamentais, que têm a ver com a estrutura da sociedade; outras, secundárias. De qualquer modo, a ordem social repousa hoje sobre a mistificação das consciências, assim como a desordem. O nazismo era uma mistificação; o gaullismo, outra; o catolicismo, uma terceira; é fora de dúvida, hoje, que o comunismo francês é uma quarta. Poderíamos, evidentemente, não levar isso em conta e seguir fazendo nosso trabalho honestamente, sem agressividade. Mas, como o escritor se dirige à liberdade de seu leitor e como cada consciência mistificada, enquanto cúmplice da mistificação que a aprisiona, tende a perseverar nesse estado, só poderemos salvaguardar a literatura se assumirmos a tarefa de desmistificar nosso público. Pela mesma razão, o dever do escritor é tomar partido contra todas as injustiças, de onde quer que venham. E, como nossos escritos não teriam sentido se não tivéssemos por meta o advento longínquo da liberdade pelo socialismo, importa ressaltar, em cada caso, que houve uma violação das liberdades formais e pessoais, ou uma opressão material, ou as duas coisas. Desse ponto de vista, precisamos denunciar tanto a política da Inglaterra na Palestina e a dos Estados Unidos na Grécia, como as deportações soviéticas. E se nos disserem que nos fazemos de importantes e que é pueril nos julgarmos capazes de mudar o curso do mundo, responderemos que não temos nenhuma ilusão, mas convém que algumas coisas sejam ditas, ainda que apenas para salvar nossa honra diante de nossos filhos; além disso, não temos a louca ambição de influenciar o Departamento de Estado norte-americano, mas sim esta outra – um pouco menos louca – de agir sobre a opinião de nossos concidadãos. Não devemos, porém, disparar ao acaso e sem discernimento nossa artilharia de escritório. Em cada caso, temos a considerar o fim pretendido. Antigos comunistas queriam nos mostrar que a Rússia soviética era o inimigo número um, porque perverteu a própria ideia de socialismo e transformou a ditadura do proletariado em ditadura da burocracia; assim, gostariam que consagrássemos todo o nosso esforço a estigmatizar seus excessos e violências; ao mesmo tempo, diziam-nos que as injustiças capitalistas são demasiado evidentes e não há perigo de alguém se enganar a respeito: portanto, perderíamos nosso tempo tratando de revelá-las. Sei muito bem a que interesses servem esses conselhos. Quaisquer que sejam as violências consideradas, ainda é possível, antes de firmar um julgamento sobre elas, considerar a situação do país que as comete e as perspectivas em que foram cometidas. Haveria que provar de início, por exemplo, que as manobras atuais do governo soviético não foram ditadas, em última análise, por seu desejo de proteger a Revolução em pane, "segurando" as coisas até o momento em que seja possível retomar a marcha adiante. Enquanto isso, o antissemitismo e a negrofobia dos norte-americanos, nosso colonialismo, a atitude das grandes potências em face de Franco, conduzem a injustiças menos espetaculares, porém visam também a perpetuar o atual regime de exploração do homem pelo homem. Toda gente sabe disso, dirão. Talvez seja verdade, mas, se ninguém o *diz*, de que nos serve sabê-lo? É nossa tarefa de escritores representar o mundo e testemunhar sobre ele. De resto, ainda que se provasse que os soviéticos e o Partido Comunista visam fins autenticamente revolucionários, isso não nos dispensaria de julgar os meios. Se tomamos a liberdade como princípio e fim de toda atividade humana, então é falso que se devam julgar os meios pelo fim e o fim pelos meios. Mas o fim é a unidade sintética dos meios empregados. Existem, pois, meios que implicam o risco de destruir o fim que se propõem realizar, rompendo, por sua simples presença, a unidade sintética onde querem ingressar. Tentou-se determinar, por fórmulas quase matemáticas, em que condições um meio pode ser considerado legítimo: entram nessas fórmulas a probabilidade do fim, sua proximidade e os benefícios que traz em relação ao custo do meio empregado. Parece um reencontro com Bentham e a aritmética dos prazeres. Não digo que uma fórmula desse tipo não possa ser aplicada em alguns casos, como por exemplo na hipótese, em si mesma quantitativa, de que é necessário sacrificar certo número de vidas humanas para salvar outras. Mas na maioria dos casos o problema é bem diferente: o meio utilizado introduz no fim uma alteração *qualitativa* que, em consequência, não é mensurável. Imaginemos que um partido revolucionário minta sistematicamente a seus militantes para protegê-los contra as incertezas, as crises de consciência, a propaganda adversa. O fim pretendido é a abolição de um regime de opressão; mas a mentira em si já é opressão. Será possível perpetuar a opressão sob pretexto de acabar com ela? Será preciso subjugar o homem para melhor libertá-lo? Dirão que o meio é transitório. Não quando contribui para manter uma humanidade *mentida* e *mentirosa*, pois então os homens que tomarão o poder não serão mais aqueles que mereciam tomá-lo; e as razões que havia para abolir a opressão acabam minadas pela maneira escolhida de consegui-lo. Assim, a política do Partido Comunista, que consiste em mentir para suas próprias tropas, em caluniar, em esconder suas derrotas e falhas, compromete o fim que ele procura atingir. Por outro lado, é fácil responder que não se pode, numa guerra – e todo partido revolucionário está em guerra –, dizer toda a verdade aos soldados. Existe aqui, portanto, uma questão de dosagem; nenhuma fórmula pronta dispensará o exame de cada caso particular. Esse exame, a nós cabe fazê-lo. Deixado por sua conta, o político adota sempre o meio mais cômodo, ou seja, ladeira abaixo. As massas, enganadas pela propaganda, o seguem. Quem, pois, pode *representar* junto ao governo, aos partidos, aos cidadãos, o valor dos meios empregados, senão o escritor? Isto não significa que devamos nos opor sistematicamente ao uso da violência. Reconheço que a violência, sob qualquer forma que se manifeste, é um fracasso. Mas um fracasso inevitável, pois vivemos num universo de violência; e se é verdade que o uso da violência contra a violência implica o risco de perpetuá-la, é verdade também que é o único meio de detê-la. Certo jornal, onde se escrevia, com muita altivez que era preciso recusar toda cumplicidade, direta ou indireta, com a violência, viesse de onde viesse, teve de anunciar, no dia seguinte, os primeiros combates da Guerra da Indochina. Pergunto hoje a esse jornal: Como fazer para recusar qualquer participação indireta nas violências? Se não disser nada, você se colocará necessariamente a favor da continuação da guerra: sempre se é responsável por aquilo que não se tenta impedir. Mas se conseguir que ela cesse de imediato, e a qualquer preço, você estará na origem de vários massacres e cometerá uma violência contra todos os franceses que têm interesses na região. Não estou falando, entenda-se bem, de compromissos, pois é exatamente de um compromisso que nasce a guerra. Violência por violência, é preciso escolher. Segundo outros princípios. O político se perguntará se o transporte de tropas é possível, se a continuação da guerra afastará dele a opinião pública, quais serão as repercussões internacionais. Cabe ao escritor julgar os meios, não do ponto de vista de uma moral abstrata, mas segundo a perspectiva de um fim preciso, que é a realização de uma democracia socialista. Assim, não é somente em teoria mas em cada caso concreto que devemos meditar sobre o problema moderno do fim e dos meios.

Como se vê, há muito por fazer. Mas se dedicássemos toda a nossa vida à *crítica*, quem poderia recriminar-nos? A tarefa da crítica tornou-se *total*, ela engaja o homem por inteiro. No século XVIII o instrumento estava forjado; a simples utilização da razão analítica bastava para limpar os conceitos; hoje, quando é preciso ao mesmo tempo limpar e completar, levar a cabo noções que se tornaram falsas, porque se detiveram no caminho, a crítica é *também* sintética; põe em jogo todas as faculdades de invenção; em vez de se limitar a usar uma razão já constituída por dois séculos de matemática, é ela, ao contrário, que formará a razão moderna, de modo que tem por fundamento, enfim, a liberdade criadora. Por certo, a crítica por si mesma não traz nenhuma solução positiva. Mas hoje em dia, quem traz? Vejo por toda parte fórmulas envelhecidas, remendos grosseiros, acordos feitos sem boa-fé, mitos caducos, repintados às pressas. Se nada mais tivéssemos feito além de furar, uma a uma, todas essas bexigas cheias de vento, já seríamos dignos de nossos leitores.

Todavia, a crítica era, por volta de 1750, uma preparação direta para a mudança de regime, pois contribuía para enfraquecer a classe opressora, desmantelando sua ideologia. Hoje não se dá o mesmo, pois os conceitos a criticar pertencem a todas as ideologias e a todos os campos. Com isso, não é mais apenas a negatividade que pode servir à história, ainda que ela acabe sendo uma positividade. O escritor isolado pode limitar-se à sua tarefa crítica, mas nossa literatura, em seu conjunto, deve ser sobretudo construção. Isso não significa que devamos assumir, em conjunto ou isoladamente, a tarefa de encontrar uma nova ideologia. A cada época, como já demonstrei, é a literatura inteira que *é* a ideologia, porque constitui a totalidade sintética e muitas vezes contraditória[25] de tudo o que a época foi capaz, para esclarecer-se, levando em conta a situação histórica e os talentos. Mas, como já reconhecemos que devemos fazer uma literatura da *praxis*, convém levar até o fim nosso propósito. Não é mais o momento de descrever nem de narrar; não podemos, tampouco, nos limitar a explicar. A descrição, mesmo que psicológica, é puro gozo contemplativo; a explicação é aceitação: desculpa tudo; ambas supõem que os dados já estão lançados. Mas, se a própria percepção já é ação; se, para nós, mostrar o mundo é sempre desvendá-lo segundo as perspectivas de uma mudança possível, então, nesta época de fatalismo, devemos revelar ao leitor, em cada caso concreto, seu poder de fazer e desfazer; em suma, de agir. Revolucionária, na medida em que é perfeitamente insuportável, a situação atual permanece estagnada porque os homens se privaram do seu próprio destino; a Europa abdica diante do conflito futuro e procura menos preveni-lo do que alinhar-se, por antecipação, do lado dos vencedores; a Rússia soviética julga estar só e acuada como um javali em meio a uma matilha encarniçada; a América, que não teme as outras nações, se descontrola diante do próprio peso: quanto mais rica, mais pesada, sobrecarregada de gordura e orgulho, deixa-se rolar, de olhos fechados, rumo à guerra. Quanto a nós, só escrevemos para alguns homens em nosso país e para um punhado de outros na Europa; mas é preciso que os busquemos, onde quer que estejam, isto é, perdidos em seu tempo como agulhas num palheiro, e lhes lembremos seus poderes. Cheguemos a eles em seu trabalho, em sua família, em sua classe, em seu país e avaliemos com eles sua servidão, mas não para enterrá-los ainda mais: mostremos a eles que no gesto mais mecânico do trabalhador já se encontra toda a negação da opressão; não consideremos jamais sua situação como um dado de fato, mas como um problema; mostremos que ela tira suas formas e seus limites de um horizonte infinito de possibilidades, ou seja, que sua situação se configura unicamente pela maneira como eles decidiram superá-la; ensinemos a eles que são ao mesmo tempo vítimas e responsáveis por tudo, conjuntamente oprimidos, opressores e cúmplices de seus próprios opressores, e que não se pode jamais separar o que um homem suporta do que ele aceita e do que deseja; mostremos que o mundo em que vivem só se define por referência ao futuro que projetam diante de si e, já que a literatura lhes revela sua liberdade, tiremos proveito disso lembrando-lhes que esse futuro, onde eles se colocam para julgar o presente, não é outro senão aquele em que o homem se une a si mesmo e se atinge, enfim, como totalidade, para o advento da Cidade dos Fins; pois só o pressentimento da Justiça é que permite a alguém indignar-se contra uma injustiça específica, isto é, precisamente, constituí-la em injustiça; enfim, convidemo-los a se situarem no ponto de vista da Cidade dos Fins para compreender sua época; não os deixemos ignorar o que essa época apresenta de favorável à realização de seu objetivo. Outrora, havia o teatro de "caracteres": fazia-se aparecer em cena personagens mais ou menos complexas, mas inteiras, e a situação tinha como único papel fazer que esses caracteres interagissem, revelando como cada um era modificado pela ação dos outros. Já mostrei, em outra parte, como importantes mudanças ocorreram nesse domínio ultimamente: vários autores retornaram ao teatro de situação. Não há mais caracteres: os heróis são liberdades aprisionadas em armadilhas, como todos nós. Quais são as saídas? Cada personagem será tão somente a escolha de uma saída e não valerá mais que a saída escolhida. É de se desejar que toda a literatura se torne moral e problemática, como esse novo teatro. Moral – não moralizadora: que ela mostre simplesmente que o homem é também valor e que as questões que ele se coloca são sempre morais. Sobretudo que mostre nele o inventor. Em certo sentido, cada situação é uma ratoeira, há muros por todos os lados: na verdade me expressei mal, não há saídas a escolher. Uma saída é algo que se inventa. E cada um, inventando sua própria saída, inventa-se a si mesmo. O homem é para ser inventado a cada dia.

Em particular, tudo estará perdido se quisermos *escolher* entre as potências que preparam a guerra. Escolher a URSS é renunciar às liberdades formais, sem ter sequer a esperança de adquirir as materiais: o atraso de sua indústria a impediria, em caso de vitória, de organizar a Europa; daí o prolongamento indefinido da ditadura e da miséria. Mas, após a vitória da América, quando o PC seria aniquilado, a classe operária desencorajada, desorientada e, para arriscar um neologismo, atomizada; quando o capitalismo se faria ainda mais impiedoso, pois seria o senhor do mundo, será que um movimento revolucionário partindo do zero teria alguma chance? Responderão que é preciso contar com as incógnitas. Porém o que quero é justamente contar com aquilo que conheço. Mas quem nos obriga a escolher? Será que escolhendo entre dois conjuntos dados, simplesmente porque são dados, e colocando-se do lado do mais forte é que se faz a história? Se fosse assim, em 1941 todos os franceses deveriam ter ficado do lado dos alemães, como propunham os colaboracionistas. Ora, é evidente, ao contrário, que a ação histórica nunca se reduziu a uma escolha entre dados brutos, mas sempre se caracterizou pela invenção de soluções novas a partir de uma situação definida. O respeito aos "conjuntos" é puro e simples empirismo, há muito tempo o homem superou o empirismo na ciência, na moral e na vida individual: em Florença, os construtores de fontes "escolhiam entre vários conjuntos"; Torricelli inventou o peso do ar. Digo "inventou" e não "descobriu" porque, quando um objeto está absolutamente escondido, é preciso inventá-lo por inteiro para poder descobri-lo. Por que, por qual complexo de inferioridade, nossos realistas recusam, quando se trata do fato histórico, a faculdade de criação que em outras áreas eles proclamam aos quatro ventos? O agente histórico é quase sempre o homem que, colocado em face de um dilema, faz aparecer de súbito um terceiro termo, até então invisível. Entre a URSS e o bloco anglo-saxônico é verdade que é preciso escolher. Já a Europa socialista não tem como ser "escolhida", pois ela não existe: está por fazer. Mas não começando pela Inglaterra de Churchill, nem mesmo pela de Bevin: começando pelo continente, pela união de todos os países que têm os mesmos problemas. Dirão que já é tarde demais, mas como saber? Será que já se chegou pelo menos a tentar? Nossas relações com nossos vizinhos imediatos passam sempre por Moscou, Londres ou Nova York: ainda se ignora que há caminhos diretos? De qualquer modo, e enquanto as circunstâncias não mudarem, as chances da literatura estão ligadas ao advento de uma Europa socialista, isto é, a um grupo de Estados de estrutura democrática e coletivista, onde cada um, esperando coisa melhor, despojar-se-ia de parte de sua soberania em proveito do conjunto. Somente nessa hipótese restará alguma esperança de evitar a guerra; somente nessa hipótese a circulação das ideias permanecerá livre no continente e a literatura reencontrará um objeto e um público.

\* \* \*

Eis aí muitas tarefas ao mesmo tempo – e bem dessemelhantes, dirão. É verdade. Mas Bergson já demonstrou que o olho – órgão de extrema complexidade, se encarado como justaposição de funções – adquire certa simplicidade quando inserido no movimento criador da evolução. O mesmo acontece com o escritor: se fizermos um inventário dos temas que Kafka desenvolve, das questões que levanta em seus livros, e se considerarmos, em seguida, reportando-nos ao início de sua carreira, que para ele eram temas *a tratar*, questões *a levantar*, ficaremos assombrados. Mas não é por aí que se deve encarar o problema: a obra de Kafka é uma reação livre e unitária ao mundo judaico-cristão da Europa Central; seus romances são a superação sintética de sua situação de homem, de judeu, de tcheco, de noivo recalcitrante, de tuberculoso etc., como eram também seu aperto de mão, seu sorriso e esse olhar que Max Brod admirava tanto. Sob a análise do crítico, esses romances se desmancham em problemas, mas o crítico está errado: é preciso lê-los *no movimento*. Não pretendi dar lições de casa aos escritores da minha geração: Com que direito o faria, e quem me pediu isso? Tampouco sinto atração pelos manifestos de escola. Tentei apenas descrever uma situação, com suas perspectivas, ameaças, diretrizes; uma literatura da Práxis começa a nascer na época do público inencontrável: eis o dado; para cada um, sua saída. Sua saída quer dizer: seu estilo, sua técnica, seus temas. Se o escritor estiver convencido, como eu estou, da urgência desses problemas, não há dúvida de que proporá soluções *na unidade criadora de sua obra*, ou seja, na indistinção de um movimento de livre criação[26].

\* \* \*

Nada nos garante que a literatura seja imortal; hoje, sua chance, sua única chance, é a chance da Europa, do socialismo, da democracia, da paz. É preciso tentá-la; se nós, os escritores, a perdermos, tanto pior para nós. Mas tanto pior também para a sociedade. Através da literatura, conforme mostrei, a coletividade passa à reflexão e à mediação, adquire uma consciência infeliz, uma imagem não equilibrada de si mesma, que ela busca incessantemente modificar e aperfeiçoar. Mas, afinal, a arte de escrever não é protegida pelos decretos imutáveis da Providência; ela é o que os homens dela fazem, eles a escolhem, ao se escolherem. Se a literatura se transformasse em pura propaganda ou em puro divertimento, a sociedade recairia no lamaçal do imediato, isto é, na vida sem memória dos himenópteros e dos gasterópodes. Certamente, nada disso é importante: o mundo pode muito bem passar sem a literatura. Mas pode passar ainda melhor sem o homem.

# Notas

## Prefácio

\* Revista que Sartre dirigiu, com Raymond Aron, Simone de Beauvoir, Michel Leiris e Maurice Merleau-Ponty, a partir de 1945 [N.T.].

\*\* R.D.R.: Rassemblement Democratique Révolutionaire; R.P.F. Rassemblement du Peuple Français [N.T.].

\*\*\* *Exis*, para Sartre, se opõe à *praxis*, na medida em que constitui uma ação determinada não pela adesão consciente, mas pela recorrência de uma ideia feita, formada fora do sujeito, que apenas a repete [N.T.].

## I

**1.** Ao menos em geral. A grandeza e o erro de Klee residem em sua tentativa de fazer uma pintura que seja ao mesmo tempo signo e objeto.

**2.** Digo "criar", e não "imitar", o que basta para reduzir a nada todo o patético do Sr. Charles Estienne, que evidentemente não compreendeu nada do meu propósito e teima em atacar as sombras.

**3.** É o exemplo citado por Bataille em *A experiência interior*.

\* Sartre joga com as palavras *fleur/fleuve* [flor/rio]; descobre *or* [ouro], no interior de Fl*or*ence; e chega a *décence* [decência], através da rima [N.T.].

**4.** Caso se queira conhecer a origem dessa atitude em relação à linguagem, darei aqui algumas breves indicações. Originalmente a poesia cria o mito do homem, enquanto o prosador traça o seu retrato. Na realidade, o ato humano, comandado pelas necessidades, solicitado pelo útil, é, em certo sentido, um meio. Como tal, passa despercebido, e é o resultado que conta: quando estendo a mão para apanhar a caneta, tenho apenas uma consciência fugidia e obscura do meu gesto: o que vejo é a caneta. Assim, o homem é alienado pelos seus fins. A poesia inverte a relação: o mundo e as coisas passam para o inessencial, convertem-se em pretexto para o ato, que se torna seu próprio fim. O vaso existe para que a jovem faça o gesto gracioso de enchê-lo; a Guerra de Troia, para que Heitor e Aquiles travem esse combate heroico. A ação, desligada de seus fins, que vão-se atenuando, torna-se proeza ou dança. Contudo, por indiferente que seja ao sucesso do empreendimento, o poeta, antes do século XIX, mantém-se em acordo com a sociedade em seu conjunto; ele não usa a linguagem com a finalidade visada pela prosa, mas deposita nela a mesma confiança do prosador.

Após o advento da sociedade burguesa, o poeta faz frente comum com o prosador e a declara insuportável. Para ele, trata-se ainda de criar o mito do homem, mas passa da magia branca para a magia negra. O homem continua sendo apresentado como o fim absoluto, porém alcançando êxito no seu empreendimento, ele se atola numa coletividade utilitária. Aquilo que no seu ato está em segundo plano, e que permitirá a passagem ao mito, não é, portanto, o sucesso, mas o fracasso. Somente o fracasso, interrompendo como uma parede a série infinita dos seus projetos, o devolve a si mesmo, em sua pureza. O mundo permanece inessencial, mas continua presente, agora, como pretexto para a derrota. A finalidade da coisa é devolver o homem a si mesmo, barrando-lhe o caminho. Não se trata, aliás, de introduzir arbitrariamente a derrota e a ruína no curso do mundo, mas antes de só ter olhos para elas. A empresa humana tem duas faces: é ao mesmo tempo êxito e fracasso. Para pensá-la, o esquema dialético é insuficiente: é preciso tornar ainda mais flexível nosso vocabulário e as estruturas de nossa razão. Tentarei qualquer dia descrever essa estranha realidade, a história, que não é nem objetiva, nem jamais absolutamente subjetiva, em que a dialética é contestada, penetrada, corroída por uma espécie de antidialética, que no entanto segue sendo dialética. Mas essa tarefa é do filósofo: normalmente não se consideram as duas faces de Jano; o homem de ação vê uma e o poeta vê a outra. Quando os instrumentos estão quebrados, fora de uso, os planos frustrados, os esforços inúteis, o mundo aparece com um frescor infantil e terrível, sem pontos de apoio, sem caminhos. Ele tem aí o máximo de realidade porque é esmagador para o homem, e, como a ação de qualquer modo generaliza, a derrota confere às coisas sua realidade individual. Mas, por uma inversão prevista, o fracasso considerado como fim derradeiro é ao mesmo tempo contestação e apropriação desse universo. Contestação porque o homem vale mais do que aquilo que o esmaga; ele não contesta mais as coisas em seu "pouco de realidade", como o engenheiro ou o capitão, mas, ao contrário, em seu excesso de realidade, exatamente por sua condição de vencido; o homem é o remorso do mundo. Apropriação porque o mundo, deixando de ser instrumento do êxito, torna-se instrumento do fracasso. Ei-lo percorrido por uma obscura finalidade; o mundo passa a servir por seu coeficiente de adversidade: tanto mais humano quanto mais hostil ao homem. O fracasso se transforma em salvação. Não que nos dê acesso a algum plano do além: por si mesmo, ele oscila e se metamorfoseia. Por exemplo, a linguagem poética surge das ruínas da prosa. Se é verdade que a palavra é uma traição e que a comunicação é impossível, então cada vocábulo, por si só, retoma sua individualidade, torna-se instrumento da nossa derrota e receptador do incomunicável. Não que exista outra coisa a comunicar; é que, tendo malogrado a comunicação da prosa, é o próprio sentido da palavra que se torna o puro incomunicável. Assim, o fracasso da comunicação se torna sugestão do incomunicável; e o projeto de utilizar as palavras, contrariado, dá lugar à pura intuição desinteressada da fala. Assim, voltamos a encontrar a descrição ensaiada na apresentação desta obra, mas agora sob a perspectiva mais geral da valorização absoluta do fracasso, que me parece ser a atitude original da poesia contemporânea. Note-se também que essa escolha confere ao poeta uma função muito precisa na coletividade: numa sociedade muito integrada ou religiosa, o fracasso é mascarado pelo Estado ou resgatado pela religião; numa sociedade menos integrada e laica, como são as nossas democracias, cabe à poesia resgatá-lo.

A poesia é um quem-perde-ganha. E o poeta autêntico escolhe perder, a ponto de morrer para ganhar. Repito que se trata da poesia contemporânea; a história apresenta outras formas de poesia. Meu objetivo não é mostrar os vínculos entre essas outras formas e a nossa. Portanto, se se deseja realmente falar do engajamento do poeta, digamos que ele é o homem que se empenha em perder. É o sentido profundo desse azar, dessa maldição que ele sempre reivindica e que sempre atribui a uma intervenção do exterior, quando na verdade é a sua escolha mais profunda – não a consequência, mas a própria fonte de sua poesia. Ele tem certeza do fracasso total da empresa humana e dá um jeito de malograr em sua própria vida, a fim de testemunhar, por sua derrota particular, a derrota humana em geral. Ele contesta, pois, como veremos, assim como faz o prosador. Mas a contestação da prosa se faz em nome de um êxito maior, e a da poesia em nome da derrota oculta que toda vitória traz consigo.

**5.** É claro que em toda poesia está presente certa forma de prosa, isto é, de êxito; e, reciprocamente, a prosa mais seca encerra sempre um pouco de poesia, isto é, certa forma de fracasso: nenhum prosador, mesmo o mais lúcido, entende plenamente o que quer dizer; ou diz demais, ou não diz o suficiente, cada frase é um desafio, um risco assumido; quanto mais se vacila, mais a palavra se singulariza; ninguém, como mostrou Valéry, consegue compreender uma palavra até o fundo. Assim, cada palavra é empregada simultaneamente por seu sentido claro e social e por certas ressonâncias obscuras; eu quase diria: por sua fisionomia. É exatamente a isso que também o leitor é sensível. E já não estamos mais no plano da comunicação concertada, mas no da graça e do acaso; os silêncios da prosa são poéticos porque marcam seus limites, e é por uma questão de clareza que escolhi os casos extremos da pura prosa e da poesia pura. Não se deveria concluir, porém, que se pode passar da poesia à prosa por uma série contínua de formas intermediárias. Se o prosador cultiva demasiadamente as palavras, a *eidos* "prosa" se rompe e caímos numa algaravia incompreensível. Se o poeta narra, explica ou ensina, a poesia se torna prosaica; ele perdeu a partida. Trata-se de estruturas complexas, impuras, mas bem-delimitadas.

## II

**1.** Ocorre o mesmo, em graus distintos, com a atitude do espectador em face das outras obras de arte (quadros, sinfonias, estátuas etc.).

**2.** Na *vida prática*, todo meio é susceptível de ser tomado como fim, desde o momento em que procuramos atingi-lo, e todo fim se revela um meio de se atingir outro fim.

**3.** Houve quem se abalasse com esta última observação. Peço então que me citem um só bom romance cujo propósito expresso seja o de servir à opressão, um só que tenha sido escrito contra os judeus, contra os negros, contra os operários, contra os povos colonizados. "Se não existe", dirão, "nada impede que venha a ser escrito um dia". Mas será preciso reconhecer, então, que você é um teórico abstrato. Você, não eu. Pois é em nome da sua concepção abstrata da arte que você afirma a possibilidade de um fato que jamais se produziu, ao passo que eu me limito a propor uma explicação para um fato reconhecido.

\* Sartre se refere ao livro de Julien Benda *La trahison des clercs* [A traição dos "intelectuais"] (1. ed., 1927; 2. ed., 1947), que defende o não engajamento do escritor. Para Benda, o compromisso do intelectual é com os valores eternos (Liberdade, Justiça, Razão), e colocar acima desses valores qualquer interesse prático imediato – moral, político, social etc. – seria trair esse compromisso. *Que é a literatura?* é, em vários aspectos, uma resposta de Sartre às ideias de Benda. O diálogo, explícito ou implícito, será retomado, daqui por diante, em mais de uma passagem. *Clerc*, que tanto pode designar o clérigo letrado medieval como o moderno intelectual comprometido com valores espirituais, terá duas traduções: *clérigo*, na conotação medieval, e *intelectual* (sempre entre aspas), na segunda acepção [N.T.].

## III

\* Lat.: do ponto de vista da eternidade [N.T.].

\*\* Lat.: força que atua por detrás [N.T.].

**1.** Étiemble: "Felizes os escritores que morrem por alguma coisa". Combat, 24/01/1947.

**2.** Hoje em dia seu público se ampliou. A tiragem pode chegar a cem mil. Cem mil exemplares vendidos são quatrocentos mil leitores, portanto, no caso da França, um para cada cem habitantes.

**3.** O famoso "Se Deus não existe, tudo é permitido" de Dostoievski é a revelação terrível que a burguesia se esforçou por ignorar, durante os 150 anos do seu reinado.

**4.** É um pouco o caso de Jules Vallès, se bem que nele uma generosidade natural tenha sempre lutado contra a amargura.

**5.** Não ignoro que os operários defenderam, bem mais do que o burguês, a democracia política contra Luís Napoleão Bonaparte; mas é porque eles acreditavam poder realizar, através dela, reformas de estrutura.

**6.** Já me acusaram tantas vezes de ser injusto com Flaubert que não posso resistir ao prazer de citar os textos seguintes, que podem ser comprovados em sua *Correspondência*:
"O neocatolicismo, de um lado, e o socialismo de outro, idiotizaram a França. Tudo se move entre a Imaculada Conceição e as marmitas operárias" (1868).
"A primeira solução seria acabar com o sufrágio universal, vergonha do espírito humano" (08/09/1871).
"Eu valho bem uns vinte eleitores de Croisset..." (1871).
"Não tenho nenhum ódio pelos adeptos da Comuna, pois não odeio cães raivosos" (Croisset, quinta-feira, 1871).
"Creio que a multidão, o rebanho, será sempre odioso. Não há nada de importante senão um pequeno grupo de espíritos, sempre os mesmos, que passam a tocha de mão em mão" (Croisset, 08/09/1871).

"Quanto à Comuna, que está nos seus últimos estertores, é a derradeira manifestação da Idade Média."

"Odeio a democracia (ao menos tal como é entendida na França), isto é, a exaltação da graça em detrimento da justiça, a negação do direito; numa palavra, a antissociabilidade."

"A Comuna reabilita os assassinos..."

"O povo é um eterno menor, e estará sempre na última fila, pois é o número, a massa, o ilimitado."

"Pouco importa que muitos camponeses saibam ler e não escutem mais o seu pároco, mas importa infinitamente que muitos homens como Renan ou Littré possam viver e sejam ouvidos! Nossa salvação está agora numa *aristocracia legítima*, e entendo com isso uma maioria que se comporá de outra coisa que não números" (1871).

"Acreditam vocês que se a França, em vez de ser governada pelas massas, estivesse em poder dos mandarins, nós estaríamos onde estamos? Se, em vez de querer esclarecer as classes baixas, tivéssemos nos ocupado em instruir as altas..." (Croisset, quarta-feira, 03/08/1870).

\*\*\* Gr.: dúvida, suspensão de todo juízo [N.T.].

**7.** Em O diabo coxo, por exemplo, Lesage romanceia as personagens de La Bruyère e as máximas de La Rochefoucauld, isto é, ele as interliga pelo fio tênue de uma intriga.

**8.** A técnica do romance composto por cartas não passa de variação do que acabo de observar. A carta é o relato subjetivo de um evento; remete àquele que a escreveu, que se torna ao mesmo tempo ator e testemunha subjetiva. Quanto ao evento em si, ainda que recente, já vem repensado e explicado: a carta sempre supõe uma defasagem entre o fato (que pertence a um passado próximo) e seu relato, feito ulteriormente e num momento de lazer.

**9.** É o inverso do círculo vicioso dos surrealistas, que tentam destruir a pintura pela pintura; aqui, querem que a literatura dê cartas de recomendação à própria literatura.

**10.** Quando Maupassant escreve O Horla, isto é, quando fala da loucura que o ameaça, o tom muda. É que, por fim, alguma coisa – alguma coisa de horrível – vai acontecer. O homem se vê transtornado, surpreso; não compreende mais, quer arrastar o leitor em seu pânico. Mas o hábito é mais forte; por falta de uma técnica adaptada à loucura, à morte, à história, ele não consegue comover.

**11.** Citarei, de início, entre essas técnicas, o curioso recurso ao estilo teatral, praticado no fim do século XIX e princípio do XX, por Gyp, Lavedan, Abel Hermant e outros. O romance é escrito em diálogos; os gestos das personagens, suas ações são mencionados em itálico e entre parênteses. Trata-se, evidentemente, de fazer do leitor um contemporâneo da ação, como é o espectador diante da encenação teatral. Essa técnica sem dúvida manifesta a predominância da arte dramática na sociedade culta dos anos de 1900; procura também, a seu modo, fugir do mito da subjetividade primeira. Mas o fato de ter sido abandonada definitivamente mostra com clareza que não oferecia uma solução para o problema. Primeiro, é sinal de fraqueza pedir socorro a uma arte vizinha: prova de que nos faltam recursos dentro da arte que praticamos. Depois, nem por isso o autor deixava de entrar na consciência de suas personagens, e de fazer entrar também o seu leitor. Simplesmente divulgava o conteúdo íntimo dessas consciências, entre parênteses e em itálico, com o estilo e os procedimentos tipográficos que em geral se empregam nas indicações para a encenação teatral. Na verdade, trata-se de tentativa sem futuro; os autores que a experimentaram pressentiam obscuramente que era possível renovar o romance escrevendo-o no presente. Mas não chegaram a compreender que essa renovação só seria possível se se renunciasse primeiro à atitude *explicativa*.

Mais séria foi a tentativa de introduzir na França o monólogo interior de Schnitzler (não me refiro ao de Joyce, que tem princípios metafísicos totalmente diferentes. Larbaud, que recorre a Joyce, bem sei, parece-me inspirar-se sobretudo em *As láureas foram suprimidas* e *Mademoiselle Else*). Trata-se, em suma, de levar às últimas consequências a hipótese de uma subjetividade primeira e passar ao realismo, levando o idealismo até o absoluto.

A realidade mostrada sem intermediário ao leitor não é mais a própria coisa, seja árvore ou cinzeiro, mas a consciência que vê a coisa; o "real" não é mais que uma representação, mas a representação se torna realidade absoluta, pois nos é oferecida como dado imediato. O inconveniente dessa técnica é que ela nos fecha numa subjetividade individual, e assim não consegue alcançar o universo intermonádico; além disso, esse procedimento dilui o fato e a ação na percepção de um e de outro. Ora, a característica comum do fato e do ato é que escapam à representação subjetiva: esta apreende seus resultados, mas não o movimento vivo. Enfim, é preciso lançar mão de alguns truques para reduzir o fluxo da consciência a uma sucessão de palavras, mesmo deformadas. Se a palavra é dada como intermediária significando uma realidade transcendente, por essência, à linguagem, nada melhor: a palavra se faz esquecer, descarrega a consciência sobre o objeto. Mas se ela se dá como *realidade psíquica*, se o autor, ao escrever, pretende dar-nos uma realidade ambígua que seja signo em sua essência objetiva (isto é, na medida em que remeta ao exterior), e coisa, em sua essência formal, isto é, como dado psíquico imediato, então se pode recriminá-lo por não ter tomado partido e por desconhecer essa lei da retórica que poderia ser formulada assim: em literatura, onde se usam signos, devem usar-se somente signos; e se a *realidade* que se pretende significar é *uma palavra*, deve-se passá-la ao leitor através de outras palavras. Pode-se recriminá-lo também por ter esquecido que as maiores riquezas da vida psíquica são silenciosas. Sabemos o que aconteceu com o monólogo interior: transformado em retórica, ou seja, transposição poética da vida interior, como silêncio e também como palavras, tornou-se hoje uma técnica entre outras para o romancista. Demasiado idealista para ser verdadeiro, demasiado realista para ser completo, é o coroamento da técnica subjetivista; é nele e por ele que a literatura de hoje tomou consciência de si mesma; ou seja, ela supera duplamente, quanto ao objetivo e quanto à retórica, a técnica do monólogo interior. Mas, para isso, era preciso que as circunstâncias históricas mudassem. É evidente que hoje o romancista continua escrevendo no passado. Não é mudando o tempo verbal, mas sim subvertendo as técnicas da narração que se conseguirá fazer do leitor um contemporâneo da história.

## IV

**1.** A literatura norte-americana ainda se encontra no estágio do regionalismo.

**2.** De passagem por Nova York, em 1945, solicitei a um agente literário que adquirisse os direitos de tradução de Miss corações solitários, obra de Nathanaël West. Ele não conhecia o escritor e fechou um acordo de princípio com a autora de um certo Lonelyheart, uma velha senhora que ficou muito surpresa com a possibilidade de ser traduzida para o francês. Percebendo o engano, ele retomou a busca e por fim descobriu o editor de West, que lhe confessou não saber onde se encontrava o escritor. Por insistência minha, fizeram uma pesquisa, cada um por seu lado, e por fim descobriram que West morrera alguns anos antes num acidente automobilístico. Parece que havia ainda uma conta aberta em seu nome num banco em Nova York, para onde o editor enviava um cheque de tempos em tempos.

\* United Nations Relief and Rehabilitation Administration [N.T.].

**3.** As almas burguesas, em Jouhandeau, possuem a mesma qualidade do maravilhoso; mas muitas vezes esse maravilhoso muda de signo: torna-se negativo e satânico. Como bem se imagina, as missas negras da burguesia são ainda mais fascinantes do que suas pompas consentidas.

** Lat.: por uma razão mais forte [N.T.].

**4.** Fazer-se o "intelectual" burocrata da violência implica a adoção deliberada da violência como método de pensamento, ou seja, o recurso sistemático à intimidação, ao princípio da autoridade, a recusa arrogante a demonstrar, a discutir. É isso que dá aos textos dogmáticos dos surrealistas uma semelhança puramente formal, mas perturbadora, com os escritos políticos de Charles Maurras.

**5.** Outra semelhança com a Ação Francesa, da qual Maurras declarou que não se tratava de um partido, mas de uma conspiração. E as expedições punitivas dos surrealistas não se assemelham às travessuras dos ativistas que vendiam jornais monarquistas?

**6.** Essas observações sem paixão provocaram rebates apaixonados. No entanto, longe de me convencer, defesas e ataques confirmaram minha convicção de que o surrealismo havia perdido – talvez provisoriamente – sua atualidade. Realmente, constato que a maioria dos seus defensores são ecléticos. Faz-se dele um fenômeno cultural de "alta importância", uma atitude "exemplar", e tenta-se integrá-lo, na surdina, ao humanismo burguês. Se ainda estivesse vivo, será que aceitaria temperar, com a pimenta freudiana, o racionalismo um pouco insípido do Sr. Alquié? No fundo, o surrealismo é vítima desse idealismo contra o qual tanto lutou; a Gazette des Lettres, Fontaine, Carrefour são grandes bolsas estomacais ansiosas por digeri-lo. Imagine que algum Desnos tivesse lido, em 1930, estas linhas do Sr. Claude Mauriac, jovem enzima da Quarta República: "O homem combate o homem sem saber que é contra certa concepção de homem, estreita e falsa, que a frente comum de todos os espíritos deveria lutar primeiro. Mas isso o surrealismo sabe e o alardeia há vinte anos. Empreendimento de saber, proclama que tudo está para ser reinventado, no que diz respeito aos modos tradicionais de pensar e de sentir". Com certeza ele teria protestado: o surrealismo não era "empreendimento de saber"; ele se valia especialmente da célebre frase de Marx: "Não queremos compreender o mundo, queremos mudá-lo". O surrealismo nunca desejou essa "frente comum de todos os espíritos", que lembra agradavelmente a União Popular Francesa. Contra esse otimismo bastante tolo, o surrealismo sempre afirmou a conexão rigorosa entre a censura interior e a opressão; se devesse existir uma frente comum de todos os espíritos (mas como essa expressão, espíritos, no plural, é pouco surrealista!), ela viria depois da Revolução. Durante seu apogeu, o surrealismo nunca teria tolerado que alguém se debruçasse sobre ele dessa forma, a fim de compreendê-lo. Tal como o Partido Comunista, o movimento considerava que tudo o que não estivesse total e exclusivamente do seu lado, estava contra ele. Será que hoje ele se dá conta das manobras que o atingem? Para esclarecê-lo, revelarei que Bataille, antes de informar de público a Merleau-Ponty que retiraria seu artigo, o avisara de sua intenção numa conversa particular. Esse defensor do surrealismo declara então: "Faço grandes críticas a Breton, mas é preciso nos unirmos contra o comunismo". Isso basta. Creio dar mais mostra de estima pelo surrealismo referindo-me ao período de sua atuação mais vigorosa e discutindo seus propósitos do que tentando sorrateiramente assimilá-lo. É verdade que não ficará muito agradecido, pois, como acontece com todos os partidos totalitários, o surrealismo afirma a continuidade de seus pontos de vista para mascarar a permanente mudança que eles sofrem e por isso não gosta que ninguém se refira a suas declarações anteriores. Muitos textos que encontro hoje no catálogo da exposição surrealista *O surrealismo* em 1947, e que são aprovados pelos chefes do movimento, estão mais próximos do ecletismo manso de Claude Mauriac do que das ásperas revoltas do primeiro surrealismo. Eis aqui, por exemplo, algumas linhas do Sr. Pastoureau: "A experiência política do surrealismo, que o fez evoluir em torno do Partido Comunista por cerca de dez anos, é claramente conclusiva. Tentar prosseguir por aí seria fechar-se no dilema do comprometimento e da ineficácia. É contraditório, em relação aos motivos que outrora impeliram o surrealismo a empreender uma ação política e que são tanto reivindicações imediatas no domínio do espírito, mais especialmente da moral, quanto a procura desse fim longínquo que é a libertação total do homem, seguir o Partido Comunista no caminho da colaboração de classes em que este se engajou. Contudo, está patente que a política sobre a qual se possa assentar a esperança de ver realizadas as aspirações do proletariado não é a da oposição dita da esquerda ao Partido Comunista, nem a dos grupelhos anarquistas... O surrealismo, cujo papel assumido é reivindicar inumeráveis reformas no domínio do espírito e, em particular, reformas éticas, não pode mais participar de uma ação política necessariamente imoral para ser eficaz, assim como não pode, sob pena de renunciar à libertação do homem como fim a ser atingido, participar de uma ação política necessariamente ineficaz porque respeitadora de princípios que se recusa a transgredir. O surrealismo, pois, fecha-se sobre si mesmo. Seus esforços tenderão a conseguir os mesmos objetivos e a precipitar a libertação do homem, mas por outros meios".

(Encontram-se textos análogos e mesmo frases idênticas em "Ruptura inaugural", declaração divulgada na França pelo grupo em 21/06/1947, cf. p. 8-11.)
Note-se, de passagem, a palavra "reforma" e o inusitado recurso à moral. Leremos algum dia um periódico intitulado "O Surrealismo a serviço da Reforma"? Mas esse texto consagra sobretudo a ruptura do surrealismo com o marxismo: entende-se, agora, que é possível agir sobre as superestruturas sem que a infraestrutura econômica seja modificada. Um surrealismo ético e reformista, que quer limitar sua ação e mudar as ideologias: eis algo que cheira perigosamente a idealismo. Resta saber quais são esses "outros meios" de que nos falam. O surrealismo vai nos oferecer novos critérios de valor? Vai produzir uma nova ideologia? Não: o surrealismo vai se empenhar, "buscando seus objetivos de sempre, na redução da civilização cristã e na preparação das condições para o advento da Weltanschauung ulterior". Trata-se, mais uma vez, como se vê, de negação. A civilização ocidental, segundo o depoimento do próprio Pastoureau, está moribunda; ameaça-a uma guerra imensa, que se encarregará de enterrá-la; nosso tempo clama por uma ideologia nova que permita ao homem viver: mas o surrealismo continuará a insurgir-se contra o "estágio cristão-tomista" da civilização. E como pode se dar essa insurreição? Pelo pirulito enfeitado, tão rapidamente chupado, da exposição de 1947? Voltemos então ao verdadeiro surrealismo, aquele de *O despertar do dia*, de Nadja, de *Vasos comunicantes*. Alquié e Max Pol-Fouchet insistem sobretudo no fato de que aquilo foi uma tentativa de libertação. Trata-se, segundo eles, de afirmar os direitos da totalidade humana, sem nada excluir, seja o inconsciente, o sonho, a sexualidade, o imaginário. Estou de pleno acordo com eles: foi justamente isso que o surrealismo quis; e por certo aí está a grandeza de seu empreendimento. É preciso observar ainda que a ideia "totalitária" é um traço de época; é essa ideia que anima a tentativa nazista, a tentativa marxista, e hoje a tentativa "existencialista". Com certeza é preciso retornar a Hegel como fonte comum de todos esses esforços. Mas distingo uma contradição grave na origem do surrealismo: para empregar a linguagem hegeliana, direi que esse movimento assimilou o conceito de totalidade (como transparece claramente na frase famosa de Breton: liberdade, cor do homem), porém realizou algo totalmente diferente em suas manifestações concretas. A totalidade do homem, com efeito, é necessariamente uma síntese, isto é, uma unidade orgânica e esquemática de todas as suas estruturas secundárias. Uma libertação que se propõe a ser total deve partir do conhecimento total de si mesmo pelo homem (não trato de demonstrar aqui que isso seja possí-

vel: é sabido que estou profundamente convencido disso). Isso não significa que devamos conhecer – nem que possamos conhecer – *a priori* todo o conteúdo antropológico da realidade humana, mas sim que podemos atingir a nós mesmos, em primeiro lugar na unidade, ao mesmo tempo profunda e manifesta, de nossas condutas, afeições e sonhos. O surrealismo, fruto de uma época determinada, se complica, de saída, com remanescências antissintéticas: de início, a negatividade analítica que exerce sobre a realidade cotidiana. A respeito do ceticismo, diz Hegel: "O pensamento se torna pensamento perfeito anulando o ser do mundo na múltipla variedade de suas determinações, e a negatividade da consciência de si, livre, no seio dessa configuração multiforme da vida, se torna negatividade real... O ceticismo corresponde à realização dessa consciência, à atitude negativa em relação ao ser-outro; corresponde portanto ao desejo e ao trabalho" (*Fenomenologia do espírito*, conforme tradução de Hyppolite, p. 172). Da mesma forma, o que me parece essencial na atividade surrealista é a descida do espírito negativo para dentro do trabalho: a negatividade cética se faz concreta; os torrões de açúcar de Duchamp, assim como a mesa-lobo, são trabalhos, ou seja, precisamente a destruição concreta e feita com esforço daquilo que o ceticismo destrói apenas verbalmente. Diria o mesmo do desejo, uma das estruturas essenciais do amor surrealista e que é, como se sabe, desejo de consumo, de destruição. Vê-se por aí o caminho percorrido, que justamente se assemelha aos avatares hegelianos da consciência: a analítica burguesa é destruição idealista do mundo, por digestão; a atitude dos escritores alinhados merece a caracterização que Hegel faz do estoicismo: "é somente conceito de negatividade; eleva-se acima desta vida, como a consciência do senhor". O surrealismo, ao contrário, "penetra nesta vida como a consciência do escravo". Aí reside certamente seu valor e é por aí, sem dúvida nenhuma, que o surrealismo pretende unir-se à consciência do trabalhador, que experimenta sua liberdade no trabalho. Porém o trabalhador destrói para construir: sobre a destruição da árvore, ele constrói a viga e a estaca; apreende, pois, as duas faces da liberdade, que é negatividade construtora. O surrealismo, buscando seu método na análise burguesa, inverte o processo: em vez de destruir para construir, é para destruir que ele constrói. A construção, no surrealismo, é sempre alienada, funda-se num processo cujo fim é a anulação. No entanto, como a construção é real e a destruição é simbólica, o objeto surrealista pode também ser concebido diretamente como seu próprio fim. Segundo o ângulo de observação, é "açúcar de mármore" ou contestação do açúcar. O objeto surrealista é necessariamente cambiante, pois figura a

ordem humana subvertida e, como tal, contém em si sua própria
contradição. É isso que permite a seu construtor afirmar que destrói o real e, ao mesmo tempo, cria poeticamente uma suprarrealidade para além da realidade. De fato, o suprarreal, assim construído, torna-se um objeto do mundo entre outros, ou não passa
de indicação estática da destruição possível do mundo. A mesa-lobo da última exposição é tanto um esforço sincrético para
transmitir à nossa carne um sentido obscuro da lenhosidade,
como uma contestação recíproca do inerte pelo vivo e do vivo
pelo inerte. O esforço dos surrealistas é no sentido de apresentar
essas duas faces de suas produções na unidade do mesmo movimento. Mas falta a síntese: é que nossos autores não a desejam;
convém a seus propósitos apresentar os dois momentos como
fundidos numa unidade essencial e, ao mesmo tempo, sendo
cada um o essencial, o que não nos tira da contradição. É sem
dúvida o resultado buscado e obtido: o objeto criado e destruído
desencadeia uma tensão no espírito do espectador e é quanto a
essa tensão que se pode falar, propriamente, de instante surrealista: a coisa dada é destruída por contestação interna, mas a própria contestação e a destruição são contestadas, por sua vez, pelo
caráter positivo e pelo estar-aí concreto da criação. Mas essa irritante mobilidade do impossível não é nada, no fundo, senão a
distância, impossível de vencer, entre os dois termos de uma contradição. Trata-se aqui de provocar tecnicamente a insatisfação
baudelairiana. Não temos nenhuma revelação, nenhuma intuição
de objeto novo, nenhuma apreensão de matéria ou conteúdo,
mas apenas a consciência puramente formal do espírito como
superação, apelo e vazio. Aplicarei ainda ao surrealismo a fórmula hegeliana para o ceticismo: "No (surrealismo), a consciência
faz, na verdade, a experiência de si mesma como consciência que
se contradiz no interior de si mesma". Irá ela ao menos retornar
sobre si mesma, executar uma conversão filosófica? O objeto surrealista terá a eficiência concreta da hipótese do gênio maligno? Mas
aqui intervém um segundo preconceito do surrealismo: já demonstrei que este recusa a subjetividade, assim como o livre-arbítrio. Seu amor profundo pela materialidade (objeto e suporte
insondável de suas destruições) o leva a professar o materialismo.
Assim, ele volta a cobrir de imediato a consciência que descobriu
por um instante; substantifica a contradição; não se trata mais de
tensão de subjetividade, mas de uma estrutura objetiva do universo. Basta ler *Vasos comunicantes*: o título, assim como o texto,
mostra a lamentável ausência de qualquer mediação; sonho e vigília são vasos comunicantes, o que significa que há uma mescla,
fluxo e refluxo, mas não uma unidade sintética. Sei bem
o que me dirão: é que essa unidade sintética está por fa-

zer e é justamente a meta que o surrealismo se propõe. "O surrealismo", diz ainda Arpad Mezei, "parte das realidades distintas do consciente e do inconsciente e vai em busca da síntese desses componentes". Compreendo; mas com o quê se propõe o surrealismo realizar essa síntese? Qual é o instrumento da mediação? Ver um carrossel de fadas girando sobre uma abóbora (caso isso seja possível, do que duvido) é misturar o sonho à realidade, não é unificá-los numa forma nova que reteria em si, transformados e superados, os elementos do sonho e os do real. De fato, estamos sempre no plano da contestação: a abóbora real, apoiada no mundo real inteiro, contesta essas fadas esmaecidas que rodopiam sobre sua casca; e as fadas, inversamente, contestam a cucurbitácea... Resta a consciência, único testemunho dessa destruição recíproca, único recurso; mas não querem saber dela. Se pintamos ou esculpimos nossos sonhos, é o sono que é devorado pela vigília: o objeto escandaloso retomado pela luz elétrica, apresentado numa sala fechada, no meio de outros objetos, a dois metros e dez de uma parede, a três metros e quinze de outra, torna-se coisa do mundo (coloco-me aqui na hipótese surrealista que reconhece à imagem a mesma natureza da percepção; é claro que nem haveria como discutir se se pensasse, como eu penso, que essas naturezas são radicalmente distintas), enquanto criação positiva, e só escapa do mundo enquanto negatividade pura. Assim, o homem surrealista é um acréscimo, uma mescla, mas nunca uma síntese. Não é por acaso que nossos autores devem tanto à psicanálise: esta lhes oferecia precisamente, sob o nome "complexos", o modelo dessas interpretações contraditórias, múltiplas e sem coesão real, que eles utilizam por toda parte. É verdade que os "complexos" existem. Mas o que ainda não foi bastante notado é que só podem existir sobre o fundamento de uma realidade sintética previamente dada. Assim, o homem total, para o surrealismo, não passa da soma exaustiva de todas as suas manifestações. Na falta da ideia sintética, organizaram roletas de contrários; esse borboletear entre ser e não ser teria podido revelar a subjetividade, assim como as contradições do sensível remetem Platão às formas inteligíveis; mas sua recusa do subjetivo transformou o homem em simples casa mal-assombrada; nesse átrio vago, que é para eles a consciência, aparecem e desaparecem objetos autodestrutivos, rigorosamente semelhantes a coisas. Entram pelos olhos ou pela porta de trás. Retumbantes vozes sem corpo ressoam como a que anunciou a morte de Pã. Mais ainda que o materialismo, essa coleção heteróclita lembra o neorrealismo norte-americano. Depois disso, para substituir as unificações sintéticas operadas pela consciência, conceber-se-á uma espécie de unidade mágica, por participação, que se ma-

nifesta caprichosamente e será designada como acaso objetivo. Mas não passa da imagem invertida da atividade humana. Uma coleção não é libertada; é recenseada. E o surrealismo vem a ser exatamente isto: um recenseamento. Mas não uma libertação, pois não há ninguém a libertar; trata-se apenas de lutar contra o descrédito em que caíram certos lotes da coleção humana. O surrealismo é obcecado pelo já feito, pelo sólido, tem horror das gêneses e dos nascimentos; a criação, para ele, nunca é uma emanação, uma passagem da potência ao ato, uma gestação; é o surgimento a partir do nada, a aparição brusca de um objeto plenamente constituído que enriquece a coleção. No fundo, uma descoberta. Como poderia ele, portanto, "livrar o homem de seus monstros"? Matou os monstros, talvez, mas matou o homem também... Resta o desejo, dirão. Os surrealistas quiseram libertar o desejo humano, proclamando que o homem é desejo. Mas isso não é inteiramente verdadeiro; de início, eles lançaram uma interdição sobre toda uma categoria de desejos (homossexualidade, vícios etc.) sem nunca justificar essa interdição. Em seguida decidiram, de acordo com seu ódio pelo subjetivo, apreender o desejo apenas por seus produtos, como faz também a psicanálise. Assim, o desejo ainda é coisa, coleção. Mas, em vez de remontar das coisas (atos falhos, imagens do simbolismo onírico etc.) à sua fonte subjetiva (que é o desejo propriamente dito), os surrealistas se fixaram na coisa. No fundo, o desejo é pobre e não lhes interessa por si mesmo; além disso, ele representa a explicação racional das contradições oferecidas pelos complexos e seus produtos. Encontram-se bem poucas coisas, e muito vagas, sobre o inconsciente e a libido em Breton. O que o apaixona não é o desejo vivo, mas o desejo cristalizado, aquilo que se poderia chamar, usando uma expressão de Jaspers, a cifra do desejo no mundo. O que também me chamou a atenção nos surrealistas ou ex-surrealistas com quem convivi não foi a magnificência dos desejos ou da liberdade. Eles levaram uma vida modesta e plena de interdições, suas violências esporádicas faziam pensar mais nos espasmos de um possesso do que numa ação concertada; no mais, estavam solidamente arpoados por poderosos complexos. Para libertar o desejo, sempre me pareceu que os grandes doges da Renascença, ou mesmo os românticos, fizeram muito mais. Ao menos, dirão, os surrealistas são grandes poetas. Bem lembrado: eis aí um terreno de concórdia. Alguns ingênuos declararam que eu era "antipoético" ou "contra a poesia. Tão absurdo quanto dizer que sou contra o ar ou contra a água. Ao contrário, reconheço abertamente que o surrealismo é o único movimento poético da primeira metade do século XX; reconheço até
que ele contribuiu, de certo modo, para a libertação do

homem; mas o que o surrealismo libera não é o desejo, nem a totalidade humana: é a imaginação pura. Ora, justamente, o imaginário puro e a *praxis* dificilmente são compatíveis. Deparo, a esse propósito, com o tocante depoimento de um surrealista de 1947, cujo nome parece predispor à mais completa sinceridade: "Devo reconhecer (e, sem dúvida, entre os que não se satisfazem com pouco não estou sozinho) que existe uma distância entre meu sentimento da revolta, a realidade da minha vida, e os lugares, enfim, do combate de poesia que eu talvez trave, que as obras dos que são meus amigos me ajudam a travar. Apesar deles, apesar de mim, mal sei viver. Será que o recurso ao imaginário, que é crítica à situação social, que é protesto e precipitação da história, implica o risco de destruir as pontes que nos unem, ao mesmo tempo, à realidade e aos outros homens? Sei que não pode existir liberdade para o homem só" (BONNEFOY, Y. "Dar a viver". *O surrealismo em 1947*, p. 68).

Mas, entre as duas guerras, o surrealismo falava num tom bem diferente. E foi a um problema muito diverso que me ative mais acima: quando os surrealistas assinavam manifestos políticos, levavam a julgamento os integrantes que não eram fiéis à linha do movimento, definiam um método de ação social, entravam no PC e depois saíam com estardalhaço, aproximavam-se de Trotski, preocupavam-se em definir sua posição frente à Rússia soviética, custa-me crer que acreditassem estar agindo enquanto poetas. A isso me responderão que o homem é um só e não pode ser dividido em político e poeta. Continuo de acordo, e até acrescento que estou mais à vontade para reconhecê-lo do que os autores que fazem da poesia um produto do automatismo e da política um esforço consciente e refletido. Mas enfim é um truísmo, verdadeiro e falso ao mesmo tempo, como todos os truísmos. Pois se o homem é o mesmo, se, de certo modo, encontra-se sua marca em todo lugar, isso não significa absolutamente que suas atividades sejam idênticas; e se, em cada caso, colocam em jogo todo o espírito, não se deve concluir que o colocam em jogo da mesma maneira. Nem que o êxito de uma seja a justificação do malogro da outra. Alguém acredita, aliás, que seria um elogio aos surrealistas dizer que eles fazem política como poetas? Contudo é lícito para um escritor que quer sublinhar a unidade entre sua vida e sua obra, mostrar por meio da teoria a comunidade de propósitos entre sua poesia e sua *praxis*. Mas essa teoria, precisamente, não pode ser senão prosa. Existe uma prosa surrealista, e foi só ela que estudei nas páginas que foram incriminadas. Acontece que o surrealismo é inapreensível; ele é Proteu. Apresenta-se como inteiramente engajado ora na realidade, ora na luta, ora na vida; e se lhe pedimos contas, ele se põe a vociferar que é poesia pura, que nós a assassinamos e que não entendemos nada de poesia. É o que bem mostra este caso que todos conhecem, mas que é repleto de significação: Aragon tinha escrito um poema que parecia, com justa razão, uma provocação ao assassinato; falou-se em levá-lo à barra de acusação; então todo o grupo surrealista afirmou, solenemente, a irresponsabilidade do poeta: não se pode equiparar os produtos do automatismo a propósitos deliberados. No entanto, para quem tinha alguma familiaridade com a escrita automática, era visível que o poema de Aragon era de uma espécie muito diferente. Eis um homem vibrando de indignação que exige, em termos violentos e claros, a morte do opressor; o opressor se emociona e de repente não vê diante de si nada mais que um poeta, que desperta, esfrega os olhos e se espanta de que o recriminem por causa de sonhos. É o que acaba de se repetir: tentei um exame crítico do fato global "surrealismo" como engajamento no mundo, enquanto os surrealistas tentavam explicitar pela prosa as significações. Respondem-me que ofendo os poetas e que desconheço sua "contribuição" à vida interior. Mas afinal, eles zombavam da vida interior, queriam fazê-la explodir, queriam romper os diques entre subjetivo e objetivo, e fazer a Revolução ao lado do proletariado. Concluamos: o surrealismo entra em período de recesso, rompe com o marxismo e o PC. Pretende derrubar, pedra por pedra, o edifício cristão-tomista. Muito bem. Mas eu pergunto: Que público ele espera atingir? Dito de outro modo: em quais almas ele espera arruinar a civilização ocidental? O surrealismo afirmou e repetiu que não podia atingir diretamente os operários, pois estes não eram ainda acessíveis à sua ação. Os fatos lhe dão razão: Quantos operários entraram na Exposição de 1947? Por outro lado, quantos burgueses? Assim, seu propósito só pode ser negativo: destruir no espírito dos burgueses, que formam o seu público, os derradeiros mitos cristãos que nele ainda se encontram. É o que eu queria demonstrar.

**7.** Que os caracteriza, sobretudo, nos últimos cem anos, por força do mal-entendido que os separa do público e os obriga a decidir, por si próprios, quanto às marcas de seu talento.

**8.** Prévost afirmou mais de uma vez sua simpatia pelo epicurismo. Mas tratava-se do epicurismo revisto e corrigido por Alain.

**9.** Se não falei antes nem de Malraux nem de Saint-Exupéry é porque pertencem à nossa geração. Começaram a escrever antes de nós e têm, sem dúvida, um pouco mais idade do que nós. Mas, enquanto a nós foi necessário, para nos descobrirmos, a urgência e a realidade física de um conflito, o primeiro teve o imenso mérito de reconhecer, desde sua primeira obra, que estávamos em guerra e era preciso fazer uma literatura de guerra, num momento em que os surrealistas e mesmo Drieu la Rochelle se consagravam a uma literatura de paz. Quanto a Saint-Exupéry, em contraposição ao subjetivismo e ao quietismo de nossos predecessores, soube esboçar os grandes traços de uma literatura do trabalho e do utensílio. Mostrarei mais adiante que ele é precursor de uma literatura de construção, que tende a substituir a literatura de consumo. Guerra e construção, heroísmo e trabalho, fazer, ter e ser, condição humana – veremos, no fim deste capítulo, que esses são os principais temas literários e filosóficos de hoje. Por isso, quando digo "nós", creio estar falando também deles.

**10.** Que fazem Camus, Malraux, Koestler, Rousset etc. senão uma literatura de situações extremas? Suas criaturas ou estão no topo do poder ou nos cárceres, prestes a morrer, ou a ser torturadas ou a matar; guerras, golpes de Estado, ação revolucionária, bombardeios e massacres, eis o seu cotidiano. A cada página, a cada linha, é sempre o homem total que é questionado.

**11.** Entenda-se, certas consciências são mais ricas do que outras, mais intuitivas ou mais bem-aparelhadas para a análise ou a síntese; algumas são até mesmo proféticas, e, outras, mais bem situadas para prever, pois têm em mãos determinadas cartas ou porque descobrem horizontes mais largos. Mas essas diferenças se dão *a posteriori* e a apreciação do presente, como a do futuro próximo, segue sendo conjectural.

Para nós também o acontecimento só aparece através das subjetividades. Mas sua transcendência vem do fato de que ele extravasa a todas, porque se estende através delas e revela a cada uma um aspecto diferente de si mesmo e dela mesma. Assim, nosso problema técnico é encontrar uma orquestração das consciências que nos permita transmitir a pluridimensionalidade do acontecimento. Além disso, renunciando à ficção do narrador onisciente, assumimos a obrigação de suprimir os intermediários entre o leitor e as subjetividades-pontos de vista de nossas personagens; trata-se de fazer o leitor entrar nas consciências como num moinho; é preciso mesmo que ele coincida, sucessivamente, com cada uma delas. Assim aprendemos com Joyce a buscar uma segunda espécie de realismo: o realismo bruto da subjetividade sem mediação nem distância. O que nos leva a professar um terceiro realismo: o da temporalidade. Com efeito, se mergulharmos o leitor, sem mediação, numa consciência, se lhe recusarmos todos os meios de sobrevoá-la, então será preciso impor-lhe, sem atalhos, o tempo dessa consciência. Se amontoo seis meses numa página, o leitor salta para fora do livro. Esse último aspecto do realismo suscita dificuldades que nenhum de nós resolveu e que talvez sejam parcialmente insolúveis, pois não é possível nem desejável limitar todos os romances ao relato de um único dia. E, mesmo que nos resignássemos a isso, permaneceria o fato de que dedicar um livro a vinte e quatro horas e não a uma, a uma hora e não a um minuto, implica a intervenção do autor e uma escolha transcendente. Será necessário então disfarçar essa opção por procedimentos puramente estéticos, construir figuras em trompe l'oeil (ilusão de óptica) e, como sempre em arte, mentir para dizer a verdade.

**12.** Desse ponto de vista, a objetividade absoluta, isto é, o relato em terceira pessoa, que apresenta as personagens unicamente por suas condutas e suas palavras, sem explicações nem incursões em sua vida interior, respeitando a ordem cronológica estrita, é rigorosamente equivalente à absoluta subjetividade. Logicamente, poder-se-ia afirmar que há aí ao menos uma consciência-testemunha: a do leitor. Mas, na verdade, o leitor esquece de se ver enquanto vê, e a história conserva para ele a inocência de uma floresta virgem onde as árvores crescem longe de todos os olhares.

**13.** Várias vezes me perguntei se os alemães, que dispunham de mil meios para conhecer os nomes dos intelectuais ligados à Resistência, não estavam nos poupando. Também, para eles, éramos puros consumidores. Aqui o processo se inverte: a difusão de nossos jornais era muito restrita; teria sido mais nefasto para a pretensa política da colaboração prender Éluard ou Mauriac do que deixá-los cochichar em liberdade. A Gestapo sem dúvida preferiu concentrar seus esforços nas forças clandestinas e na resistência organizada, cujos atentados reais a incomodavam bem mais do que nossa abstrata negatividade. É certo que eles prenderam e fuzilaram Jacques Decour. Mas nessa época Decour ainda não era muito conhecido.

**14.** Cf. sobretudo *Terra dos homens*.

**15.** Como Hemingway, p. ex., em *Por quem os sinos dobram*.

\*\*\* Cf. "Prefácio", p. 11, nota de rodapé [N.T.].

**16.** De resto, é preciso não exagerar. De modo geral, a situação do escritor melhorou, graças sobretudo a meios extraliterários (rádio, cinema, jornalismo), de que ele outrora não dispunha. Quem não pode ou não quer recorrer a esses meios deve exercer um segundo ofício, ou viver em dificuldades: "É extremamente raro que eu tenha café para beber ou cigarros suficientes", escreve Julien Blanc. "Amanhã não terei manteiga no meu pão e o fósforo de que necessito custa um preço absurdo nas farmácias... Desde 1943 fui operado cinco vezes, casos graves. Por estes dias farei uma sexta operação, também muito grave. Como escritor, não tenho seguro social. Tenho mulher e um filho... O Estado não se lembra de mim a não ser para exigir impostos excessivos sobre meus insignificantes direitos autorais... Será necessário que eu solicite uma redução nas despesas de hospitalização... E a Sociedade dos homens de letras, e o Pecúlio das letras? A primeira apoiará meus esforços; a segunda, tendo-me presenteado, no último mês, com quatro mil francos... Bem, melhor esquecer" ("Lamentações de um escritor". *Combat*, 27/04/1947).

\*\*\*\* O título original é Huis clos ("A portas fechadas" ou "Em segredo"), mas, encenada com sucesso pelo TBC (Teatro Brasileiro de Comédia), a peça de Sartre passou a ser conhecida, entre nós, pelo novo título que recebeu: Entre quatro paredes [N.T.].

**17.** Deixando de lado, evidentemente, os "escritores" católicos. Quanto aos assim chamados escritores comunistas, falarei deles mais adiante.

**18.** Não tenho dificuldade em admitir a descrição marxista da angústia "existencialista" como fenômeno de época e de classe. O existencialismo, em sua forma contemporânea, surge da decomposição da burguesia e sua origem é burguesa. Mas o fato de que essa decomposição possa desvendar certos aspectos da condição humana e tornar possíveis certas intuições metafísicas não significa que essas intuições e esse desvendamento sejam ilusões da consciência burguesa ou representações míticas da situação.

\*\*\*\*\* Section Française de l'Internationale Ouvrière [Seção Francesa da Internacional Operária] [N.T.].

**19.** Quanto ao operário, foi sob pressão das circunstâncias que aderiu ao PC. Ele é menos suspeito porque suas possibilidades de escolha são mais reduzidas.

**20.** Na literatura comunista, na França, encontro apenas um único escritor autêntico. Não é por acaso que ele escreve sobre as mimosas e os seixos.

**21.** Eles de fato fizeram com que Victor Hugo fosse lido; mais recentemente, divulgaram as obras de Giono em certas zonas rurais.

**22.** Excetuo a tentativa abortada de Prévost e seus contemporâneos, de que já falei.

**23.** Essa contradição se encontra em toda parte, especialmente na amizade comunista. Nizan tinha muitos amigos. Onde estão eles? Os que ele estimou mais calorosamente pertencem ao PC: são os que hoje o atacam. Os únicos que continuam fiéis a ele não são do partido. É que a comunidade estalinista, com seu poder de excomunhão, permanece presente no amor e na amizade, que são relações de pessoa a pessoa.

**24.** E a ideia de liberdade? As críticas espantosas que se fazem ao existencialismo provam que as pessoas não entendem mais nada a esse respeito. Será culpa delas? Aí está o P.R.L.* antidemocrático, antissocialista, recrutando antigos fascistas, antigos colaboracionistas, antigos membros do P.S.F. No entanto, ele se denomina Partido Republicano da Liberdade. Se se colocar contra ele, você fatalmente estará contra a liberdade. Mas os comunistas também reivindicam a liberdade, só que se trata da liberdade hegeliana, que é assumir a necessidade. E também os surrealistas, que são deterministas. Um rapazola ingênuo me disse um dia: "Depois de *As moscas*, onde o senhor falou irrepreensivelmente sobre a liberdade de Orestes, o senhor traiu a si mesmo e nos traiu, escrevendo *O ser e o nada*, deixando de fundar um humanismo determinista e materialista". Compreendo o que ele quis dizer: é que o materialismo liberta o homem de seus mitos. Liberta, sem dúvida, mas para submetê-lo ainda mais. No entanto, desde 1760, colonos americanos defendiam a escravidão em nome da liberdade: se o colono, cidadão e pioneiro, quiser comprar um negro, não é livre para fazê-lo? E tendo-o comprado, não é livre para servir-se dele? O argumento se conservou. Em 1947, o proprietário de uma piscina se recusa a admitir que um capitão judeu, herói de guerra, a frequente. O capitão escreve aos jornais, queixando-se. Os jornais publicam seu protesto e concluem: "Admirável país a América. O proprietário da piscina era livre para recusar acesso a um judeu. Mas o judeu, cidadão dos Estados Unidos, era livre para protestar na imprensa, e a imprensa, livre, como se sabe, menciona o caso sem tomar partido, nem a favor nem contra. Em conclusão, todo mundo é livre". O único desgosto é que a palavra liberdade, que recobre essas acepções tão diferentes – e cem outras – seja empregada sem que as pessoas vejam a necessidade de especificar o sentido que lhe atribuem em cada caso.

**25.** Porque ela pertence, como o Espírito, àquele tipo que já designei como "totalidade destotalizada".

**26.** A peste, de Camus, que acaba de ser publicado, parece-me um bom exemplo desse movimento unificador que funde na unidade orgânica de um só mito uma pluralidade de temas críticos e construtivos.

# Índice de nomes citados

Alain (Émile Chartier)  179, 181, 187
Alain-Fournier (Henri-Alban Fournier)  161, 189
Alquié, Ferdinand  273s.
Anouilh, Jean  216
Aragon, Louis  153
Arland, Marcel  161s.
Aron, Raymond  10
Augier, Émile  112
Aupick, Jacques (general)  169
Aveline, Claude  177

Babeuf, Gracchus  249
Bach, Johann Sebastian  36
Balzac, Honoré de  119
Bara, Joseph  234
Barbey d'Aurevilly, Jules  119, 131
Barrès, Maurice  124, 156
Bataille, Georges  189, 265n.3, 274n.6
Baudelaire, Charles  12, 78, 119-121, 169, 215
Beaumarchais, Pierre-Augustin Caron de  91
Beauvoir, Simone de  265
Benda, Julien  66s., 84, 104, 147

Bentham, Jeremy 256

Bergson, Henri 5, 23, 168, 263

Berrichon, Paterne 33

Bespaloff, Rachel 12

Beucler, André 177

Bevin, Ernest 262

Billy, André 153

Blanc, Julien 283

Bloch-Michel, Jean 198

Blum, Léon 156

Boccaccio 130

Boileau, Nicolas 187

Bonnefoy, Yves 280

Bordeaux, Henry 112, 128

Bost, Pierre 177, 182

Bourget, Paul 112, 128

Breton, André 25, 125, 153, 166, 168s., 172-174, 176s., 187, 274n.6, 279n.6

Brod, Max 263

Brunschvicg, Léon 181, 193

Byron, George Gordon (Lord) 155


Caillois, Roger 137

Camus, Albert 10, 13, 282n.10, 285n.26

Carnéade 167

Catarina II (imperatriz da Rússia) 98

Céline, Louis-Ferdinand 91

Cendrars, Blaise 103

Cervantes, Miguel de  119, 130

Cézanne, Paul  57

Chack, Paul  223

Chamson, André  177, 182, 187

Chateaubriand, François-René de  37

Churchill, Winston  262

Claudel, Paul  133, 156, 162, 243

Cocteau, Jean  153, 162, 189, 216

Combes, Émile  170

Comte, Auguste  170, 193

Condorcet, Marie Jean Antoine Nicolas de Caritat (marquês de)  104

Copeau, Jacques  178

Corneille, Pierre  85, 111

Courier, Paul-Louis  91


Dalí, Salvador  165

Dante Alighieri  119

Daudet, Alphonse  134, 233

Decour, Jacques  283n.13

Descartes, René  55, 85, 234

Desmoulins, Camille  249

Desnos, Robert  174, 273n.6

Dhôtel, André  189

Diderot, Denis  98, 104, 172, 206

Dos Passos, John  204

Dostoievski  12, 269n.3

Dreyfus, Alfred  180, 229

Drieu la Rochelle, Pierre 65, 174, 176, 178, 282

Duchamp, Marcel 164, 276n.6

Duhamel, Georges 156

Dumas, Alexandre (filho) 112

Durkheim, Émile 181, 243

Effel, Jean 212

Eleatas, Os 185

Éluard, Paul 283n.13

Emmanuel, Pierre 26

Enciclopedistas, Os 103, 248

Engels, Friedrich 233

Epicuro 183

Epicteto 168

Espártaco 77

Estaunié, Édouard 158

Estienne, Charle 265n.2

Estoicos 183

Étiemble, René 74, 269n.1

Eurípides 51

Faulkner, William 204

Fénelon, François de Salignac de Lamothe 94

Fernandez, Ramon 33

Ferré, Le Grand 234

Fílon de Alexandria 167

Flaubert, Gustave 5, 116, 118s., 122s., 163, 203, 269n.6

Fouchet, Max-Pol 275n.6

290

Fra Angélico 188
France, Anatole 126
Franco, Francisco 255
Frederico II 98
Freud, Sigmund 5, 273n.6
Fromentin, Eugène 131

Garaudy, Roger 228, 235
Gautier, Théophile 51, 122
Genet, Jean 51
Gide, André 39, 71, 122, 125, 156, 162, 187, 217s., 243
Giono, Jean 284n.21
Giraudoux, Jean 32, 156, 189
Gobineau, Joseph Arthur de 37
Goethe, Johann Wolfgang von 155
Goncourt, Edmond et Jules Huot de 116, 122
Green, Julien 189
Greuze, Jean-Baptiste 18
Grout, Marius 189
Gyp (Sibylle de Riqueti de Mirabeau) 270n.11

Hamp, Pierre 209
Hegel, Georg Wilhelm Friedrich 20, 132, 139, 166, 275-277, 285n.24
Heidegger, Martin 43, 212, 222
Heine, Heinrich 163
Hemingway, Ernest 204, 212, 283n.15
Heráclito 177
Hermant, Abel 270n.11

Hesíodo 209
Hitler, Adolf 26
Ho Chi Minh 11
Hugo, Joseph Léopold Sigisbert 113
Hugo, Victor 113s., 284n.21
Hyppolite, Jean 276n.6

Jaloux, Edmond 112
Janet, Pierre 134
Jansenistas, Os 140, 198s.
Jaspers, Karl 279n.6
Jaurès, Jean 156
Jesuítas, Os 91, 198
Jouhandeau, Marcel 272n.3
Joyce, James 271n.11, 282n.11

Kafka, Franz 47, 203, 230, 263
Kant, Emmanuel 48-50, 241, 244
Kierkegaard, Sören 184
Klee, Paul 265n.1
Koestler, Arthur 71, 282n.10

La Bruyère, Jean de 87, 94, 270n.7
La Fontaine, Jean de 39
Lalande, André 251
Larbaud, Valery 271n.11
La Rochefoucauld, François 91, 270n.7
Larousse, Pierre 249

Lavedan, Henri  270n.11

Leibniz, Gottfried Wilhelm  194

Leiris, Michel  23, 265

Lemaitre, Jules  233

Lénine (Vladimir Ilitch Oulianov)  233

Lesage, Alain-René  270n.7

Lessing, Gotthold Ephraim  116

Letristas, Os  189

Littré, Émile  249, 251


Maistre, Joseph de  228s.

Mallarmé, Stéphane  123, 153

Malraux, André  35, 39, 215, 281n.9, 282n.10

Marat, Jean-Paul  249

Marcel, Gabriel  147

Maritain, Jacques  194

Martin du Gard, Roger  71

Marx, Karl  96, 114, 116, 139, 168, 172, 194, 214, 232s., 273n.6, 275n.6, 281n.6, 284n.18

Maupassant, Guy de  71, 122, 131, 133, 270n.10

Mauriac, Claude  273n.6

Mauriac, François  153, 156, 162, 189, 203, 283n.13

Maurois, André  156

Maurras, Charles  229, 273n.4 e 5

Méré, Antoine Gombaud  85

Merleau-Ponty, Maurice  16, 265, 274n.6

Meyerson, Émile  133

Mezei, Arpad  278n.6
Michelangelo  159
Michelet, Jules  113
Miller, Henry  153
Miró, Joan  191
Molotov (Vyacheslav Mikhailovitch Skriabine)  231
Monnier, Henri  163
Montaigne, Michel Eyquem de  37, 39, 174
Montesquieu, Charles-Louis de Secondat  174
Morand, Paul  174-176
Morgan, Michèle  218

Napoleão III  269n.5
Naville, Pierre  172
Nerval, Gérard de  39, 155
Newton, Isaac  201
Nicole, Pierre  91
Nietzsche, Friedrich Wilhelm  121, 144
Nizan, Paul  231, 243, 284n.23

Ohnet, Georges  112

Pailleron, Édouard  112
Parain, Brice  30, 251, 253
Parmênides  133
Pascal, Blaise  32, 39, 74, 85, 111, 163
Pastoureau, Henri  274n.6
Paulhan, Jean  143

Péguy, Charles  156
Péret, Benjamin  174
Pétain, Philippe  72, 223
Picasso, Pablo  19, 22, 24
Platão  34, 188, 278n.6
Poe, Edgar Allan  119
Politzer, Georges  168, 233
Prévost, Jean  177s., 182, 281n.8, 284n.22
Prévost, Marcel  112
Proudhon, Pierre-Joseph  116, 139, 214
Proust, Marcel  45, 156, 162
Pruvost, Jack  212


Queneau, Raymond  153


Rabelais, François  119
Racine, Jean  32, 93, 120, 140, 152
Rambouillet, Catherine de Vivonne  85
Renan, Ernest  114, 270n.6
Renard, Jules  122
Ribbentrop, Joachim von  231
Ricardo III  34
Rigaut, Jacques  170
Rimbaud, Arthur  25, 33, 37, 155, 159, 166, 168
Rimbaud, Isabelle  33
Robespierre, Maximilien de  249
Rolland, Romain  155

Romains, Jules 156
Rousseau, Jean-Jacques 36s., 39, 45, 104
Rousset, David 282n.10


Sachs, Maurice 126
Sade, Donatien Alphonse François (marquês de) 36
Saint-Évremond, Charles Le Marquetel de Saint-Denis 32, 85
Saint-Exupéry, Antoine de 198, 212, 281n.9
Saint-Pol Roux 25
Salacrou, Armand 216
Sand, George 113
Schnitzler, Arthur 271n.11
Schopenhauer, Arthur 211
Sévigné, Marie de Rabutin-Chantal (marquesa de) 85
Shakespeare, William 34
Shelley, Percy Bysshe 155
Souday, Paul 217
Spinoza, Baruch 15, 139
Steinbeck, John 150
Stendhal (Henri Beyle) 38, 119
Surrealistas 11, 125s., 137, 162, 165-167, 169-174, 180, 191, 273-281n.6


Taine, Hippolyte 73, 114
Thibaudet, Albert 162
Tintoretto 17, 25
Tito (Josip Broz) 154

Torricelli, Evangelista  199, 262
Trotski, Leon (Lev Davidovitch Bronstein)  137, 172, 229, 280n.6


Vaché, Jacques  170
Valéry, Paul  26, 35, 268n.5
Vallès, Jules  91, 269n.4
Van Gogh, Vincent  58
Vauvenargues, Luc de Clapiers  111
Vercors (Jean Bruller)  71-73, 153
Verlaine, Paul  152
Vermeer, Johannes  57
Vicente de Paulo, São  234
Vinci, Leonardo da  159
Voltaire (François-Marie Arouet)  98, 172, 206, 248, 250

West, Nathanaël  272n.2
Winckelmann, Johann Joachim  116
Wright, Richard  76-79, 104, 145, 214, 246


Xantipa  34
Xenofonte  34


Zaslavski, David  199
Zola, Émile  155

# Índice de obras citadas

Este índice contém não apenas as obras nominalmente "citadas", mas também àquelas às quais o ensaio faz alguma referência, ainda que indireta ou velada [N.T.].

*Acharnianos, Os* 83
*Arlesiana, A* 233
*Armance* 47
*Atuais* 13
*Aurélia* 242

*Bel-Ami* 124
Beleza, A (poema de Baudelaire) 122
*Bella* 34
*Black boy* 77
Brisa marinha, A (poema de Mallarmé) 24
*Burguês fidalgo, O* 91

*Capital, O* 230
*Caracteres, Os* 260
*Carta sobre os espetáculos* 36
*Cartas a Jean Wahl* 12
*Cartuxa de Parma, A* 30, 53
*Casamento de Fígaro, O* 80
*Cavalo de Troia, O* 243

Comunicação no congresso de escritores (Breton) 148
*Conspiração, A* 243
*Correspondência* (Flaubert) 269n.6
*Crime e castigo* 47, 52
*Crise da consciência europeia, A* (Paul Hazard) 105
*Cultura do eu, A* 210

*Dar a viver* 280
*Decamerão, O* 129
*Déontologia ou Ciência da moral*
*Despertar do dia, O* 275
*Diabo coxo, O* 270n.7
*Diário de Barnabooth, O* 210
*Do contrato social* 36, 45
*Dominique* 131

*Em busca do tempo perdido* 23
*Ensaios* (Montaigne) 39
*Espírito das leis, O* 36
*Europa galante, A* 174
Exames de consciência (artigo de Thibaudet) 162
*Experiência interior, A* 265n.3

*Fedra* 93, 140
Felizes os escritores que morrem por alguma coisa (artigo de Étiemble) 269n.1
*Fenomenologia da percepção* 16
*Fenomenologia do espírito* 276
*Filocteto ou O tratado das três morais* 125

Fronte vermelha (poema de Aragon) 281
*Frutos da terra, Os* 70, 210, 242


*Gilles* 176
*Glossário* 23
*Grande Meaulnes, O* 47, 167
Grandes circunstâncias, As (artigo de Bloch-Michel) 198s.
*Grande trapaceiro, O* 158


*Homem e o sagrado, O* 118
*Horla, O* 270n.10
*Huis Clos* [Entre quatro paredes] 284


*Ilíada* 265n.4
*Imbecil, O* 5, 178
*Ingênuo, O* 69
*Introdução ao discurso sobre o pouco de realidade* 266s.


*Jean-Christophe* 155


*Lamentações de um escritor* 284
*Láureas foram suprimidas, As* 271
*Literatura de coveiros, Uma* 235


*Madame Bovary* 190
*Mademoiselle Else* 271
*Máximas* (La Rochefoucauld) 91, 270n.7
*Micrômegas* 69
*Misantropo, O* 91
*Miss corações solitários* 272n.2

*Moedeiros falsos, Os*  125
*Monsieur Teste*  34, 123
*Moscas, As*  285n.24
*Mulheres sábias, As*  91s., 159

*Nada a não ser a terra*  174
*Nadja*  275n.6
*Náusea, A*  13
*Noites de São Petersburgo, As*  229

Ó estações, ó castelos (poema de Rimbaud)  24
*Ordem, A*  161

*Palavras, As*  13
*Peste, A*  285n.26
*Por quem os sinos dobram*  283n.5
*Porões do Vaticano, Os*  125
*Posse do mundo, A*  210
*Preciosas ridículas, As*  91
*Processo, O*  223
*Prometeu mal-acorrentado*  32
*Provinciais, As*  32

*Refém, O*  242
*Reflexões sobre a questão judaica*  75
*Rum*  103
*Ruptura inaugural*  275

Sartre contra Breton (artigo de Claude Mauriac)  166s.
*Segundo manifesto do surrealismo*  125, 168

*Ser e o nada, O* 285n.24
*Ser e tempo* 285
*Siegfried e o pedreiro* 34
*Silêncio do mar, O* 71s., 145
*Sinfonia pastoral, A* 217
Smertiachkine na França, Os (artigo do *Pravda*) 199
*Surrealismo em O* 275n.6, 280
*Sylvie* 39

*Tartarin de Tarascon* 133s.
*Tartufo* 159
*Temporada no inferno, Uma* 34
Teoria da festa (artigo de Caillois) 137
*Terra dos homens* 283n.14
*Terras estrangeiras* 161
*Thibault, Os* 71
*Trahison des clercs, La* [A traição dos intelectuais] 268
*Travessura de viagem* 176

*Últimas modas de excitação intelectual para o verão de* (Dalí) 165

*Vasos comunicantes* 275, 277
Vidraceiro, O mau (poema de Baudelaire) 121
*Vocabulário técnico e crítico da filosofia* 251

## Vozes de Bolso

- *Assim falava Zaratustra* – Friedrich Nietzsche
- *O Príncipe* – Nicolau Maquiavel
- *Confissões* – Santo Agostinho
- *Brasil: nunca mais* – Mitra Arquidiocesana de São Paulo
- *A arte da guerra* – Sun Tzu
- *O conceito de angústia* – Søren Aabye Kierkegaard
- *Manifesto do Partido Comunista* – Friedrich Engels e Karl Marx
- *Imitação de Cristo* – Tomás de Kempis
- *O homem à procura de si mesmo* – Rollo May
- *O existencialismo é um humanismo* – Jean-Paul Sartre
- *Além do bem e do mal* – Friedrich Nietzsche
- *O abolicionismo* – Joaquim Nabuco
- *Filoteia* – São Francisco de Sales
- *Jesus Cristo Libertador* – Leonardo Boff
- *A Cidade de Deus – Parte I* – Santo Agostinho
- *A Cidade de Deus – Parte II* – Santo Agostinho
- *O conceito de ironia constantemente referido a Sócrates* – Søren Aabye Kierkegaard
- *Tratado sobre a clemência* – Sêneca
- *O ente e a essência* – Santo Tomás de Aquino
- *Sobre a potencialidade da alma* – De quantitate animae – Santo Agostinho
- *Sobre a vida feliz* – Santo Agostinho
- *Contra os acadêmicos* – Santo Agostinho
- *A Cidade do Sol* – Tommaso Campanella
- *Crepúsculo dos ídolos ou Como se filosofa com o martelo* – Friedrich Nietzsche
- *A essência da filosofia* – Wilhelm Dilthey
- *Elogio da loucura* – Erasmo de Roterdã
- *Linguagem corporal em 30 minutos* – Monika Matschnig
- *Utopia* – Thomas Morus
- *Do contrato social* – Jean-Jacques Rousseau
- *Discurso sobre a economia política* – Jean-Jacques Rousseau
- *Vontade de potência* – Friedrich Nietzsche
- *A genealogia da moral* – Friedrich Nietzsche
- *O Banquete* – Platão
- *Os pensadores originários* – Anaximandro, Parmênides, Heráclito
- *A arte de ter razão* – Arthur Schopenhauer
- *Discurso sobre o método* – René Descartes
- *Que é isto – A filosofia?* – Martin Heidegger
- *Identidade e diferença* – Martin Heidegger
- *Sobre a mentira* – Santo Agostinho
- *Da arte da guerra* – Nicolau Maquiavel
- *Os Direitos do Homem* – Thomas Paine
- *Sobre a liberdade* – John Stuart Mill
- *Defensor menor* – Marsílio de Pádua
- *Tratado sobre o regime e o governo da cidade de Florença* – J. Savonarola
- *Primeiros princípios metafísicos da Doutrina do Direito* – Immanuel Kant
- *Carta sobre a tolerância* – John Locke
- *A desobediência civil* – Henry David Thoureau
- *A ideologia alemã* – Karl Marx Friedrich Engels
- *O conspirador* – Nicolau Maquiavel
- *Discurso de metafísica* – Gottfried Wilhelm Leibniz
- *Segundo Tratado sobre o governo civil e outros escritos* – John Locke
- *Miséria da filosofia* – Karl Marx
- *Escritos seletos* – Martinho Lutero
- *Escritos seletos* – João Calvino
- *Que é a literatura?* – Jean-Paul Sartre
- *Dos delitos e das penas* – Cesare Beccaria